西北民族大学"一优三特"学科 2017 年度中央高校基本科研业务费项目
"西北民族教育研究"（项目编号：31920170096）阶段成果

东乡语故事集注

马永峰　主编

科学出版社

北　京

内 容 简 介

东乡语属阿尔泰语系蒙古语族，是东乡族群众的交流语言之一。近年来，随着社会经济的快速发展，东乡语的使用人口、使用范围都在逐渐缩小，其语用功能也在同步衰退，濒危语言特征已显露，急需采取有效措施对其及其所代表的文化加以挖掘、记录和保护。有鉴于此，本书基于东乡语使用状况的调查，以及对相关东乡族群众和专家学者的意见、建议的征集，收集、整理了 101 则东乡语小故事。这些小故事包括东乡族的风俗文化、行为习惯、家庭和学校教育、寓言故事等，从不同侧面反映了与东乡族儿童成长息息相关的文化、习俗、道德、行为等。

本书可作为东乡语语法、语音及东乡族文化研究的语言素材，也可供东乡族自治县、东乡族聚居地的小学作为双语教学辅助教材。

图书在版编目（CIP）数据

东乡语故事集注 / 马永峰主编. —北京：科学出版社，2020.9
ISBN 978-7-03-066227-9

Ⅰ.①东… Ⅱ.①马… Ⅲ.①东乡语–教材 Ⅳ.①H233

中国版本图书馆 CIP 数据核字（2020）第 179613 号

责任编辑：付 艳 黄雪雯 / 责任校对：何艳萍
责任印制：李 彤 / 封面设计：润一文化

科 学 出 版 社 出版
北京东黄城根北街 16 号
邮政编码：100717
http://www.sciencep.com
北京虎彩文化传播有限公司 印刷
科学出版社发行 各地新华书店经销
*
2020 年 9 月第 一 版 开本：720×1000 B5
2020 年 9 月第一次印刷 印张：14 3/4
字数：250 000
定价：99.00 元
（如有印装质量问题，我社负责调换）

前　言

2010年的第六次全国人口普查数据显示，东乡族人口总数为621 500人（其中男性为317 490人，女性为304 010人）。近年来，受人口迁移等因素的影响，东乡族的人口分布离散度越来越大，人口逐渐向甘肃省兰州市、玉门市等省内县（市、区），以及宁夏、青海、新疆等省外县（市、区）扩散，但其主体民族依然主要聚居于甘肃省东乡族自治县境内。东乡族自治县统计局资料显示，截至2013年，东乡族自治县有东乡族人口255 420人，东乡县周边的和政县、广河县、临夏县、积石山保安族东乡族撒拉族自治县也有大量东乡族人口分布。

东乡语是东乡族最主要的交流工具之一，属于阿尔泰语系蒙古语族，东乡族将其称为"土话"或"səntən kəliən"。

2015年1—3月，甘肃省民族事务委员会、甘肃省东乡族文化研究会联合行动，组织调查人员对东乡语进行了一次全面的调查，语言使用状况和语言态度是本次语言调查的两个重要内容。对东乡语的调查结果显示，东乡语的使用范围在日趋缩小，使用人口在逐渐减少；东乡语的语用功能在衰退，缺乏改造新事物新名词的能力，无法完全、准确表达思想和意愿；一部分东乡族群众对东乡语产生语言无用和语言自卑情绪，对东乡语的发展前景持悲观、消极态度，再加上东乡语词汇的遗失，东乡族群众尤其是年轻一代转用汉语的现象非常普遍，纯东乡语人在逐渐减少。转用汉语的人数和兼用东乡语汉语双语的人数在逐渐增多；东乡族群众受教育程度和文化水平普遍较低，缺乏对其母语重要性的认识，对语言的保护和传承意识非常薄弱；语言功能降低，社会政治、经济、文化发展的影响，以及没有固定的、统一的、规范的文字和记音符号系统，也是东乡语衰变甚至濒危的主要原因。综上所述，东乡语正面临着严重的衰退危机，已经显露出濒危语言的特征，急需采取有效措施对其语言及其所代表的文化加以挖掘、记录和保护。

出于语言文化保护的角度，"西北民族教育研究"创新团队经过认真筹划，收集和整理了101则东乡语小故事，先对其进行东乡语转写，再将故事翻译成汉语，为方便理解，在每个东乡语字词下方都用汉语词义进行了标注，对故事中的字词义、语法规则进行了注释。

在收集这些东乡语小故事的过程中，甘肃省东乡族自治县教育局提供了大量文字材料，为尽快集齐这么多小故事提供了巨大的帮助。东乡族自治县教育局双语办马淑兰老师、西北民族大学东乡族本科生李文军和马福祥两位同学为东乡语小故事的转写提供了大量帮助。前51个故事由马永峰、李文军转写、标注、注释，后50个故事由马兆熙、马福祥转写、标注、注释，马淑兰、马永峰、马兆熙分别对转写、标注、注释进行了多次校对；最后由马永峰进行统稿。故事集的编写得到了东乡族学者马国忠、陈元龙、马自祥在语言文字、语音标注上的悉心指导。

本故事集将为东乡语–汉语双语教学提供辅助教材，为东乡语语音研究提供语言材料，为东乡族语言文化研究提供文献资料。

本故事集得到了西北民族大学"一优三特"学科"民族学"的经费支持，是"西北民族教育研究"创新团队的阶段性研究成果。

目　录

东乡语实用记音符号

（试行方案）

为记录东乡族语言，给《东乡语汉语词典》注音，本书特以《汉语拼音方案》为基础制定了东乡语实用记音符号（试行方案）。

一、字母表

东乡语记音符号字母表及字母的读法与《汉语拼音方案》一致。

大写 A B C D E F G H I J K L M N O P Q R S T U V W X Y Z

小写 a b c d e f g h i j k l m n o p q r s t u v w x y z

二、元音及其记音方法

元音及其记音方法

记音符号	国际音标	例字词	汉义	例字词	汉义	例字词	汉义
a	a	ana	母亲	aran	滩	fura	翻
e	ə	ede	现在	eqie	早	echen	胸
i	i	ire	来	bi	我	ghuaichin	乞丐
o	o	orou	杏	onghono	吼	don	歌
u	u	usu	水	kuru	到	kun	人
ii	ɯ	biinzi	本子	giinxinla	追问	tiinji	腾出
ai	ai	saigvan	漂亮	khaichi	剪子	bai	站
ei	əi	feilie	吹	egvei	山崖	dulei	聋人
ao	ao	gao	好	baozhe	下来	taolei	兔子
ou	əu	arou	背斗	dalou	肩	choula	捆
ia	ia	nia	粘	yasun	骨	jiahui	穷
ie	iə	bierei	妻子	kielien	话	yesun	九
iu	iu	niu	藏	ajiu	舅舅	khixiu	搅火棍
ua	ua	ghua	二	wagva	洗	zhuazhua	爪子
ui	ui	kuiqien	冷	wilie	事	chui	拳
iao	iao	biao	表	yaoshe	早饭	jiaoli	跳
uai	uai	huai	炕	khuaichin	旧	wairu	歪

三、辅音及其记音方法

辅音及其记音方法

记音符号	国际音示	例字词	汉义	例字词	汉义	例字词	汉义
b	b	bara	完	unba	游泳	hhebegvei	蝴蝶
p	p	pizhi	写	pudu	牢固	papala	爬
m	m	mo	路	amin	命	magvei	明天
f	f	fudu	长	ferize	天命	pafei	肺
d	d	dolu	舔	ada	父亲	endegvei	蛋
t	t	ta	你们	tulie	烧	oto	太
n	n	naran	太阳	benche	草坡	shunban	苍蝇
l	l	lashigva	面条	lolo	圆	olu	生育
r	r	warada	喊	ro	坏	chinaer	后天
g	g	gien	病	fugu	死	gayijiao	弟兄
k	k	kien	谁	kere	要	akurei	盘腿
gh	G	ghon	沟	ghizha	边	sugho	盲人
kh	q	khuru	炒	kha	手	khantarei	滑
h	χ	hulan	红	han	闲	hohc	缺口
gv	ʁ	nogvei	狗	enzhegve	驴	sagvan	胡须
hh	h	hhe	他	hhachi	侄儿	hhunghasun	屁
j	dz	jiere	上面	jian	刚才	jiucai	韭菜
q	tɕ	qiemen	磨	qirou	锯子	qiay	掐
x	ɕ	xieni	夜	xiaotulie	跪	bixin	弱
zh	dʐ	zhagvasun	鱼	uzhe	看	zhula	灯
ch	tʂ	china	煮	mienguchi	银匠	chada	近
sh	ʂ	shire	桌子	shulie	汤	shosto	勺子
z	dz	baza	城市	zemin	地面	zunzan	污渍
c	ts	cai	菜	cunmin	聪明	cu	醋
s	s	sira	断	suru	学	asa	问

其中：

（1）辅音 n 在音节末的读法：在 en、in 中，读 n；在 an、on、ur 中，读 ng。

（2）辅音 r 在音节末表示其前面的元音儿化，但在少部分词中仍读 r，多出现在重音节的第一音节末或末一音节末，如 GirGa（气管）、desidar（缠头巾）。

（3）辅音 c 可以读作 s。

四、拼写规则

（1）单元音 ii（非长元音ɯ），在 gh（G）、kh（q）、hh（h）、gv（ʁ）后省作 i，如 ghiimusun→ghimusun。

（2）单元音 i、o、u 在第一音节开头时写法不变，如 ijie、olie、ula，非第一音节的 i、o、u，写成 yi、wo、wu，如 ayi、kewon，yawu。

（3）音节头的 ia、ie、iao 写作 ya、ye、yao，iu 写作 you，ua、ui、uai 写作 wa、wi、wai。

（4）口语中脱落的音节在拼写时一般应保持词的原形，如 su 写作 suru，某些情况下在不影响词义理解时，亦可按口语习惯拼写。

（5）各类借词原则上按在东乡语的实际发音拼写，但汉语借词如果接近现代汉语的发音且与东乡语记音符号不矛盾时，尽量与汉语拼音的写法保持一致。

（6）句首和人名、地名、书刊名、团体名等专用名词开头的字母要大写；文章题目或题目中的每一个词头要大写；引号内的第一个字母要大写。

（7）以词为单位连写，词的后缀应与词干连写，如 enese（从这里）、chimare（和你）、ghizhagvun（沿边）、chini（你的）、hhelale（和他）、terela（他们）、teiyaghala（用棍）。

（8）移行时不拆开音节，分词时在上一行音节后加一短横"–"。

（9）数字采用阿拉伯数字 1、2、3、4、5、6、7、8、9、0。

（10）标点符号除句号用"."外，其余与汉语的用法一致。

东乡语常用语法后缀

一、复数及概称后缀

后缀	举例	汉义
-la	wilie-la	事情等
-xie	gayijiao-xie	兄弟们
-tan	oqinjiao-tan	妹妹们

二、名词的格的后缀

名词格	名词格后缀	举例	汉义
主　格	零格式	morei holuwe	马跑了
领宾格	-ni（yi）	bula-ni usu	泉里的水
与位格	-de	ula-de khirei	登上山
凭借格	-ghala	khider-ghala kielie	用汉语说
从比格	-se	udani hon-se gaowe	比去年好
联合格	-le	chi Ibura-le hhantu echi	你和伊卜拉一起去
方面格	-re	bi chima-re sanane	我要和你算账
方面格	-gvun	moron ghizha-gvun nie uzhe	沿河边看一下

三、名词的领属

1. 人称领属

morei-mini（或-miyi、-miy）马（我的）

morei-matanni（或-matayi、-matay）马（咱们的）

morei-bijiennni（或-bijieyi、-bijiey）马（我们的）

morei-chini（或-chiyi、-chiy）马（你的）

morei-tani（或-tayi、-tay）马（你们的）

morei-ni 马（他的或他们的）

2. 反身领属

-ne　　chi gaga-ne uru 你叫你哥哥来

四、人称代词变格

第一人称代词变格表

代词格	单数	复数	
		排除式	包括式
主 格	bi orun（引语）	bijien	matan orun xan（引语）
领宾格	mi-ni nama-ni（namiyi）	bijien-ni	matan-ni ma-ni
与位格	nama-de ma-de	bijien-de	matan-de
从比格	nama-se ma-se	bijien-se	matan-se
联合格	nama-le ma-le	bijien-le	matan-le
凭借格	bi-ghala	bijien-ghala	matan-ghala

第二人称代词变格表

代词格	单数	复数
主 格	chi	ta tan
领宾格	chi-ni	ta-ni
与位格	chima-de	tan-de
从比格	chima-se cha-se	tan-se
联合格	chima-le	tan-le
凭借格	chi-ghala	ta-ghala

第三人称代词变格表

代词格	单数	复数
主 格	hhe tere egven	hhela terela egvenla hhesila teresila egvsila
领宾格	hhe-ni tere-ni egven-ni	hhela-ni terela-ni egvenla-ni
与位格	hhe-nde tere-（n）de tan-de egven-de	hhela-de terela-de egvenla-de
从比格	hhe-nse tere-（n）se egven-se	hhela-se terela-se egvenla-se
联合格	hhe-nle tere-le egven-se	hhela-le terela-le egvenla-le
凭借格	hhe-ghala tere-ghala egven-ghals	hhela-ghala terela-ghala egvenla-ghala

五、动词后缀

1. 正动词

式（语气或情态）范畴

祈使式	-ye	matanghala yawu-ye	我们两个走吧
	-gie	chini gien ghuyingvan gaoda-gie	让你的病尽快痊愈
陈述式	-wo	bi uzhe-wo	我看了

体（动词行为方式或状态）范畴

完成体	-wo	bi bazade echi-wo	我到临夏去了
未完成体	-ne	chi khala echi-ne	你到哪里去？
继续体	-zhiwo	ana-miyi budan gie-zhiwo	我妈正在做饭

态（行为与其主体之间的关系）范畴

主动态	没有附加成分		
使动态	-gva	bai-gva	建立
共动态	-ndu	ijie-ndu	吃

数

单数没有附加成分，复数的附加成分是-ndu，与共动态附加成分一样

2. 副动词

并列副动词	-zhi	shira-zhi ijie	烤着吃
重复副动词	-n	wila-n wila-n yawulawo	哭着哭着走了
目的副动词	-le	bi nie uzhe-le irewo	我来看一看
分离副动词	-dene 或 -de	chi ijie-dene bi ijieye	你吃完后我再吃
条件副动词	-se	ghura bao-se bi ulie Irene	如果下雨，我就不来了
选择、界限副动词	-tala	khara olu-tala wilie giewo	干活到天黑
让步副动词	-senu	eqiemagva bosi-senu shu uzhezho	早晨起来后看书

3. 形动词

过去时形动词	-san（-sen）	ene baodei bolu-san wo	这小麦是成熟的
将来时形动词	-ku 或 -wu	echi-ku mo gholo wo	要去的路远
现在时形动词	-chin	enende sao-chin kun wainu uwo	有没有在这儿

住的人？

4. 存在动词 bi 和 wi

存在动词的词尾变化

项目	bi	wi
正动词	wai-ne	wi-wo
形动词	bi-san bi-ku bi-chin	wi-san wi-ku wi-chin
副动词	bi-zhi bi-se bi-senu bi-tala bi-dene	wi-zhi wi-se wi-senu wi-tala wi-dene

东乡语-汉语对照故事

2. Aligo

（阿里果）

Aligo　　fugiedawo.　Tere　dao　chanban　kieliene: "Bi　dao　mila
阿里果　长大了　　他　还　经常　　说道　　我　还　小

wo." Niududeni,　Aligo　anane　dagvadene　nadule　echiwo.　Aligo
呢　一天　　阿里果　妈妈　跟着　　　玩　　去了　阿里果

yawuku　duran　wiwo,　ga　chezi　jiere　saodene　anane　tuiyigvazho.
走路　意愿　没有　小　车　上面　坐　让妈妈　推着

Anani　tuiyizhi　nie　dawonde　khireise　hhechezhi　kolieruwo.　Aligo
他妈妈　推着　一个　山坡　　上时　　累着　　流汗了　　阿里果

dao　zunghunazho: "Bi　dao　milawo,　yawu　dane ." Ingiekude,
还　嘟囔着　　我　还　小　　走　不了　这时候

melie　ye　nie　ga　kewosini　anani　chezi　jiere　tuiyidene　irewo.
前面　也　一个　小　小孩的　妈妈　车　上面　推着　　来了

Ene　ga　kewosiyi　anani　ye　hhechezho,　nie　mejiedase　chezi
这个　小　孩子的　妈妈　也　累了　　一　不小心　车

khaseni　anda　echi　furu　dawonde　holu　qiyiwo.　Ga　kewon
从手里　松开　去了　下　坡　　跑　　去了　小　孩子

ayidene　wilazho.　Aligo　ga　chezisene　jiaolizhi　khizhedene　hhe
害怕着　哭了　阿里果　小　车里　　跳着　　出来后　　那个

chezini　bareiagiwo.　Hhe　kewonni　anani　kieliezho: "Ene　nie
车子　抓住了　那个　孩子的　妈妈　说道　这个　一个

fugie　kewon,　chini　mafangiewo." Aligo　chenliedene　bayasisen
大的　孩子　让你　麻烦了　阿里果　听了之后　高兴的

hinwo.　Eneni　khuinase　kieliezho: "Bi　ijin　fugiedawo.　Puse
很是　这个　之后　说了　我　已经　长大了　　再也

ga　chezi　ulie　saone."
小　车子　不会　坐了

阿 里 果

　　阿里果长大了，他还经常说："我还小呢。"有一天，阿里果跟着妈妈去玩。他不愿走，坐在小车上让妈妈推着他走。他妈妈推上山坡，累得直流汗。他还嘟囔："我还小，走不了。"正在这时，对面一位妈妈推着她的小宝宝也走来了。这位妈妈也累了，她一不小心松了手，车子沿着山坡滑下去。小宝宝吓得哭起来了。阿里果赶忙从车里跳出来，一把抓住了车子。那位孩子的妈妈说："这位大宝子，谢谢你！"阿里果听了真高兴！从那以后，他说："我已经长大了，再也不坐小车了。"

【注释】

[1] fugiedawo：长大了。fugieda 长大；-wo 完成体。

[2] kieliene：说道。kielie 说；-ne 未完成体。

[3] dagvadene：跟着。dagva 跟；-dene 分离副动词。

[4] echiwo：去了。echi 去；-wo 完成体。

[5] yawuku：走路。yawu 走；-ku 将来时形动词。

[6] saodene：坐。sao 坐；-dene 分离副动词。

[7] tuiyigvazho：推着。tuiyi 推；-gva 使动态；-zho 继续体。

[8] tuiyizhi：推着。tuiyi 推；-zhi 并列副动词。

[9] dawonde：山坡。dawon 山坡；-de 与位格。

[10] khireise：上时。khirei 上；-se 从比格。

[11] hhechezhi：累着。hheche 累；-zhi 并列副动词。

[12] kolieruwo：流汗了。kolieru 流汗；-wo 完成体。

[13] zunghunazho：嘟囔着。zunghuna 嘟囔；-zho 继续体。

[14] ingiekude：这时候。ingie 这；-ku 将来时形动词；-de 与位格。

[15] kewosini：小孩的。kewosi 小孩；-ni 领宾格。

[16] tuiyidene：推着。tuiyi 推；-dene 分离副动词。

[17] irewo：来了。ire 来；-wo 完成体。

[18] mejiedase：不小心。mejieda 不小心；-se 条件副动词。

[19] khaseni：从手里。kha 手；-se 从比格；-ni 领宾格。

[20] ayidene：害怕着。ayi 害怕；-dene 分离副动词。

[21] wilazho：哭了。wila 哭；-zho 继续体。

[22] chezisene：车里。zhezi 车；-se 从比格；-ne 未完成体。

［23］jiaolizhi：跳着。jiaoli 跳；-zhi 并列副动词。

［24］khizhedene：出来后。khizhe 出来；-dene 分离副动词。

［25］chezini：车子。chezi 车；-ni 领宾格。

［26］bareiagiwo：抓住了。bareiagi 抓住；-wo 完成体。

［27］mafangiewo：麻烦了。mafan 麻烦；-gie 祈使式；-wo 陈述式。

［28］chenliedene：听了之后。chenlie 听；-dene 分离副动词。

［29］bayasisen：高兴的。bayasi 高兴；-sen 过去时形动词。

［30］khuinase：之后。khuina 之后；-se 从比格。

［31］saone：坐了。sao 坐；-ne 未完成体。

3. Anani Oreku
（妈妈的爱）

Bi shu onshile echine giese anamiyi made shini jien、shubao
我 书 念 要去 的时候 我妈妈 给我 新的 衣服 书包

agizhi ogiwo. Fanxie giezhi giede irese anamiyi made u:ou
买着 给了 放学 之后 家里 来到 我妈妈 给我 字

surugvazho. Uncha kuruse anamiyi made shini zhirou giezhi
教学 冬天 到来时 我妈妈 给我 新的 棉衣 制作

musigvazho. Bi giemerese anamiyi made alima pienjizhi
给穿上 我 病的时候 我妈妈 给我 果子 削着

ijiegvazho. Mini jien zannanshise anamiyi wagvazho ogizho. Laoshi
给吃上 我的 衣服 脏的时候 我妈妈 洗着 给 老师

mini kuayizho:"Ene xieshin ganjin hinwo! Xiexi ye gaowo."
我的 夸奖 这个 学生 干净 很是 学习 也 很好

妈 妈 的 爱

我要去上学，妈妈给我买了新衣服和书包。放学回到家，妈妈教我识字。冬天，妈妈给我缝新棉衣穿；我病了，妈妈给我削果子吃；我的衣服脏了，妈妈给我洗得干干净净。老师夸我："这个学生真干净！学习也很好。"

【注释】

[1] onshile：念。onshi 念；-le 联合格。

[2] echine：要去。echi 去；-ne 未完成体。

[3] ogiwo：给了。ogi 给；-wo 完成体。

[4] irese：来到。ire 来；-se 从比格。

[5] surugvazho：教学。suru 学；-gva 使动态；-zho 继续体。

[6] kuruse：到来时。kuru 到来；-se 条件副动词。

[7] musigvazho：给穿上。musigva 给穿上；-zho 继续体。

[8] giemerese：病的时候。giemere 病；-se 条件副动词。

[9] pienjizhi：削着。pienji 削；-zhi 并列副动词。

[10] ijiegvazho：给吃上。ijie 吃；-gva 使动态；-zho 继续体。

[11] zannanshise：脏的时候。zannanshi 脏；-se 条件副动词。

[12] wagvazhi：洗着。wagva 洗；-zhi 并列副动词。

[13] ogizho：给。ogi 给；-zho 继续体。

[14] kuayizho：夸奖。kuayi 夸奖；-zho 继续体。

4. Aneiawi Shi Kewosilani Chu Gaoni Laoshi
（父母是孩子最好的老师）

Xieniku qijiende, tawun oluku Eyibu nie guhua shuni barei
夜晚　　时候　　五岁　成了　艾一布　一个　故事　书　拿着

anane gunua kieliegvazho. Anani kielien kielien guhua shuni
让妈妈　故事　讲着　　　他妈妈　讲着　讲着　故事　书

jiedene Eyibuni gie dourase khizhewo. Eyibu sagveizh xin
放下　艾一布的　房子　里面　出来了　艾一布　等着　耐心

wida anane ereile echiwo. Eyibu yawuzhi nieneine wijiende
没有　他妈妈　找　去了　艾一布　走着　他奶奶　门口

echi sudoro nie marase, anani zhin nieneiyini konni wagvazhi
去　里面　一　瞅瞅　他妈妈　正　他奶奶　脚　洗着

saozho. Eyibu jian khareizhi yawune giese nieneini anadeni
正在　艾一布　刚　回去　走的　时候　他奶奶　他妈妈

kieliesenni sonosuwo: "Chi uduni wilie giezhi hhechezho, made
说的　　　　听到了　你　白天　活　干着　累了　给我

banjizhi kon bu wagva." Anani kieliene: "Ese hhechezho,
帮着　脚　不　洗给　　他妈妈　说道　没有　累着

xieni konri nie wagvadene kijiese futanwo." Anani
晚上　脚　一个　洗完后　睡觉时　舒服　他妈妈

nieneideni kon wagvazhi balu Eyibuni gie doura echi nie
给他奶奶　脚　洗着　完了　艾一布的　房子里面　过来　一

uzhese, Eyibu gie doura wiwo. anani khuinane nie uzhese,
看时　艾一布　房子　里面　没有　他妈妈　后面　一　看时

Eyibu nie nienpiin usuni donji ire kieliene: "Ana, kon
艾一布　一　脸盆　水　端着　过来　说道　妈妈　脚

wagva." Eyibu anane yanzini suruzhi anadene kon wagvazhi
洗一下　艾一布　妈妈的　样子　学着　给妈妈　脚　洗着

ogizho.
给了

父母是孩子最好的老师

晚上，五岁的艾一布拿着一本故事书让妈妈给他讲故事。妈妈讲着讲着放下故事书，走出了艾一布的房间。艾一布等得不耐烦了就去找妈妈。艾一布走到奶奶的门口往里一看，才知道妈妈正在帮奶奶洗脚。艾一布正要往回走，却听到奶奶对妈妈说："你白天干活那么累，就不要帮我洗脚了。"妈妈说："不累，晚上洗洗脚，睡觉舒服。"妈妈帮奶奶洗完脚后，到艾一布的房间一看，艾一布不在房里，回头一看，艾一布正端着一盆水向她走来，说："妈妈洗脚。"艾一布学妈妈的样子，帮妈妈洗脚。

【注释】

[1] shuni：书。shu 书；-ni 领宾格。

[2] kieliegvazho：讲着。kielie 讲；-gva 使动态；-zho 继续体。

[3] jiedene：放下。jie 放；-dene 分离副动词。

[4] dourase：里面。doura 里面；-se 从比格。

[5] khizhewo：出来了。khizhe 出来；-wo 完成体。

[6] sagveizhi：等着。sagvei 等；-zhi 并列副动词。

[7] ereile：找。erei 找；-le 目的副动词。

[8] echiwo：去了。echi 去；-wo 完成体。

[9] yawuzhi：走着。yawu 走；-zhi 并列副动词。

[10] wijiende：门口。wijien 门口；-de 与位格。

[11] marase：瞅瞅。mara 瞅瞅；-se 从比格。

[12] wagvazhi：洗着。wagva 洗；-zhi 并列副动词。

[13] khareizhi：回去。kharei 回去；-zhi 并列副动词。

[14] yawune：走的。yawu 走；-ne 未完成体。

[15] kieliesenni：说的。kielie 说；-sen 过去时形动词；-ni 领宾格。

[16] sonosuwo：听到了。sonosu 听到；-wo 完成体。

[17] hhechezho：累了。hheche 累；-zho 继续体。

[18] banjizhi：帮着。banji 帮忙；-zhi 并列副动词。

[19] kieliene：说道。kielie 说；-ne 未完成体。

[20] wagvadene：洗完后。wagva 洗；-dene 分离副动词。

[21] kijiese：睡觉时。kijie 睡觉；-se 条件副动词。

[22] futanwo：舒服。futan 舒服；-wo 完成体。

[23] nieneideni：给他奶奶。nienei 奶奶；-de 与位格；-ni 领宾格。

[24] uzhese：看时。uzhe 看；-se 条件副动词。

[25] khuinane：后面。khuina 后面；-ne 未完成体。

[26] usuni：水。usu 水；-ni 领宾格。

[27] yanzin：样子。yanzi 样子；-ni 领宾格。

[28] suruzh：学着。suru 学；-zhi 并列副动词。

[29] anadene：给妈妈。ana 妈妈；-dene 分离副动词。

[30] ogizho：给了。ogi 给；-zho 继续体。

5. Ayinshe Shu Onshile Echiku
（阿英舍上学）

Ayinshe　shi　nie　saigvan　oqinwo,　hheni　shigharade　gien
阿英舍　是　一个　漂亮　女孩　那个　腿上　病

kuruzhi　dogvolozho, mo　yawuse　chijia　nowo. Ayinshe　pusedu
得到　瘸了　路　走时　困难　很　阿英舍　别的

kewosila　shubaoni　beilie　shu　onshile　echikuni　kuxiezhi　alane.
孩子们　书包　背上　书　读　去的　美慕　很

Ayinshe　giezhe　shubaoni　beilie　shu　onshile　echise　giezhi
阿英舍　什么时候　书包　背上　书　读　去　做

onxian　giezho. Hufeiye、Fatume、Hejizhe　enela　Ayinshe　onxian
渴望　在做　胡菲也　法吐麦　合吉者　这些　阿英舍　渴望

giesenni　mejie　shanliandazhi　hhende　banman　giene　giezho.
做的　知道　商量着　给她　帮忙　要做　在做

Hufeiye　adadene　xiahua　giezhi　Ayinshede　nie　zhugun　giegvawo;
胡菲也　给爸爸　请求　着　阿英舍的　一个　拐杖　制作了

Fatume　anane　xiahua　giezhi　nie　shubao　giegvawo; Hejizhe
法吐麦　她妈妈　请求　着　一个　书包　做了　合吉者

biinzi　khugvozhi　iregvawo. ghurala　nie　magvani　Ayinsheni　fuyizhi
本子　送着　过来了　三个人　每个　早上　阿英舍　扶着

shu　onshile　echizho. xiexiao　tagvase　ghurala　Ayinsheni　khugvozhi
书　读　去了　学校　放学时　三个人　阿英舍　送着

giedeni　echigvazho. hhela　jiu　ingiezhi　hhantu　xiaoxie、chuzhunji
家里　送过去　她们　就　这样　一起　小学　初中

onshizhi　zhunzhon　kaoyiwo.
读着　中专　考上了

阿英舍上学

阿英舍是个漂亮的小女孩，可是她的腿有病，走路很困难。她非常羡慕背着书包去上学的小朋友。她渴望有一天能背起书包去上学。胡菲也、法吐麦、合吉者知道了阿英舍的愿望，就商量着帮助她。胡菲也求爸爸给阿英舍做了副拐杖；法吐麦求妈妈做了书包；合吉者送来了作业本。三个小朋友每天早上挽着阿英舍去上学。放学后，三个小朋友把阿英舍送回家。就这样，她们和阿英舍一起读完了小学、初中，一起考上了小中专。

【注释】

[1] shighara：腿上。shighara 腿；-de 与位格。

[2] kuruzhi：得到。kuru 得（病）；-zhi 并列副动词。

[3] dogvolozho：痛了。dogvolo 痛；-zho 继续体。

[4] yawuse：走时。yawu 走；-se 条件副动词。

[5] shubaoni：书包。shubao 书包；-ni 领宾格。

[6] onshile：读。onshi 读；-le 联合格。

[7] echikuni：去的。echi 去；-ku 将来时形动词；-ni 领宾格。

[8] kuxiezhi：羡慕。kuxie 羡慕；-zhi 并列副动词。

[9] giesenni：做的。gie 做；-sen 过去时形动词；-ni 领宾格。

[10] shanliandazhi：商量着。shanlianda 商量；-zhi 并列副动词。

[11] hhende：给她。hhen 她；-de 与位格。

[12] adadene：给爸爸。ada 爸爸；-dene 分离副动词。

[13] Ayinshede：阿英舍的。Ayinshe 阿英舍；-de 与位格。

[14] giegvawo：制作了。gie 做；-gva 使动态；-wo 陈述式。

[15] khugvozhi：送着。khugvo 送；-zhi 并列副动词。

[16] iregvawo：过来了。ire 来；-gva 使动态；-wo 陈述式。

[17] fuyizhi：扶着。fuyi 扶；-zhi 并列副动词。

[18] onshizhi：读着。onshi 读；-zhi 并列副动词。

[19] kaoyiwo：考上了。kaoyi 考上；-wo 完成体。

7. Bahhanji
（巴含吉）

Bahhani shi nie cunmin noni ga kewonwo, hhe kun
巴含吉 是 一个 聪明 非常 小 孩子 他 人

piendachin kunlani uzhedane. Jini udude, Bahhanji、Mane、
骗人的 人们 看不惯 集市 日子里 巴含吉 麻乃

Yousufu ghurala jide toreile echizho. Jide maimai kunla
尤素夫 三个人 集市里 逛 去了 集市里 买卖 人们

onghonozhi maizhu layizho. Yawun yawun nie caomao zhosen
喊叫着 买主 拉拢着 走着 走着 一个 草帽 戴着

maimai kunni chanlawo, hhe maimai kun fugiede waradane:
买卖 人 看见了 那个 买卖 人 大声 喊叫着

"Ghujigvan tagveini gaodagvaku ye agile ire, mini ene ye shi
快点 把光头 治好的 药 买 过来 我的 这个 药 是

zuchon mifanghala giesenwo, nie maoyise tagvei gaodane."
祖传 用秘方 制作的 一 擦 光秃 治好了

Giedun kunla yeseni agiwo, Bahhanji sumulane: imutu gao ye
几个 人们 把药 买了 巴含吉 思索着 这种 药 也

bise, bijienni ene oronni tagveilade gaodagvawo. Cunminni
有的话 我们的 这个 地方 对光头们 非常好 聪明的

Bahhanji suibien shandan ulie giene, hhe shidani baidene
巴含吉 随便 上当 不 干 他 在旁边 站后

xianxide uzhele qiyiwo. Ye huaiyisen kun mulian gieda qierunne
详细的 看看 开始了 药 卖的 人 料到 没有 把头

nie wazhikude, Bahhanji uzhese ya hhe shi nie tagveiwo.
一个 挠的时候 巴含吉 看时 也 他 是 一个 光头

Bahhanji zhugvedene sumulane: "Ene kun goye tagveine
巴含吉 心里 思索道 这个 人 自己 把光头

gaodagva dazho, dao yan tagvei gaodagvaku ye huaiyizho, ene
治好　　 没有　 还　 什么 光头　 治好的　　 药　卖着　　 这个

shi nie kun piendachin kunwo." Bahhanji Mane Yousufu
是　 一个 人　 骗人的　　 人　　 巴含吉　 麻乃　尤素夫

ghualani chighinde ene ye huaiyisen kunni ayibuyini
两个人的　 耳朵里　 这个 药　卖的　　 人的　 不光彩的事

chouragvaku banfani kieliewo. Bahhanjitan sugiendusen zhonjizni
揭穿的　　 办法　 说了　　 巴含吉　　 吵架的样子　 假装

nie niene tungunduzho. Ji dagvachin kunla man uzhele irewo,
一个 一个的 推着　　　 集　 赶的　　 人们　 都　看着　过来了

ye huaiyisen kun nie mejiedakude Bahhanji caomaoyini daoyi
药 卖的　　 人 一个 不小心时　 巴含吉　　 把草帽　　 揭

baogvawo. Ingiese ye huaiyisen kunni tagveini kunla man
下去了　 这样　 药 卖的　　 人的　 光头　 人们　 都

chanlawo, ashigvala xinie qiyiwo. Puse kiemenda hheni yeni ese
看见了　 大家都　 笑　 开始了　 再　 有人　 他的　 药 没有

agiwo. Ye huaiyisen kun shizhedene ghujigvan tanzine shidolo
买　　 药 卖的　　 人　 羞愧着　　 赶紧　　 把摊子　 收拾

yawulawo. Jidagvasen kunla man Bahhanjini kuayizho.
走了　　 赶集的　　 人们　 都　 把巴含吉　 夸奖了

巴　含　吉

　　巴含吉是个非常聪明的小孩子，他最看不惯那些骗人的人。逢集的一天，巴含吉和麻乃、尤素夫到集市上去逛。集市上好多买卖人大声吆喝，吸引买主。走着走着，他们看见一个头戴草帽的买卖人，大声喊着："快来买治秃头的药，我的药是用祖传秘方炮制的，保证治一个好一个。"有几个人买了他的药，巴含吉想：有这么好的药，我们这儿不长头发的人不必发愁了。不过，聪明的巴含吉可不会轻易上当，他站在旁边仔细观察起来。卖药的人无意中搔了一下头，巴含吉发现卖药人本身是个秃子。他恍然大悟，这卖药人都治不了自己的秃头，还卖什么治秃头的药。他肯定是个骗子。

　　巴含吉在麻乃、尤素夫耳边告诉他们揭穿卖药人骗术的办法。他们假装吵架，在药摊前又吵又闹，引来许多围观的人，趁卖药人不注意，巴含吉碰掉了他的草帽。

卖药人的秃头一下子暴露在大家眼前，围观的人们哄笑了起来，再没有人上他的当了。卖药人羞愧地赶快收拾他的摊子跑了。赶集的人都夸奖巴含吉。

【注释】

[1] kewonwo：孩子。kewon 孩子；-wo 陈述式。

[2] kunlani：人们。kunla 人们；-ni 领宾格。

[3] uzhedane：看不惯。uzheda 看不惯；-ne 未完成体。

[4] toreile：逛。torei 逛；-le 联合格。

[5] echizho：去了。echi 去；-zho 继续体。

[6] onghonozhi：喊叫着。onghono 喊叫；-zhi 并列副动词。

[7] layizho：拉拢着。layi 拉拢；-zho 继续体。

[8] zhosen：戴着。zho 戴；-sen 过去时形动词。

[9] chanlawo：看见了。chanla 看见；-wo 完成体。

[10] fugiede：大声。fugie 大；-de 与位格。

[11] tagveini：把光头。tagvei 光头；-ni 领宾格。

[12] gaodagvaku：治好的。gaoda 好；-gva 使动态；-ku 将来时形动词。

[13] agile：买。agi 买；-le 目的副动词。

[14] mifanghala：用秘方。mifan 秘方；-ghala 凭借格。

[15] giesenwo：制作的。gie 做；-sen 过去时形动词；-wo 完成体。

[16] maoyise：擦。maoyi 擦；-se 条件副动词。

[17] gaodane：治好了。gaoda 变好；-ne 未完成体。

[18] yeseni：把药。ye 药；-se 条件副动词；-ni 领宾格。

[19] agiwo：买了。agi 买；-wo 完成体。

[20] sumulane：思索着。sumula 思索；-ne 未完成体。

[21] oronni：地方。oron 地方；-ni 领宾格。

[22] tagveilade：对光头们。tagveila 光头们；-de 与位格。

[23] gaodagvawo：非常好。gaoda 变好；-gva 使动态；-wo 完成体。

[24] cunminni：聪明的。cunmin 聪明；-ni 领宾格。

[25] shidani：在旁边。shida 旁边；-ni 领宾格。

[26] baidene：站后。bai 站；-dene 分离副动词。

[27] uzhele：看着。uzhe 看；-le 目的副动词。

[28] qiyiwo：开始了。qiyi 开始；-wo 完成体。

[29] huaiyisen：卖的。huaiyi 卖；-sen 过去时形动词。

[30] qierunne：把头。qierun 头；-ne 未完成体。

[31] wazhikude：挠的时候。wazhi 挠；-ku 将来时形动词；-de 与位格。

[32] uzhese：看时。uzhe 看；-se 条件副动词。

[33] tagveiwo：光头。tagvei 光头；-wo 完成体。

[34] zhugvedene：心里。zhugve 心；-dene 分离副动词。

[35] gaodagva：治好。gaoda 好；-gva 使动态。

[36] huaiyizho：卖着。huaiyi 卖；-zho 继续体。

[37] chighinde：耳朵里。chighin 耳朵；-de 与位格。

[38] huaiyisen：卖的。huaiyi 卖；-sen 过去时形动词。

[39] chouragvaku：揭穿的。chouragva 揭穿；-ku 将来时形动词。

[40] kieliewo：说了。kielie 说；-wo 完成体。

[41] sugiendusen：吵架的样子。sugiendu 吵架；-sen 过去时形动词。

[42] zhonjizhi：假装。zhonji 假装；-zhi 并列副动词。

[43] tungunduzho：推着。tungundu 推；-zho 继续体。

[44] mejiedakude：不小心时。mejieda 不小心；-ku 将来时形动词；-de 与位格。

[45] baogvawo：下去了。baogva 下去；-wo 陈述式。

[46] shizhedere：羞愧着。shizhe 羞愧；-dene 分离副动词。

[47] yawulawo：走了。yawula 走；-wo 陈述式。

[48] jidagvasen：赶集的。jidagva 赶集；-sen 过去时形动词。

[49] kuayizho：夸奖了。kuayi 夸奖；-zho 继续体。

8. Baodei Shi Matugiezhi Iresenwo
（小麦是怎么来的）

Ghazha jiere hhangvani layizhi echigva nie duizi nie duiziji
田地   上   把粪   拉着   过去   一个 堆子 一个 堆子

kiewo. Ada hhangvani ghazha jiere pojie kaiyigvawo. Ana
倒   父亲 把粪   地里   上   撒   弄开   母亲

ghazha jieredu danghani egvizhi miendagvazho. Ada fughede
地里   上的   土块   打   弄碎   父亲 给牛

anzhasunni jiayi ghazha odoluzho, ana anzhasun khuina
把犁   套上 庄稼地 犁地   母亲 犁   后面

dagvasenu fure shizhizho. Tareisen baodei khizhese, ana
跟着   种子 撒着   种的   麦子   出来时   母亲

baodeide osun achizho. Baodei boluse, ada adna ghuala
给麦子   草   锄   麦子   熟时   父亲 母亲 两人

baodeini xizhi choulazho, bi usurusen baodei qierunni qianguzho.
把麦子   拔出 捆上   我 掉落的   麦子   头   捡起来

Xizhi baragvase layizhi togvonde irewo. Baodeini togvonde
拔   完成时   拉着   麦场里   来了   把麦子   麦场里

jiegvezhi kaiyigva, tolajighala yanchizho. Togvonni chuzholo waiya
平放   弄开   用拖拉机   碾场   麦场里   堆起来   之后

bundazho. Baodeini madaide zhonlo kide layizhi irewo.
扬场   把麦子   在麻袋 装上 家里 拉着   来了

小麦是怎么来的

　　爸爸妈妈把粪拉到地里，倒成一小堆一小堆的。爸爸把粪撒开，妈妈打碎地里的土块。爸爸用牛犁地，妈妈跟在后面撒种。小麦长出来以后，妈妈给小麦锄草。小麦成熟了，爸爸和妈妈收割小麦，我拾麦穗。小麦收割完后，用车拉到场院里；把小麦摊开后，用拖拉机碾；把粮食堆起来后，开始扬场。最后，把小麦装进麻袋拉回家。

【注释】

[1] hhangvani：把粪。hhangva 粪便；-ni 领宾格。

[2] layizhi：拦着。layi 拉；-zhi 并列副动词。

[3] kiewo：倒。kie 倒；-wo 陈述式。

[4] kaiyigvawo：弄开。kaiyigva 弄开；-wo 完成体。

[5] danghani：土块。dangha 土块；-ni 领宾格。

[6] egvizhi：打。egvi 打；-zhi 并列副动词。

[7] miendagvazho：弄碎。miendagva 使……碎；-zho 继续体。

[8] anzhasunni：把犁。anzhasun 犁；-ni 领宾格。

[9] odoluzho：犁地。odolu 犁地；-zho 继续体。

[10] dagvasenu：跟着。dagva 跟；-senu 让步副动词。

[11] shizhizho：撒着。shizhi 撒；-zho 继续体。

[12] tareisen：种的。tarei 种；-sen 过去时形动词。

[13] khizhese：出来时。khizhe 出来；-se 从比格。

[14] baodeide：给麦子。baodei 麦子；-de 与位格。

[15] achizho：锄。achi 锄；-zho 继续体。

[16] boluse：熟时。bolu 熟；-se 条件副动词。

[17] choulazho：捆上。choula 捆绑；-zho 继续体。

[18] usurusen：掉落的。usuru 掉落；-sen 过去时形动词。

[19] qierunni：头。qierun 头；-ni 领宾格。

[20] qianguzho：捡起来。qiangu 捡；-zho 继续体。

[21] baragvase：完成时。baragva 完成；-se 条件副动词。

[22] togvonde：麦场里。togvon 麦场；-de 与位格。

[23] irewo：来了。ire 来；-wo 完成体。

[24] jiegvezhi：平放。jiegve 平放；-zhi 并列副动词。

[25] tolajighala：用拖拉机。tolaji 拖拉机；-ghala 凭借格。

[26] yanchizho：碾场。yanchi 碾场；-zho 继续体。

[27] madaide：在麻袋。madai 麻袋；-de 与位格。

[28] layizhi：拉着。layi 拉；-zhi 并列副动词。

9. Baogu Zheyiku
（摘玉米）

Qiuqien kuzhewo. Bijienni ghazha jierededu baogula boluwo. Nie
秋天　　到了　　我们的　　地里　　上面的　　玉米们　熟了　一个

xinqini udude, bijien nie giechilie man baogu zheyile echiwo.
星期日　日子里　我们　一　　家人　都　玉米　摘　去了

Ghazha jiere echise, baogu qierunla shipuragvanjiwo, fugiede
地　　里面去时　玉米　头　　黄橙橙的　　　大的

ga jiaojiao chigiewo. Bijien bayasizhi man zheyile qiyiwo.
小　婴儿　那般大　我们　高兴着　都　摘　开始了

Niechashi zheyidene nie ga antan ula chigie gholugvawo.
一会儿　摘的　一个小　金的　山　那般大　成了

Houshan kuse, bijien nie giechilie nie jiaziche baoguni layisenu
下午　　到达时　我们　一　　家人　一　架子车　玉米　拉到

giedene khareiwo.
家里　　回了

摘　玉　米

秋天到了，我家地里的玉米成熟了。星期天，我们全家都去摘玉米。到了地里，我发现玉米黄澄澄的，大的就像一个个婴儿。我们高高兴兴地开始摘玉米，一会儿，就堆成了一座"小金山"。到了下午，我们拉着一车玉米回家了。

【注释】

[1] kuzhewo：到了。kuzhe 到来；-wo 陈述式。

[2] bijienni：我们的。bijien 我们；-ni 领宾格。

[3] boluwo：熟了。bolu 熟；-wo 陈述式。

[4] zheyile：摘。zheyi 摘；-le 目的副动词。

［5］echiwo：去了。echi 去；-wo 完成体。

［6］echise：去了。echi 去；-se 条件副动词。

［7］fugiede：大的。fugie 大；-de 与位格。

［8］bayasizhi：高兴着。bayasi 高兴；-zhi 并列副动词。

［9］qiyiwo：开始了。qiyi 开始；-wo 陈述式。

［10］zheyidene：摘的。zheyi 摘；-dene 分离副动词。

［11］gholugvawo：成了。gholu 变成；-gva 使动态；-wo 陈述式。

［12］baoguni：玉米。baogu 玉米；-ni 领宾格。

［13］layisenu：拉到。layi 拉；-senu 让步副动词。

［14］giedene：家里。gie 家；-dene 分离副动词。

［15］khareiwo：回了。kharei 回；-wo 完成体。

10. Beizi Ghalugvaku
（杯子打碎了）

Bi luzi jierese nie hu kaishuini qilawo. Huni qila adadene
我 火炉 上面 一个 水壶 开水 拿起来 水壶 拿起 给爸爸

cha kiele echiwo. Nie mejiedase shire jierededu beizini layi
茶 倒 去了 一个 不小心 桌 上面的 把杯子 拉

zaimin jiere baogvawo. "Khua!" ingiese, beizi ghaluwo. Bi ayidene
地 上面 掉下去 "咔嚓" 于是 杯子 碎了 我 吓得

pugharale qiyiwo. Ingiese, adami kieliene: "Chiyi tulie uye?
发抖 开始 然后 我爸爸 说 把你 烫 没有

Beizi ghaluse yama pushi wo, chini kaishui tuliese matugiene?
杯子 破了 什么 不是 把你 开水 烫着了 怎么办呢

Ihou yan wilie giese xiaoxingie!"
以后 什么 事 做时 要小心

杯子打碎了

我从炉子上提了一壶开水，去给爸爸沏茶，一不小心把桌上的杯子拉到地上了。"咔嚓"一声，杯子打碎了。我开始吓得发抖。爸爸说："烫伤了没有，杯子打碎了不要紧，要是烫伤了你怎么办？以后做什么事都要小心。"

【注释】

[1] jierese：上面。jiere 上面；-se 从比格。

[2] kaishuini：开水。kaishui 开水；-ni 领宾格。

[3] qilawo：拿起来。qila 拿起；-wo 陈述式。

[4] huni：水壶。hu 水壶；-ni 领宾格。

[5] adadene：给爸爸。ada 爸爸；-dene 分离副动词。

[6] echiwo：去了。echi 去；-wo 完成体。

［7］mejiedase：不小心。mejieda 不小心；-se 从比格。

［8］beizini：把杯子。beizi 杯子；-ni 领宾格。

［9］baogvawo：掉下去。baogva 掉下；-wo 陈述式。

［10］ghaluwo：碎了。ghalu 碎；-wo 完成体。

［11］ayidene：吓得。ayi 害怕、吓；-dene 分离副动词。

［12］pugharale：发抖。pughara 发抖；-le 目的副动词。

［13］qiyiwo：开始。qiyi 开始；-wo 完成体。

［14］kieliene：说。kielie 说；-ne 未完成体。

［15］tuliese：烫着了。tulie 烫；-se 条件副动词。

［16］xiaoxingie：要小心。xiaoxin 小心；-gie 祈使式。

12. Biechin Sara Laoyiku
（猴子捞月）

Nie ula jiere ezegven biechin saozho. nie xieyide, nie ga
一个 山 上 一些 猴子 住着 一个 晚上 一个 小

biechin ghudoude sarani chanlawo, hhe holun holun waradane:
猴子 井里 月亮 看见了 他 跑着 跑着 喊道

"Sara ghudoude anda baozho!" Fugie biechi ashigvalani uruzhi
月亮 井里 掉 下去 大的 猴子 把大家 叫着

hhantulagvasenu kieliene: "Sara ghudoude anda baozho, manugvun
集合后 说道 月亮 井里 掉 下去 我们

ghujigvan sarani laoyizhi khizhi ireye ba!" Ga biechin kieliene:
快点 把月亮 捞着 上 来 小 猴子 说道

"Manugvun fugie mutun jierese nie nieji daodolo guayizhi izhi
我们 大的 树 上面 一个 一个 倒着 挂上 一直

ghudoude baoye, ingiese manugvun sarani laoyi shidane." Fugie
井里 下去 这样 我们 把月亮 捞 上来 大的

biechin ghua konghalane mutun salase gouyisenu daodolo
猴子 两只 用脚 把树 树枝 钩住 倒着

guayiwo, pusedula nie niesene bareidene daodolo guayi
挂住 其他的 一个 跟一个 抓住 倒着 挂

ghudoude baowo. Chu douradu nie ga biechin ghudouse
井里 下去了 最 下面 一个 小 猴子 从井里

waradane: "Oluwo, khaku shidane." ga biechin khane ghudoude
喊道 好了 碰到 可以 小 猴子 把手 井里

orogvasenu nie gojielugvase, sara ghaludene nie shidu nie
伸进去 一个 动一下, 月亮 破碎了 一 块 一

shiduji gholuwo. Ga binchin ayizhi onghonone: "Sarani bi
块 成了 小 猴子 害怕 喊道 月亮 我

ghalugvawo, ede matu giene." Fugie biechin qierunne qila nie
弄碎了 现在 怎么 做 大的 猴子 把头 抬起来 一

uzhese, sara asiman jiere wo, ashigvalade kieliene : "Ta uzhe
看时 月亮 天 上面 给大家 说道 你们 看

sara asiman jiere waine, ghudounugvun shi hheni xiaojiao wo."
月亮 天 上面 有 井里的 是 他的 影子

猴 子 捞 月

  在一座山上，住着一群猴子。一天晚上，一只小猴子发现井里有一个月亮，它边跑边喊："月亮掉到井里了！"老猴子就把大家全召集起来，说："月亮掉进井里了，我们赶快把月亮捞上来吧。"小猴子说："我们从大树上一个一个倒挂到井里，我们就可以捞月亮了。"老猴子用两只脚钩住树枝倒挂下来，其他的猴子一只接一只，一直倒挂到井里。最底下的一只小猴子在井里喊："行了，够得着了。"小猴子把手伸到井里一揽，月亮碎成了一片一片的。小猴子吓得喊起来："月亮被我抓破了，这可怎么办呢？"老猴子抬头一看，月亮挂在天上，就对大家说："你们看，月亮好好地挂在天上，井里的是月亮的影子。"

【注释】

[1] saozho：住着。sao 住；-zho 继续体。

[2] xieyide：晚上。xieyi 晚上；-de 与位格。

[3] ghudoude：井里。ghudou 井；-de 与位格。

[4] sarani：月亮。sara 月亮；-ni 领宾格。

[5] chanlawo：看见了。chanla 看见；-wo 完成体。

[6] waradane：喊道。warada 喊道；-ne 未完成体。

[7] baozho：下去。bao 下去；-zho 继续体。

[8] ashigvalani：把大家。ashigvala 大家；-ni 领宾格。

[9] uruzhi：叫着。uru 叫；-zhi 并列副动词。

[10] hhantulagvasenu：集合后。hhantulagva 使……集合；-senu 让步副动词。

[11] kieliene：说道。kielie 说；-ne 未完成体。

[12] laoyizhi：捞着。laoyi 捞；-zhi 并列副动词。

[13] jierese：上面。jiere 上面；-se 从比格。

[14] guayizhi：挂上。guayi 挂；-zhi 并列副动词。

[15] konghalane：用脚。kon 脚；-ghala 凭借格；-ne 未完成体。

[16] salase：树枝。sala 树枝；-se 从比格。

[17] gouyisenu：钩住。gouyi 钩住；-senu 让步副动词。

[18] guayiwo：挂住。guayi 挂；-wo 完成体。

[19] bareidene：抓住。barei 抓；-dene 分离副动词。

[20] ghudouse：从井里。ghudou 井；-se 从比格。

[21] khane：把手。kha 手；-ne 未完成体。

[22] orogvasenu：伸进去。orogva 伸进去；-senu 让步副动词。

[23] gojielugvase：动一下。gojielugva 使……动；-se 条件副动词。

[24] ghaludene：破碎了。ghalu 破；-dene 分离副动词。

[25] gholuwo：成了。gholu 变成；-wo 完成体。

[26] ayizhi：害怕。ayi 害怕；-zhi 并列副动词。

[27] onghonone：喊道。onghono 喊；-ne 未完成体。

[28] ghalugvawo：弄碎了。ghalugva 弄碎；-wo 完成体。

[29] qierunne：把头。qierun 头；-ne 未完成体。

[30] uzhese：看时。uzhe 看；-se 从比格。

13. Bijienni Gie
（我的家）

Bijienni　giede　tawun　matu　kun　wo. Made　nie　aye、　nienei、ada、
我们的　　家里　　五　　口　　人　　　我有　一个爷爷　奶奶　　爸爸

ana wo.　Aye　nieneimi　ghuala　qishiji　oluwo.　Ayemi　yasun　dao
妈妈　　爷爷　我奶奶　　两人　七十几　有了　　我爷爷　骨头　还

khidun wo.　Bieneimi　gouji　giemerezho,　kunni　baozhi　echizho.
很硬　　　我奶奶　有点　病了　　　　她身体　下去　　去了

Bijienyi　gieni　wilielayi　ada、　anami　ghuala　giezho.　Bi　onshizhi
我们的　　家里　活　　　爸爸　妈妈　　两人　　做着　　我　　上学

khareise　ye　banjizhi　giezho.
回来时　　也　帮忙　　做

我　的　家

　　我家有五口人，分别是我的爷爷、奶奶、爸爸和妈妈和我。爷爷和奶奶七十多岁了。爷爷身体还健康，但奶奶生病了，身体非常虚弱。家务活都由爸爸、妈妈来做。放学回家后，我也帮爸爸、妈妈做家务。

【注释】

［1］bijienni：我们的。bijien 我们；-ni 领宾格。

［2］giede：家里。gie 家；-de 与位格。

［3］oluwo：有了。olu 有；-wo 陈述式。

［4］giemerezho：病了。giemere 病；-zho 继续体。

［5］　baozhi：下去。bao 下去；-zhi 并列副动词。

［6］echizho：去了。echi 去；-zho 继续体。

［7］gieni：家里。gie 家；-ni 领宾格。

〔8〕giezho：做着。gie 做；-zho 继续体。

〔9〕onshizhi：上学。onshi 念；-zhi 并列副动词。

〔10〕khareise：回来时。kharei 回来；-se 从比格。

〔11〕banjizhi：帮忙。banji 帮忙；-zhi 并列副动词。

14. Bunzhu Bareiku
（捉麻雀）

Chasun baozhi baluse Aiyibu Maerli ghuala bunzhu bareina
雪　　 下着　　 完了　 艾伊卜 马尔力　 两人　　 麻雀　　 要捉

giezho. Hne ghuala nie tozi oronni shuruzhi kaigvawo. Shierni
打算　 他们　 两人 一个 空　 地方　　 打扫　　 弄开　　 把筐箩

ga teiyaghala zhiyizhi gaodagvadene gouji ghono shizhiwo. Ga
小 木棍　　 支起来　 弄好后　　　 一点 谷子　 撒了　　 小

teiyani jiesunghala banla khadene barei niuwo. Niechashi bunzhula
木棍　 用绳子　　 绑住 手里　 抓住 藏起来 一会儿　　麻雀们

shier doura ghono ijiele orowo. Aiyibu jiesunni nie diinjise,
筛子 下面　 谷子　来吃　 进了　 艾伊卜 把绳子　 一　　 拉时

giedun bunzhuni shier doura komorowo. Aiyibuni adani chanla
一些　 麻雀　　 筛子 下面　 困住了　　 艾伊卜　 爸爸　 看见

kieliezho: "Bunzhu shi manugvunni dosi wo. Taidene andagva."
说道　　　 麻雀　 是　 我们的　　 朋友　　　 放　　 放开

Aiyibu Maerli ghuala sheyi dazhi taiwo.
艾伊卜 马尔力 两人　 舍得 不能　 放了

捉　麻　雀

　　下雪后，艾伊卜、马尔力两个人准备捉麻雀。两个人在雪地上扫了一块空地。他们把筐箩用小木棍支好后，在筐箩下面撒了些谷子，用绳子拴好木棍，拽着绳子的一头藏好了。不一会儿，麻雀飞到筐箩底下吃谷子，艾伊卜拉了一下绳子，几只麻雀被扣在筐箩下面。艾伊卜的爸爸看见了说："麻雀是我们的好朋友，放了它们吧！"艾伊卜、马尔力两人恋恋不舍地放了麻雀。

【注释】

[1] baozhi：下着。bao 下；-zhi 并列副动词。

[2] baluse：完了。balu 完；-se 条件副动词。

[3] bareine：要捉。barei 捉；-ne 未完成体。

[4] oronni：地方。oron 地方；-ni 领宾格。

[5] shuruzhi：打扫。shuru 打扫；-zhi 并列副动词。

[6] kaigvawo：弄开。kaigva 弄开；-wo 完成体。

[7] shierni：把筐箩。shier 筐箩；-ni 领宾格。

[8] teiyaghala：木棍。teiya 木棍；-ghala 凭借格。

[9] zhiyizhi：支起来。zhiyi 支；-zhi 并列副动词。

[10] gaodagvadene：弄好后。gaodagva 弄好；-dene 分离副动词。

[11] shizhiwo：撒了。shizhi 撒；-wo 完成体。

[12] teiyani：木棍。teiya 木棍；-ni 领宾格。

[13] jiesunghala：用绳子。jiesun 绳子；-ghala 凭借格。

[14] khadene：手旦。kha 手；-dene 分离副动词。

[15] niuwo：藏起来。niu 藏；-wo 完成体。

[16] ijiele：来吃。ijie 吃；-le 目的副动词。

[17] orowo：进了。oro 进；-wo 完成体。

[18] jiesunni：把绳子。jiesun 绳子；-ni 领宾格。

[19] diinjise：拉时。diinji 拉；-se 条件副动词。

[20] bunzhuni：麻雀。bunzhu 麻雀；-ni 领宾格。

[21] komorowo：困住了。komoro 困住；-wo 完成体。

[22] kieliezho：说道。kielie 说；-zho 继续体。

[23] manugvunni：我们的。manugvun 我们；-ni 领宾格。

[24] taidene：放。tai 放；-dene 分离副动词。

[25] taiwo：放了。tai 放；-wo 完成体。

15. Bunzhu Ho Giezhi Suruku
（麻雀学筑窝）

Nie bunzhu musireizhi hhechese sumulazho: nie saigvan、futanni
一个 麻雀 飞着 累时 想 一个 漂亮 舒服

ho bise giedun gao wo! Niudude, bunzhu banbunlayi honi
窝 有 多么 好 啊 一天 麻雀 把蜜蜂的 窝

uzhedene kuxiezhi kieliene："Ta made nie surugva ba! bi ye
看了后 羡慕着 说 你们 给我 一个 学习 吧 我 也

nie hotu oluse." Banbun kielie："Chi xien chizhe jierese ban
一个 有窝的 变成 蜜蜂们 说 你 先 花儿 从上面 花粉

layile echi, banghala la giene, laghala ho giene." Bunzhu
采 去 用蜂蜜 蜡 做 用蜡 窝 做 麻雀

zhugvedene sumulazho：ene taixien mada wo, bi shimatu ho
心里 想 这个 太 麻烦 我 随便 窝

nie gieye ma! Khuaichu udu, bunzhu kharanchayi honi
一个 做 嘛 后 一天 麻雀 把燕子 窝

chujiegve sumulase ene gao wo, ingie kharanchalade kieliene：
看见 想 这个 好 然后 对燕子 说

"Tan made ho giekuni surugvase olu nu ulie?" Kharancha
你们 给我 窝 做的 教一下 成 还是 不成 燕子

kieliene："Chi xien shuwani nie aman nie amanji amalazhi ire,
说 你 先 把泥 一 嘴 一 嘴 叼着 过来

ingie gouji goujiji gie mayende niagva……" Bunzhu shuwani
然后 一点 一点的 做 屋檐上 粘上…… 麻雀 把泥

jian amalase nunpu khizhi iregvawo. Khuinashi khuruse bunzhu
刚 叼 吐 出来 来了 后面 到时 麻雀

puse kurlase ho giezhi suruku duran widawo.
再 从人家 窝 做 学习 愿意 没有了

麻雀学筑窝

一只麻雀飞累了，心想要是有个又漂亮又舒服的窝，那该多好啊！有一天，麻雀看到蜜蜂的窝，心里非常美慕地说："你们教教我吧，让我也有一个窝。"蜜蜂说："你先去采花粉酿蜜做蜡，再用蜡筑窝。"麻雀心想：多麻烦，我还是筑一个简单的窝吧。第二天，麻雀看到燕子的窝觉得不错，于是对燕子说："你们教我筑窝，好吗？"燕子说："你先去把泥一口一口地衔来，再一点一点地粘在天花板上……"麻雀刚把泥衔到嘴里，就吐了出来。以后，麻雀再也不想跟别人学筑窝了。

【注释】

[1] musireizhi：飞着。musirei 飞；-zhi 并列副动词。

[2] hhechese：累时。hheche 累；-se 条件副动词。

[3] sumulazho：想。sumula 想；-zho 继续体。

[4] futanni：舒服。futan 舒服；-ni 领宾格。

[5] honi：窝。ho 窝；-ni 领宾格。

[6] uzhedene：看了后。uzhe 看；-dene 分离副动词。

[7] kuxiezhi：美慕着。kuxie 美慕；-zhi 并列副动词。

[8] kieliene：说。kielie 说；-ne 未完成体。

[9] oluse：变成。olu 变成；-se 条件副动词。

[10] jierese：从……上面。jiere 上面；-se 从比格。

[11] layile：采。layi 采；-le 目的副动词。

[12] banghala：用蜂蜜。ban 蜂蜜；-ghala 凭借格。

[13] laghala：用蜡。la 蜡；-ghala 凭借格。

[14] zhugvedene：心里。zhugve 心；-dene 分离副动词。

[15] sumulase：想。sumula 想；-se 条件副动词。

[16] kharanchalade：对燕子。kharanchala 燕子；-de 与位格。

[17] giekuni：做的。gie 做；-ku 将来时形动词；-ni 领宾格。

[18] surugvase：教一下。surugva 教；-se 条件副动词。

[19] shuwani：把泥。shuwa 泥；-ni 领宾格。

[20] amalazhi：叼着。amala 叼；-zhi 并列副动词。

[21] mayende：屋檐上。mayen 屋檐；-de 与位格。

[22] iregvawo：来了。iregva 拿来；-wo 完成体。

[23] khuruse：到时。khuru 到时；-se 条件副动词。

[24] kunlase：从人家。kunla 别人；-se 从比格。

[25] widawo：没有了。wida 没有；-wo 完成体。

16. Chasun Taolei

（雪兔子）

Chasun   baozho,   ga   hherwala   man   khizhi   ire   chasun
雪   下着   小   动物们   都   出   来了   雪

naduzho. Jilimao、 gouxin、 biechin   enela   chasun   duizilozho. N iecha
玩耍   松鼠   狗熊   猴子   他们   雪   堆   一会儿

shi   nie   fugie   chasun   taolei   duizilo   gholugvawo.   Hhela   niuzhi
是   一个   大的   雪   兔子   堆   成了   他们   藏着

naduzho,   biechin   chasun   taoleini   khuina   nie   nokien   wayidene
玩着   猴子   雪   兔子的   后面   一个   洞   挖后

zonghodo   orowo,   gouxin   matugieliaozhe   ereizhi   oludane.
钻   进去了   狗熊   怎么也   找   不能

Miinzhali,   biechin   chasun   taoleise   zonjizhi   khizhedene   waradane:
忽然   猴子   雪   兔子   钻   出来后   喊道

"Gouxin、   jilimao、   ghujigva   niu   zhanghei   irewo."   Ene   xienzide
狗熊   松鼠   赶紧   藏   狼   来了   这个   时候

zhanghei   yawuzhi   chasun   taoleini   shida   echi   wo,   jian   hheni
狼   走着   雪   兔子的   身边   来了   刚   把他

ijiene   giese   chasun   taolei   kieliene: "Xien   mini   chighinni   ijie
要吃   打算   雪   兔子   说道   先   我的   耳朵   吃

ba!"   Zhanghei   puyizhi   echi   chighinni   nie   aman   zhaose: "Pei
吧   狼   扑   过去   把耳朵   一   口   咬   呸

pei,   mini   binjigva   alawo."   Zhanghei   sumulazho: taoleini   nudun
呸   把我   冰   死了   狼   想   兔子的   眼睛

you   hulan   you   fugie   wo,   hheni   nudunni   ijieye   ba!   Nie   aman
又   红   又   大   了   他的   眼睛   吃   吧   一   口

zhaosenu   kieliene : "Aiyao,   mini   tulie   alawo." chasun   taolei
咬   说   哎呀   把我   辣   死了   雪   兔子

kieliene: "Zhanghei,   bi   shi   yaoguai   wo......"   Zhanghei   chenli
说   狼   我   是   妖怪   哦……   狼   听了

ayi　　holu　widawo.
害怕　　跑　　没有了

雪　兔　子

　　下雪了，小动物们都出来玩雪。松鼠、熊和猴子在堆雪球。一会儿，一只大大的雪兔子堆好了。它们开始玩捉迷藏。猴子在雪兔子后面挖了一个洞钻进去，熊怎么也找不着。忽然，猴子从雪兔子里钻出来大声喊："熊、松鼠快躲起来，狼来了!"这时，狼走到雪兔子跟前，准备扑向它时，雪兔子说："先吃我的耳朵吧!"狼扑上去咬了一口兔耳朵说;"呸、呸，冰死我了!"狼想兔子的眼睛又红又大，就吃兔子的眼睛吧! 咬了一口说:"哎哟，辣死我了。"雪兔子说:"狼，我是妖怪……"。大灰狼听了吓得扭腰就跑。

【注释】

[1] baozho: 下着。bao 下；-zho 继续体。

[2] naduzho: 元耍。nadu 玩；-zho 继续体。

[3] duizilozho: 堆。duizilo 堆；-zho 继续体。

[4] gholugvawo: 成了。gholugva 变成-wo 完成体。

[5] niuzhi: 藏着。niu 藏；-zhi 并列副动词。

[6] taoleini: 兔子的。taolei 兔子；-ni 领宾格。

[7] wayidene: 挖后。wayi 挖；-dene 分离副动词。

[8] orowo: 进去了。oro 进去；-wo 完成体。

[9] ereizhi: 找。erei 找；-zhi 并列副动词。

[10] taoleise: 兔子。taolei 兔子；-se 从比格。

[11] zonjizhi: 钻。zonji 钻；-zhi 并列副动词。

[12] khizhedene: 出来后。khizhe 出来；-dene 分离副动词。

[13] waradane: 喊道。warada 喊道；-ne 未完成体。

[14] irewo: 来了。ire 来；-wo 完成体。

[15] yawuzhi: 走着。yawu 走；-zhi 并列副动词。

[16] ijiene: 要吃。ijie 吃；-ne 未完成体。

[17] kieliene: 说道。kielie 说；-ne 未完成体。

[18] chighinni: 耳朵。chighin 耳朵；-ni 领宾格。

[19] puyizhi: 扑。puyi 扑；-zhi 并列副动词。

［20］alawo：死了。ala 死；-wo 完成体。

［21］sumulazho：想。sumula 想；-zho 继续体。

［22］nudunni：眼睛。nudun 眼睛；-ni 领宾格。

［23］zhaosenu：咬。zhao 咬；-senu 让步副动词。

［24］widawo：没有了。wida 没有；-wo 完成体。

17. Chasun

（雪）

Niedudeni chasun baozhiwo. Bi Shemusu Mane ghuralie chasun
有一天　雪　　下着　　我　舍木素　麻乃　三个人　　雪

dunda naduzho. Chasun niezhenla ujiexinni xianli, niezhenla
中间　玩耍着　　雪　有些　　五角星　相似　有些

meihua chizheni xianli. Niechashi zaimin chighashi dawawo.
棉花　花儿　　相似　一会儿　地面　白了　　过了

Sunshu mutun jiere chasun loyise nie gieda nie giedaji
松树　　树木　上面　雪　落时　一　疙瘩　一　疙瘩

maodan chizheni xianli, saigvan nowo. Ula zhugve jiere man
牡丹　花儿　　相似　漂亮　　很　　山　中间　上面　全

nie shidu gholu baizho.
一　片　连　成了

雪

　　一天，天上下起了雪。我、舍木素和麻乃三人一起在雪中玩。雪花有的像五角星，有的像梅花。一会儿，地面全白了。雪花落在松树上，一团一团的，像白色的牡丹花。好看极了！山川白茫茫的，连成了一片。

【注释】

[1] niedudeni 有一天。niedude 有一天；-ni 领宾格。

[2] baozhiwo：下着。bao 下；-zhiwo 继续体。

[3] naduzho：玩耍着。nadu 玩；-zho 继续体。

[4] ujiexinni：五角星。ujiexin 五角星；-ni 领宾格。

[5] chizheni：花儿。chizhe 花；-ni 领宾格。

[6] dawawo：过了。dawa 过；-wo 完成体。

[7] loyise：落时。loyi 落；-se 条件副动词。

[8] baizho：成了。bai 变成；-zho 继续体。

19. Chinshini Hhabi
（诚实的哈比）

Hhabi shi nie xieshin wo, hhe cunmin chinshi wo. Niudude fugie
哈比 是 一个 学生   他 聪明 诚实   一天 大的

chasun baozho, mo jiere、 mutun jiere、 gie jiere chasun
雪   下着 路 上面   树 上面   房子 上面 雪

zhuzhan hin wo. Hhabi fugie chasun dunda onshile
厚   很   哈比 大的 雪   中间 上学

echiwo. Hhabi chasunni qiaoyin qiaoyin yawukude nie khara
去了   哈比 把雪   踢   踢   走着   一个 黑的

ojienni qiaoyi khizhegvawo, qiangu uzhese nie biehuhuji qienbao
东西 踢   出来了   捡起来 看时 一个 白乎乎的 钱包

wo. Hhabi sumulase qienbao widagvasen kun jinda alane, ene
哈比 想   钱包 丢失的   人 焦急 死了 这个

oronde niecha sagveiye. Hhabi niecha sagveise kiemenda ereile
地方 一会儿 等   哈比 一会儿 等着   没人   来找

ese irewo, hhe xiexiaode echi qienbaoni laoshide jiaoyiwo.
没有 来 他 学校里 去了 把钱包 给老师 上交了

Laoshi qienbao widagvasen kunni daqinlazhi oluwo. Qienbao
老师 钱包 丢失的   人 打听着   好了   钱包

widagvasen kun 100kuai baerni barei Hhabide feixin kieliele
丢失的   人 100块 钱 拿出 给哈比 谢谢 说

irewo. Hhabi baerni ese jielie kieliene: "Ene shi bi giekuni
去了 哈比 把钱 没有 接 说   这个 是 我 该做的

wo." Laoshi qienban xieshinni melie Hhabini kuayizhiwo. Eneni
老师 全班 学生的 面前 把哈比 夸奖了   这个

khuinase qienban xieshinla Hhabini suruzhi haoshi giechin kun
以后 全班 学生 把哈比 学习 好事 做的 人

olodowo.
多了

诚实的哈比

哈比是一年级的学生，他聪明又诚实。有一天，下着鹅毛般的大雪，路上、树上、房顶上铺着一层厚厚的雪，哈比冒着大雪去上学。哈比边走边用脚踢着雪，忽然，踢出一个黑色的东西，他捡起来一看，原来是一个鼓鼓囊囊的钱包。哈比想失主一定很着急，在这儿等一会儿吧。哈比等了一会儿，没人来领，就把钱包交给了老师。老师打听到了失主。失主拿着 100 元钱向哈比表示感谢，哈比没要钱，说："这是我应该做的。"老师在全班学生面前表扬了哈比。从此以后，全班同学都向哈比学习，班上的好人好事多了。

【注释】

[1] baozho：下着。bao 下；-zho 继续体。

[2] onshile：上学。onshi 念；-le 目的副动词。

[3] echiwo：去了。echi 去；-wo 完成体。

[4] chasunni：把雪。chasun 雪；-ni 领宾格。

[5] yawukude：走着。yawu 走；-ku 将来时形动词；-de 与位格。

[6] ojienni：东西。ojien 东西；-ni 领宾格。

[7] khizhegvawo：出来了。khizhe 出来；-gva 使动态；-wo 陈述式。

[8] uzhese：看时。uzhe 看；-se 条件副动词。

[9] sumulase：想。sumula 想；-se 条件副动词。

[10] widagvasen：丢失的。wida 丢失；-gva 使动态；-sen 过去时形动词。

[11] alane：死了。ala 死；-ne 未完成体。

[12] oronde：地方。oron 地方；-de 与位格。

[13] sagveiye：等。sagvei 等；-ye 祈使式。

[14] ereile：找。erei 找；-le 目的副动词。

[15] irewo：来。ire 来；-wo 完成体。

[16] xiexiade：学校里。xiexiao 学校；-de 与位格。

[17] qienbaoni：把钱包。qienbao 钱包；-ni 领宾格。

[18] laoshide：给老师。laoshi 老师；-de 与位格。

[19] jiaoyiwo：上交了。jiaoyi 交；-wo 完成体。

[20] daqinlazhi：打听着。daqinla 打听；-zhi 并列副动词。

［21］oluwo：好了。olu 好；-wo 完成体。

［22］baerni：把钱。baer 钱；-ni 领宾格。

［23］kieliele：说。kielie 说；-le 联合格。

［24］kieliene：说。kielie 说；-ne 未完成体。

［25］giekuni：该做的。gie 做；-ku 将来时形动词；-ni 领宾格。

［26］kuayizhiwo：夸奖了。kuayi 夸；-zhiwo 继续体。

［27］khuinase：以后。khuina 之后；-se 从比格。

［28］suruzhi：学习。suru 学习；-zhi 并列副动词。

［29］olodowo：多了。olodo 多；-wo 完成体。

20. Cunminni Ga Iman
（聪明的小山羊）

Basi mutun linkose nie ga iman bareiwo, hhe amaladene ula
老虎 树林 森林 雨 小 山羊 抓住了 他 叼着 山

khuina dawase ijiene giezho. Ga iman ayizho ma, dao kieliene:
后面 过云的时候 吃 打算 小 山羊 害怕 还 说

"Chi jiedeine amaladene yan giene?" Basi ga imanni
你 爷爷 叼着 什么 干 老虎 小 山羊

amaladene shidun zhawase kieliene: "Hhai hhai! Chi shi mini
叼着 牙齿 缝隙 说 嘿 嘿 你 是 我的

andatu jiewuni wo." Ga iman kieliene : "Chi uzhe, made nie
美味的 食物 小 山羊 说 你 看 我有 一

aman sagvan wo, oqiaoluzho, arasun zhuzhan ijiezhi gao wiwo."
嘴 桌子 老了 皮 厚 吃着 好 没有

Basi yen ga imanni amaladene kieliene: "Arasun zhuzhan shi
老虎 还是 小 山羊 叼着 说 皮 厚 是

gao wo, zhazhulukuni waine." Ga iman kieliene: "Gi shi chini
好 咀嚼的 有 小 山羊 说 我 是 你的

jiedeini zhenlien wo, chi mini ijiese ulie olune." Basi kieliene:
爷爷的 朋友 你 把我 吃 不 可以 老虎 说

"bijien idaogu kienni liaozhe ulie tanine." Ga iman ubali
我们 根本 谁 也 不 认识 小 山羊 可怜

zhonjizhi kieliene : "Enedu bi holuzhi anda dane, chi ene ula
假装 说 今天 我 跑 逃脱 不能 你 着 山

jieredu onzini amande fuguse, ye sonshi mini fuqi wo. Bi
上面的 王子 嘴里 死时 也 算是 我的 福气 我

chini zurfun giekughala, bi chimade nie wilie kielieye." Basi
把你 尊重 为了 我 对你 一个 事情 说 老虎

amanne ese sularagva kieliene: "Chi kielie!" Ga iman kieliene:
把嘴 没有 松开 说 你 说 小 山羊 说

"Chimade ganjingvan ijiegvakude oluzhi, bi kieligvunne tiinjizhi
你把我 干净 吃 为了 我 肚子里的 排

arugvanji olugvaye." Basi amin khireine ingiesen ga imanni nie
干净 弄好 老虎 生命 快死了 于是 小 山羊 一

uzhe kieliene: "Jiu ingie, chi mase hharan hhankuni oronde
看 说 就 这样 你 比我 十 步子的 地方

echidene ba, puse mini chaorene." Ga iman dogvolon dogvolon
去后 拉 不然 把我 恶心 小 山 羊 瘸着 瘸着

hharan hhanku yawu, wazhigva widawo.
十 步子 走了 一溜烟似的 没有了

聪明的小山羊

老虎在林中得到一只小山羊，它用嘴叼着小山羊，要到山后去吃。小山羊虽然害怕，可还是硬着头皮说："你叼你爷爷去干啥？"老虎叼着小山羊从牙缝里说："嘿嘿！你是我的美餐。"小山羊说："你看我胡子一大把，老了，皮厚不好吃。"老虎还是叼着小山羊说："皮厚好，耐嚼。"小山羊说："我是你爷爷的朋友，你不能吃我。"老虎说："我们从来都是六亲不认的。"小山羊装出一副可怜相说："今天，我是跑不掉了，不过死在山大王的口中，也是我的福气，为了表示我对你的敬重，我请求你一件事。"老虎仍不松口说："你讲！"小山羊说："为了能使你干干净净地享受，请允许我拉干净肚中的脏物。"老虎看了一下奄奄一息的小山羊说："好吧！你到离我十步的地方去拉，免得叫我恶心。"小山羊一瘸一拐地走了十步后，就一溜烟地跑掉了。

【注释】

[1] linkose：森林。linko 森林；-se 从比格。

[2] bareiwo：抓住了。barei 抓住；-wo 完成体。

[3] amaladene：叼着。amala 叼；-dene 分离副动词。

[4] dawase：过去的时候。dawa 过去；-se 条件副动词。

[5] ijiene：吃。ijie 吃；-ne 未完成体。

[6] ayizho：害怕。ayi 害怕；-zho 继续体。

[7] kieliene：说。kielie 说；-ne 未完成体。

[8] jiedeine：爷爷。jiedei 爷爷；-ne 未完成体。

[9] zhawase：缝隙。zhawa 缝隙；-se 从比格。

[10] oqiaoluzho：老了。oqiaolu 老；-zho 继续体。

[11] ijiezhi：吃着。ijie 吃；-zhi 并列副动词。

[12] zhazhulukuni：咀嚼的。zhazhulu 咀嚼；-ku 将来时形动词；-ni 领宾格。

[13] waine：有。wai 有；-ne 未完成体。

[14] zhenlienwo：朋友。zhenlien 朋友；-wo 陈述式。

[15] olune：可以。olu 可以；-ne 未完成体。

[16] tanine：认识。tani 认识；-ne 未完成体。

[17] zhonjizhi：假装。zhonji 假装；-zhi 并列副动词。

[18] holuzhi：跑。holu 跑；-zhi 并列副动词。

[19] onzini：王子。onzi 王子；-ni 领宾格。

[20] amande：嘴里。aman 嘴；-de 与位格。

[21] fuguse：死时。fugu 死；-se 条件副动词。

[22] fuqiwo：福气。fuqi 福气；-wo 陈述式。

[23] giekughala：为了。gieku 为……；-ghala 凭借格。

[24] amanne：把嘴。aman 嘴；-ne 未完成体。

[25] ijiegvakude：吃。ijie 吃；-gva 使动态；-ku 将来时形动词；-de 与位格。

[26] oluzhi：为了。olu 为；-zhi 并列副动词。

[27] kieligvunne：肚子里的。kieligvun 肚子里的；-ne 未完成体。

[28] tiinjizhi：排。tiinji 排（完）；-zhi 并列副动词。

[29] olugvaye：弄好。olugva 弄好；-ye 祈使式。

[30] khireine：快死了。khirei 快死；-ne 未完成体。

[31] hhankuni：步子的。hhanku 步子；-ni 领宾格。

[32] oronde 地方。oron 地方；-de 与位格。

[33] echidene：去后。echi 去；-dene 分离副动词。

[34] chaorene：恶心。chaore 恶心；-ne 未完成体。

[35] widawo：没有了。wida 没有；-wo 完成体。

21. Cunminni Hhalime
（聪明机智的哈力麦）

Hharan olusen Hhalime shi sinienjini xieshinwo, hhe cunmin no
十岁 年龄 哈力麦 是 四年级的 学生 她 聪明 很

wo, kunlani xihen giegvane. Niefade, giedun liumanla nie
让别人 喜欢 非常 一次 几个 流氓们 一个

oqinni funjiesenni hhe chanlawo. Hhalime nie sumula
女孩 追赶 她 看见了 哈力麦 一 想

miinzhali: "Aiya! Gunnanji irewo, gunnanji irewo." Giezhi fugiede
突然 哎呀 警察 来了 警察 来了 这样 大声

waradazho, liumanla jindawo. Hhe nanxigvan shinqine
喊叫着 流氓们 着急了 她 故意 把声音

bieduzhegvasenu waradane: "Bai, bai, tan baidu!" Liumanla ayizhi
变粗后 喊道 站住 站住 你们 站住 流氓们 吓得

puse funjie dawo, fugutala kun dunda zonghodozho. Dunxianni
再 追赶 没有 往死里 人群 中 钻 东乡的

ji dagvasen giedun nasun chighan kunla mejiedene liumanlani
集市 赶集 几个 年龄 年轻 人 知道后 把流氓们

man barei agiwo. Liumanlani gunnanjide jiaoyiwo. Nie fugie
全 抓住 完了 把流氓们 给警察 交了 一个 大的

beyetu gunnanji Hhalimede kieliene: "Enela shi giedun waijise
身高 警察 给哈力麦 说 这些人 是 几个 从外地

iresen liuman wo, bijien zhin enelani bareine giezho, mulian
来的 流氓 我们 正 把他们 要抓 打算 料到

giedase chini aghilighala enelani barei agiwo, chimade gaode
没有 你的 机智 把他们 抓住 完了 给你 好的

nie feixin kieliese oluzho." Kunla man Hhalimeni wiqidene
一个 谢谢 说 对 人们 全 把哈力麦 围着

kuayizho. Hhalime kielie: "Ene shi yama pushi wo, hanshi hhe
夸奖 哈力麦 说 这 是 什么 不是 这是 那

giedun fugiedasen gagala waizha wo, huai kunlani nieda ese
几个　 大的　 哥哥们　厉害　 坏 　人们 　一个都　没有

andagva man barei agizho."
放过　 全　 抓住　 完

聪明机智的哈力麦

　　10 岁的哈力麦已经是四年级的学生了，她聪明、机智，非常讨人喜爱。一次，她看到一个姑娘被几个流氓紧紧追赶着。哈力麦想了一下后，突然大声喊："哎呀！警察来了，警察来了。"流氓大吃一惊。她又故意放粗声音大喊："站住！站住！你们给我站住！"流氓再也不敢追了，没命地往人群里钻。赶集的东乡小伙子们一下子明白了是怎么一回事，就果断地把几个流氓全抓住了，并把他们交给了赶来的警察，其中一位大个子警察对哈力麦说："这是几个从外地来的流氓，我们正在追捕他们。没想到你的机智使他们落入了法网，我们该好好谢谢你。"大家把哈力麦围起来齐声夸她。哈力麦说："没什么，这是应该的，还是那几个大哥哥厉害，没放走一个坏人。"

【注释】

[1] sinienjini：四年级的。sinienji 四年级；-ni 领宾格。

[2] xieshinwo：学生。xieshin 学生；-wo 陈述式。

[3] niefade 一次。niefa 一次；-de 与位格。

[4] oqinni：女孩。oqin 女孩；-ni 领宾格。

[5] funjiesenni：追赶。funjie 追；-sen 过去时形动词；-ni 领宾格。

[6] chanlawo：看见了。chanla 看见；-wo 完成体。

[7] irewo：来了。ire 来；-wo 完成体。

[8] fugiede 大声。fugie 大声；-de 与位格。

[9] waradazho：喊叫着。warada 喊叫；-zho 继续体。

[10] jindawo：着急了。jinda 着急；-wo 完成体。

[11] shinqine：把声音。shinqi 声音；-ne 未完成体。

[12] bieduzhegvasenu：变粗后。bieduzhegva 使……变粗；-senu 让步副动词。

[13] ayizhi 吓得。ayi 吓；-zhi 并列副动词。

[14] zonghodozho：钻。zonghodo 钻；-zho 继续体。

[15] dunxianni：东乡的。dunxian 东乡；-ni 领宾格。

[16] dagvasen：赶集。dagva 赶集；-sen 过去时形动词。

[17] mejiedene：知道后。mejie 知道；-dene 分离副动词。

[18] liumanlani：把流氓们。liumanla 流氓；-ni 领宾格。

[19] agiwo：完了。agi 完；-wo 完成体。

[20] gunnanjide：给警察。gunnanji 警察；-de 与位格。

[21] jiaoyiwo：交了。jiaoyi 交；-wo 完成体。

[22] kieliene：说。kielie 说；-ne 未完成体。

[23] waijise：从外地。waiji 外地；-se 从比格。

[24] iresen：来的。ire 来；-sen 过去时形动词。

[25] bareine：要抓。barei 抓；-ne 未完成体。

[26] aghilighala：机智。aghili 机智；-ghala 凭借格。

[27] kieliese：说。kielie 说；-se 条件副动词。

[28] wiqidene：围着。wiqi 围；-dene 分离副动词。

[29] kuayizho：夸奖。kuayi 夸；-zho 继续体。

[30] fugiedasen：大的。fugieda 长大；-sen 过去时形动词。

22. Danzi Milani Maoer
（胆小的猫咪）

Nie   ga   maoer osisen saigvan nowo, jiushi danzini mila
一个   小的 猫   长得   漂亮   很，   就是   胆子   小

nowo. naran khalungvanji wo, ga   maoer zhin mutun xiaojiaode
很   太阳   暖暖的   小   猫   正   树   影子里

tonghoshi dayizho, ingiekude nie tolaji "piada piada" ji fayi
瞌睡   打   这时候   一个 拖拉机 哒   哒   的 发动

qiyiwo. Ga maoer ayidene holu banxian doura oro niuwo.
开始了   小 猫   害怕地   跑到 柜子   下面   进去 藏起来

Zemin iere nie gieda jieku wo, ga   maoer hheni
地   二面 一个 疙瘩   绳子   小   猫   把它

zhuazhughalane wayizho. Ga maoer naduzhi hheche kidene
用爪子   挖   小 猫   玩着   累了   家里

khareine giezho, nie mejie dase jieku khuinadu kondeni
要回去   打算   一个 不下心 绳子   后面的   把脚

banlasenti ulie mejiene. Hhe nie yawuse gongo "khonlanlani" ji
绑住   没有 知道   它   一   走   铁罐   哐朗朗   的

tungulie qiyiwo, ga maoer ayizhi nie jiaoli holu qiyiwo. Ga
响了   开始了   小 猫   害怕的 一   跳   跑   开始了   小

maoer gon shaitan funjiezho giezhi hunshinyini usunla man
猫   还   鬼   追赶着   以为   浑身的   毛   竖

zhadei baliwo. Ga maoer anane ode zonghodozhi oro tegharan
竖起来了   小 猫   妈妈的 怀里 钻   进去 颤抖

tegharan kieliene : " Shaitan irewo......" Aneini xinien xinien
颤抖   说   鬼   来了……   它妈妈 笑着   笑着

kieliene : " Shaitan khala wo, chi uzhe." Ga maoer aneine khani
说   鬼   在哪里   你   看   小 猫   妈妈的 手里

gongoni chanla shizhezhi qierunne ghodeiwo.
铁罐   看见   害羞着   把头   低下了

胆小的猫咪

　　有一只猫咪，长得很漂亮，可就是胆子太小。太阳暖融融的，猫咪在树荫下打瞌睡。正好有一辆拖拉机发动起来，有哒哒哒的声音，猫咪一口气逃到了柜子底下藏起来。地上有一堆绳子，猫咪伸出爪子去拨弄。猫咪玩累了，准备回家，谁知道一个绳圈套住了他的后腿。猫咪不知道绳子的另一头拴着一个小铁罐。它一走，小铁罐"哐朗朗"响起来，猫咪吓了一跳，撒开腿就跑.猫咪以为是什么妖怪追来了，浑身的毛全竖起来了。猫咪一头扑进妈妈的怀里，颤抖着说："妖怪来了……"猫妈妈笑起来："哪有什么妖怪，你看看!"猫咪看见妈妈手里的小铁罐不好意思极了。

【注释】

[1] osisen：长得。osi 长；-sen 过去时形动词。

[2] danzini：胆子。danzi 胆子；-ni 领宾格。

[3] xiaojiaode：影子里。xiaojiao 影子；-de 与位格。

[4] dayizho：打。dayi 打；-zho 继续体。

[5] ingiekude：这时候。ingie 这，-ku 将来时形动词；-de 与位格。

[6] qiyiwo：开始了。qiyi 开始；-wo 完成体。

[7] ayidene：害怕地。ayi 害怕；-dene 分离副动词。

[8] niuwo：藏起来。niu 藏；-wo 完成体。

[9] zhuazhuaghalane：用爪子。zhuazhua 爪子；-ghala 凭借格；-ne 未完成体。

[10] wayizho：挖。wayi 挖；-zho 继续体。

[11] kidene：家里。kide 家；-ne 未完成体。

[12] khareine：要回去。kharei 回去；-ne 未完成体。

[13] kondeni：把脚。kon 脚；-de 与位格；-ni 领宾格。

[14] banlasenni：绑住。banlasen 绑住；-ni 领宾格。

[15] mejiene：知道。mejie 知道；-ne 未完成体。

[16] yawuse：走。yawu 走；-se 从比格。

[17] funjiezho：追赶着。funjie 追赶；-zho 继续体。

[18] zonghodozhi：钻。zonghodo 钻；-zhi 并列副动词。

[19] kieliene：说。kielie 说；-ne 未完成体。

[20] irewo：来了。ire 来；-wo 完成体。

[21] khani：手里。kha 手；-ni 领宾格。

[22] shizhezhi　害羞着。shizhe 害羞；-zhi 并列副动词。

[23] ghodeiwo：低下了。ghodei 低下；-wo 完成体。

23. Domochi
（啄木鸟）

Ulade nie fugie beyan mutun wo, kalunchade lachinni
山里 一个 大的 白杨 树 春天里 叶子

shiralazho. Nie domochi musireizhi ene mutun jiere irewo.
黄了 一个 啄木鸟 飞到 这个 树 上面 来了

Domochi nie uzhese beyan mutunni ghugvei ijiezho. Domochi
啄木鸟 一 看时 白杨 树的 虫子 在吃 啄木鸟

amanghala beyan mutunni chughuzhi gien uzhele qiyiwo. Beyan
用嘴 白杨 树 啄 病 看 开始了 白杨

mutun kieliezho : "Made gien wiwo. Chi miyi yan giezhi
树 说 我 病 没有 你 把我 什么 做

chughuzho? Otu alagvawo!" Domochi nie chenliese hokurudene
啄 痛 死了 啄木鸟 一 听 气得

musirei yawulawo. Beyan mutunyi lachin nie uduse nie udu
飞 走了 白杨 树的 叶子 一 天 一 天

muture chogvoshiwo. Giedudu oluse domochi puse musireizhi
掉落 变少了 几天 过了 啄木鸟 再次 飞到

ene mutun jiere irewo. Beyan mutun xiahua giezho : "Miyi
这颗 树 上面 来了 白杨 树 请求道 我的

gienni nie uzhezhi ogi ya! Otuzhi alawo!" Domochi qierunne
病 一 看看 给 痛 死了 啄木鸟 把头

ghodeidene mutunse ghugvei bareile qiyiwo. Giedudu oluse
低下后 给树 虫子 抓 开始了 几天 过了

barei arugvawo. Mutun puse osile qiyiwo.
抓 完了 树 再 长 开始了

啄 木 鸟

山上有一棵白杨树，夏天树叶黄了。一只啄木鸟飞到这棵白杨树上，发现这棵树被虫吃了。啄木鸟开始给白杨树治病。白杨树说："我没病，你为什么要啄我？疼死我了！"啄木鸟听了非常生气，飞走了。白杨树的叶子一天天落下来，变少了。过了几天，啄木鸟又飞到这棵树上，白杨树请求啄木鸟说："请你给我治治病吧！我难受死了。"啄木鸟一心一意地给白杨树治病，不到几天时间，就治好了白杨树的病，白杨树又生长起来了。

【注释】

[1] ulade：山里。ula 山；-de 与位格。

[2] kalunchede：春天里。kaluncha 春天；-de 与位格。

[3] shiralazho：黄了。shirala 黄；-zho 继续体。

[4] musireizhi：飞到。musirei 飞；-zhi 并列副动词。

[5] irewo：来了。ire 来；-wo 完成体。

[6] uzhese：看时。uzhe 看；-se 从比格。

[7] mutunn：树的。mutun 树；-ni 领宾格。

[8] ijiezho：在吃。ijie 吃；-zho 继续体。

[9] amanghala：用嘴。aman 嘴；-ghala 凭借格。

[10] chughuzhi：啄。chughu 啄；-zhi 并列副动词。

[11] qiyiwo：开始了。qiyi 开始；-wo 完成体。

[12] kieliezho：说。kielie 说；-zho 继续体。

[13] alagvawo：死了。ala 死；-gva 使动态；-wo 完成体。

[14] chenlise：听。chenlie 听；-se 从比格。

[15] hokurudene：气得。hokuru 气；-dene 分离副动词。

[16] yawulawo：走了。yawula 走；-wo 完成体。

[17] chogvoshiwo：变少了。chogvoshi 少；-wo 完成体。

[18] musireizhi：飞到。musirei 飞；-zhi 并列副动词。

[19] gienni：病。gien 病；-ni 领宾格。

[20] ghodeidene：低下后。ghodei 低下；-dene 分离副动词。

[21] mutunse：给树。mutun 树；-se 从比格。

[22] bareile：抓。barei 抓；-le 目的副动词。

[23] arugvawo：完了。arugva 完；-wo 完成体。

[24] osile：长。osi 长；-le 目的副动词。

24. Fughe Dosi Ereiku
（牛找朋友）

Fughe ghurudude giedugvanni mienta osun ghaduwo. Fughe basini
牛　　三天里　　许多　　　嫩的　草　割了　牛　　把老虎

xinlazhi ire zhochin danlagvazho. Basi nudunghalane osunni uzhe
请　　来了　客人　招待　　老虎　用眼睛　　把草　看了

asane : "Chi mini xinlazhi eneni ijiegvanu? Bi migva ijiene,
问　　　你　把我　请　　这个　吃　　我　肉　吃

osunni ulie ijiene." Fughe puse shizini xinlazhi ire zhochin
草　不　吃　　牛　再　把狮子　请　　来了　客人

danlagvazho. Shizi osunni nie uzhe kieliene: "Bi osun ulie ijiene,
招待　　狮子　把草　一　看　说　　我　草　不　吃，

migva ijiene." Ingiekude, ga ghoni yawuzhi dawazhe asane:
肉　吃　　这时候　小羊　　走着　　到来　问

"Bi ene osunni ijiese olunu ulie?" Niecha shi ga lugo yawuzhi
我　这个草　吃　可以　不可以　一会儿　小　鹿　走着

dawazhe kieliene: "Bi ene osunni ijiese olulie?" Gouji niecha
到来　说　　我　这个　草　吃　可以吗　一点　过了一会

baise, fughede giedugvanni dositu oluwo: ga ghoni、ga lugo、ga
儿，牛　　很多的　　朋友　有了　小羊　小鹿　小

taolei ……
兔子……

牛 找 朋 友

　　牛花了三天时间，割了许多鲜嫩的青草。牛请老虎来做客，老虎瞪着青草问：
"你就请我吃这个？我要吃肉，不吃青草。"牛又请狮子来做客。狮子看了看青草说：
"我不吃青草，我要吃肉。"这时，小羊走过来问牛："我能吃这些草吗？"一会儿，
小鹿也走过来问："我能吃草吗？"不一会儿，牛有了很多朋友：小羊、小鹿、小兔……

【注释】

[1] ghurudude：三天里。ghurudu 三天；-de 与位格。

[2] giedugvanni：许多。giedugvan 许多；-ni 领宾格。

[3] ghaduwo：割了。ghadu 割；-wo 完成体。

[4] basini：把老虎。basi 老虎；-ni 领宾格。

[5] xinlazhi：请。xinla 请；-zhi 并列副动词。

[6] danlagvazho：招待。danla 当作；-gva 使动态；-zho 继续体。

[7] nudunghalane：用眼睛。nudun 眼睛；-ghala 凭借格；-ne 未完成体。

[8] osunni：把草。osun 草；-ni 领宾格。

[9] ijiene：吃。ijie 吃；-ne 未完成体。

[10] kieliene：说。kielie 说；-ne 未完成体。

[11] ingiekude：这时候。ingie 这。-ku 将来时形动词；-de 与位格。

[12] asane：问。asa 问；-ne 未完成体。

[13] ijiese：吃。ijie 吃；-se 从比格。

[14] fughede：牛。fughe 牛；-de 与位格。

[15] giedugvanni：很多的。giedugvan 很多；-ni 领宾格。

[16] oluwo：有了。olu 好；-wo 完成体。

25. Fughede Yale Miinya Wiwo
（牛为什么没有门牙）

Salitanyi gieni nie fughe chijin nowo, qiduduji lianpai miinya wo.
洒力的 家的 一头 牛 很结实 整齐的 两排 门牙

Sali niuduni banchede fughene adulale echizho, fughe osun
洒力 每天 山坡上 把牛 放牧 去 牛 草

ijieku xienzide hhe miinzanlani ayigvazhi fugheni ese
吃的 时候 他 把牛蛇 吓唬 牛 没有

jinjigvazho. Sali banchede kijie naran xiekude, fughe xienghalane
被叮 洒力 在山坡上 躺着 太阳 晒的时候 牛 用尾巴

unzi、 shunbunlani egvizhi Salini shida ese echigvazho. Giede
蚊子 苍蝇 打着 洒力 旁边 没有 让……去 家里

khareizhi echise, Sali shuazighala fugheyi usunni shuayizhi
回 去时 洒力 用刷子 牛的 毛 刷着

ogizho. niudude, Sali banchede kijie hhamurakude, nie mogvei
给 一天 洒力 在山坡上 躺着 休息的时候 一条 蛇

Salini begveliede horozho. Fughe chanlasenu jindazhi amanghalane
洒力的 胳膊上 缠绕着 牛 见了之后 焦急着 用嘴巴

mogveini zhao alawo. Fughe mulian gieda khireigvasen ilian tai
把蛇 咬 死了 牛 没有料到 使出的 力量 太

fugiedawo, salini begvelieni xidu miinyaghalane zhaozhi shan
大了 洒力的 胳膊 锋利的 用门牙 咬着 上

dailagvase zhugvedeni nango hin wo. Sali fughede kieliene:
使带上 心里 难过 很是 洒力 对牛 说

"Gayijiao, chini khishilagvawo." Ezhendene zhugve unasen fughe
兄弟 把你 麻烦了 主人 心 倒了的 牛

goyedene guai taizhi miinyane tashi jiere mugvu widagvawo.
对自己 责备 把门牙 石头 上 碰 没有了

Hheni khuinase fughede miinya wiwo.
这个 之后 牛 门牙 没有

牛为什么没有门牙

洒力家的一头牛长得很结实，有两排整齐的门牙。洒力每天到山坡上去放牛，牛吃草的时候，他给牛驱赶牛虻。当洒力躺在山坡上晒太阳时，牛用尾巴替洒力驱赶蚊蝇。回家后，洒力用刷子给牛梳理牛毛。有一次，洒力躺在山坡上休息时，一条蛇缠到洒力的胳膊上。牛看见后，急忙用嘴把蛇咬死了。没想到牛走得劲大了点儿，尖利的门牙把洒力的胳膊咬破了。洒力说："麻烦你了，牛大哥。"可是，忠诚的牛非常自责，就在石头上碰掉了自己的门牙。从此以后，牛再也没有门牙了。

【注释】

[1] banchede：山坡上。banche 山坡；-de 与位格。

[2] fughene：把牛。fughe 牛；-ne 未完成体。

[3] adulale：去牧。adula 放牧；-le 目的副动词。

[4] echizho：去。echi 去；-zho 继续体。

[5] ayigvazhi：吓唬。ayigva 吓唬；-zhi 并列副动词。

[6] jinjigvazho：被叮。jinji 叮；-gva 使动态；-zho 继续体。

[7] xiekude：晒的时候。xie 晒；-ku 将来时形动词；-de 与位格。

[8] xienghalane：用尾巴。xien 尾巴；-ghala 凭借格；-ne 未完成体。

[9] egvizhi：打着。egvi 打；-zhi 并列副动词。

[10] khareizhi：回。kharei 回；-zhi 并列副动词。

[11] echise：去时。echi 去；-se 从比格。

[12] shuazighala：用刷子。shuazi 刷子；-ghala 凭借格。

[13] usunni：毛。usun 毛；-ni 领宾格。

[14] shuayizhi：刷着。shuayi 刷；-zhi 并列副动词。

[15] hhamurakude：休息的时候。hhamura 休息；-ku 将来时形动词；-de 与位格。

[16] begvelie：胳膊上。begvelie 胳膊；-de 与位格。

[17] horozho：缠绕着。horo 缠绕；-zho 继续体。

[18] chanlasenu：见了之后。chanla 看见；-senu 让步副动词。

[19] jindazhi：焦急着。jinda 焦急；-zhi 并列副动词。

[20] amanghalane：用嘴巴。aman 嘴巴；-ghala 凭借格；-ne 未完成体。

[21] mogveini：把蛇。mogvei 蛇；-ni 领宾格。

［22］alawo：死了。ala 死；-wo 完成体。

［23］khireigvasen：使出的。khireigva 使出；-sen 过去时形动词。

［24］miinyaghalane：用门牙。miinya 门牙；-ghala 凭借格；-ne 未完成体。

［25］dailagvase：使带上。daila 带上；-gva 使动态；-se 从比格。

［26］zhugvedeni：心里。zhugve 心。-de 与位格；-ni 领宾格。

［27］kieliene：说。kielie 说；-ne 未完成体。

［28］khishilagvawo：麻烦了。khishila 麻烦；-gva 使动态；-wo 完成体。

［29］ezhendene：主人。ezhen 主人；-dene 分离副动词。

［30］goyedene：对自己。goye 自己；-dene 分离副动词。

［31］miinyane：把门牙。miinya 门牙；-ne 未完成体。

［32］khuinase：之后。khuina 后面；-se 从比格。

26. Funiegve Taolei Ghuala
（兔子为什么是三瓣嘴）

Eqiede taoleini aman shi hulunni wo. Taolei ibeizi xiaoxin giezho,
以前　兔子　嘴　是　圆的　　兔子　一辈子　很小心

dogvun kunla ijiekuse ayizhi gholode ulie echine. Taolei
坏的　　人　吃的　害怕着　远处　不　去　兔子

funiegvese ayizhi chu hin wo. Funiegveghala yama jiaoda ulie
对狐狸　　害怕　最　很是　　跟狐狸　　什么　交道　不

dayine. Funiegve taoleini yama giedazho, chanban taoleini
打　狐狸　　把兔子　什么　做不了　　经常　把兔子

hanshilieku banfa simulazho. Funiegve taoleini wijiende dalazho,
对付的　　办法　想着　　狐狸　　在兔子　门前　　唱歌

shuayizho. Taolei wijienne ulie niene. Ingiese funiegve lieliene:
跳舞　　兔子　把门　不　开　　于是　狐狸　　一说

"Taolei gayijiao, tanshi duyani chu cumin kun wo. Bijien
兔子　朋友　你们是　世界上　最　聪明　人　我们

tanni biase chu biin wo. Ede bi giedene khareiwo." Nie ga
跟你们　相比　最　笨　　现在　我　家里　回了　　一个　小

taolei qierunre ghadane khireigva nie uzhekude, funiegve
兔子　把头　外面　伸出来　一　看的时候　狐狸

taoleini amanse barei agiwo. Ga taoleini adani nin diinjizhi
兔子的　嘴巴　抓住了　小　兔子　它爸爸　使劲拉住

jiegvawo. Taoleini amanyi funiegve sidadene ghalugvawo. Hhe
使……松开　兔子的　嘴　狐狸　撕　分开了　　那

uduku khuinase taoleini aman jiu ghuran shidu gholuwo.
一天　以后　兔子的　嘴　就　三　瓣　成了。

兔子为什么是三瓣嘴

很早以前，兔子的嘴是圆的。兔子一生小心谨慎，从不到远处去，害怕坏人把它吃了。兔子最害怕狐狸，从不和狐狸打交道。狐狸对兔子毫无办法，常思考着对付兔子的办法。狐狸在兔子门前唱歌、跳舞，兔子还是不开门，于是狐狸说："亲爱的兔子，你们是世界上最聪明的，我们和你们相比最笨。现在我要回家了。"一只小兔子探出头去看时，狐狸捉住兔子的嘴。小兔子的爸爸使劲拉住了小兔子。兔子的嘴被狐狸撕开了，从此以后，兔子的嘴就成了三瓣嘴。

【注释】

[1] hulunni：圆的。hulun 圆；-ni 领宾格。

[2] ijiekuse：吃的。ijie 吃；-ku 将来时形动词；-se 从比格。

[3] ayizhi：害怕着。ayi 害怕；-zhi 并列副动词。

[4] echine：去。echi 去；-ne 未完成体。

[5] funiegvese：对狐狸。funiegve 狐狸；-se 从比格。

[6] funiegveghala：跟狐狸。funiegve 狐狸；-ghala 凭借格。

[7] hanshilieku：对付的。hanshilie 降住；-ku 将来时形动词。

[8] simulazho：想着。simula 想；-zho 继续体。

[9] wijiende：门前。wijien 门；-de 与位格。

[10] daolazho：唱歌。daola 唱歌；-zho 继续体。

[11] wijienne：把门。wijien 门；-ne 未完成体。

[12] kieliene：说。kielie 说；-ne 未完成体。

[13] bilase：相比。bila 相比；-se 从比格。

[14] giedene：家里。gie 家；-dene 分离副动词。

[15] khareiwo：回了。kharei 回；-wo 完成体。

[16] qierunne：把头。qierun 头；-ne 未完成体。

[17] uzhekude：看的时候。uzhe 看；-ku 将来时形动词；-de 与位格。

[18] amanse：嘴巴。aman 嘴；-se 从比格。

[19] sidadene：撕。sida 撕；-dene 分离副动词。

[20] ghalugvawo：分开了。ghalugva 使分开；-wo 完成体。

[21] khuinase：以后。khuina 后面；-se 从比格。

[22] gholuwo：成了。gholu 变成；-wo 完成体。

27. Ga Biechin Mutun Zailaku
（小猴栽树）

Kaichun jiese, ga biechin ula jiere nie alima mutun zaila
春天 到了 小 猴子 山 上面 一个 梨 树 栽

kieliene: "Mini alima mutun jiere alima saone!" Ga iman zhin
说 我的 梨 树 上面 梨 结 小 山羊 正在

orou mutun zailazhi saozho, ga biechinde kieliene : "Alima
杏子 对 栽 正在 小 猴子 说 梨

mutun jiere unien shi cai alima saone, orou sinien shi
树 上面 要五年 才 梨 结果子 杏子 要四年

saone." Ga biechin xienide alima mutunne xizhi agisenu orou
结果子 小 猴子 夜里 梨 把树 拔 完了 杏子

mutun zailawo, kieliene: "Mini orou mutun sinien shi orou
树 栽了 说 我的 杏子 树 要四年 杏子

saone!" Ga shira fughe taoer mutundene hhangva taizhi saozho,
结果子 小 黄 牛 桃 给树木 粪 施肥 正在

ga biechinde kieliene: "Bi zailasen taoer mutun sannien shi
小 给猴子 说 我 栽的 桃 树 要三年

fugie taoer saone!" Ga biechin xienide puse orou mutunne
大的 桃 结果子 小 猴子 夜里 再次 杏子 树

xizhi agi taoer mutun zailawo, kieliene: "sannien shi bi jiu
拔完 桃 树 栽了 说 要三年 我 就

fugie taoer ijie shidane!" Ga chighan morei intao mutundene
大的 桃 可以吃了 小 白 马 樱桃 给树木

usu kiezh saozho, ga biechinde kieliene: "Bi zailasen intao
水 浇 正在 小 给猴子 说 我 栽的 樱桃

mutun annien shi intao saone! "……Khuina kuruse, ga biechin
树 要两年 樱桃 结果子 ……后面 到时 小 猴子

yama zailazhi osigva dawo.
什么也 没有栽成

小 猴 栽 树

春天，小猴子在山坡上刚栽了一棵梨树，就说："我栽的梨树要结梨子啦！"小山羊正在栽杏树，对小猴子说："梨树要五年才结果，而杏树只要四年。"小猴子连夜把梨树拔了，改栽了杏树，又说："我的杏树，四年就能结杏子！"小黄牛正在给桃树施肥，对小猴子说："我栽的桃树，三年就能结大桃子！"小猴子又连夜栽上了桃树。然后，他吹嘘自己种的桃树多么好，结果结得多么早。小白马正在给樱桃树浇水，对小猴子说："我种的樱桃树，只要两年就能结果……"结果，小猴什么也没种成。

【注释】

[1] kieliene：对……说。kielie 说；-ne 未完成体。

[2] saone：结。sao 结；-ne 未完成体。

[3] zailazhi：栽。zaila 栽；-zhi 并列副动词。

[4] biechinde：猴子。biechin 猴子；-de 与位格。

[5] xienide：夜里。xieni 夜晚；-de 与位格。

[6] mutunne：把树。mutun 树；-ne 未完成体。

[7] agisenu：完了。agi 完；-senu 让步副动词。

[8] zailawo：栽了。zaila 栽；-wo 完成体。

[9] mutundene：给树木。mutun 树木；-dene 分离副动词。

[10] taizhi：施肥。tai 放；-zhi 并列副动词。

[11] zailasen：栽的。zaila 栽；-sen 过去时形动词。

[12] kiezhi：浇。kie 浇；-zhi 并列副动词。

[13] kuruse：到时。kuru 到；-se 从比格。

28. Ga Ghoni Ghugvan
（小羊羔）

Ersatayi gede nie ga ghoni ghugvan wo.   Nogvosunni
尔洒的   家里 一个 小   羊   羊羔   羊毛

maorunrunji saigvan hin wo. Ghugvanni qierun jiere ga chizhinni
毛茸茸的   漂亮   很是   羊羔的   头   上面 小   耳朵

zhadeizho ghua nudunni guru guruji ochane. Eqie magva Ersa
竖着   两个 眼睛   咕噜咕噜的   转圈   早上   尔洒

khudanse ga ghoni ghugvanni taozhi khizhegvawo. Ga ghoni ghugvande
羊圈里   小   羊 羊羔的   赶   出来   小 羊 三羔

nie heiya mienta osun ogiwo. Ga ghoni ghugvan ijiezhi chuduse,
一   把   嫩的   草   给   小   羊 羊羔   吃   饱时

bayasizhi ghoronde jiaolizhi naduzho. Ersa ene nie ga ghoniyi
高兴着   院子里   跳着   玩耍   尔洒 这 一 个 小 把羊羔

xihen giezhi alane, khaghalane ghoniyi maqizhi kieliene: " Chi
喜欢死了   用手   把羊羔   抚摸着   说   你

ghujigvan osizhi fugieda."
快点   长   变大

小 羊 羔

尔洒家有一只小羊羔，白色的羊毛非常好看，头上竖着两只耳朵，一双眼睛"咕噜咕噜"直打转。早上，尔洒从羊圈里赶出小羊羔，给小羊羔喂了一把青草。小羊羔吃饱了就在院子蹦蹦跳跳地玩耍。尔洒很喜欢这只小羊羔，用手抚摸着小羊羔，说："你要快点儿长大！"

【注释】

[1] giede：家里。gie 家；-de 与位格。

[2] nogvosunni：羊毛。nogvosun 毛；-ni 领宾格。

[3] ghugvanni：羊羔的。ghugvan 羊羔；-ni 领宾格。

[4] chighinni：耳朵。chighin 耳朵；-ni 领宾格。

[5] zhadeizho：竖着。zhadei 竖；-zho 继续体。

[6] nudunni：眼睛。nudun 眼睛；-ni 领宾格。

[7] ochane：转圈。ocha 转；-ne 未完成体。

[8] khudanse：羊圈里。khudan 羊圈；-se 从比格。

[9] khizhegvawo：出来。khizhegva 使出来；-wo 完成体。

[10] ghugvande：羊羔。ghugvan 羊羔；-de 与位格。

[11] ogiwo：给。ogi 给；-wo 完成体。

[12] chuduse：饱时。chudu 饱；-se 从比格。

[13] bayasizhi：高兴着。bayasi 高兴；-zhi 并列副动词。

[14] ghoronde：院子里。ghoron 院子；-de 与位格。

[15] jiaolizhi：跳着。jiaoli 跳；-zhi 并列副动词。

[16] naduzho：玩耍。nadu 玩；-zho 继续体。

[17] khaghalane：用手。kha 手；-ghala 凭借格；-ne 未完成体。

[18] maqizhi：抚摸着。maqi 抚摸；-zhi 并列副动词。

[19] kieliene：说。kielie 说；-ne 未完成体。

29. Ga Gouxin Shimi Ijieku
（小熊吃蜂蜜）

Niudude,   ga   gouxin   nie   kixie   khosun   ghazhade   toreizho. Khosun
有一天   小   狗熊   一   块   空的   地上   散步   空的

ghazha   dundaku   nie   mutun jienjiende   nie   banbun   ho wo,   ga
地   中间的   一个   树顶上   一个   蜜蜂   窝   小

gouxin   sumulazho: shimi   matu   qien wo ya!   hhe   gouji goujiji
狗熊   想   蜂蜜   多么   甜啊   它   一点一点地

mutu   jiere   bagvadale   qiyiwo,   mutun   sala   miinzhali   ghurawo,   ga
树上   爬   开始   树   树枝   突然   断了   小

gouxin   mutun   jierese   banji   baozhewo.   Ga   gouxin   giedene
狗熊   树   从上面   摔   下来了   小   狗熊   家里

holuzhi   echi   goye   kugie   qiqiu   nogvon   qiqiune   agizhi
跑   回去   自己的 蓝   气球   绿   气球   拿

khizhewo.   Ga   gouxin   yawuzhi   nie   shuwatu   oronde   echiwo.
出来了   小   狗熊   走着   一个 有泥的   地方   去了

shuwade   ghoghoreizhi   hunshindeni   man   khara   shuwa   gholuwo. Ga
在泥里   翻滚着   全身   都   黑   泥   成了   小

gouxin   qiqiuri   banlasen   jiekuse   barei   ojie   khireile   qiyiwo.
狗熊   把气球   绑的   绳子   抓住   上面   上了   开始

niecha shi   mutun jienjienle   niekielie   unduda wo.   Kai   wiwo,
一会儿   和树顶一样   高了   风   没有，

mutun   shida   echi dane,   shimini   funqiese   andatu   no wo,
树   跟前   去了   把蜂蜜   闻时   香甜   很是

khakuru dane.   Ezegven   banbun   miinzhali   hheni   weiqi   musireine.
够不着   一群   蜜蜂   突然   把它   围着   飞过来

Nie   banbun   hheni   khawa   jiere   loyiwo,   hhe   taozhi   yawubagvane
一个   蜜蜂   他的   鼻子   上   落了   它   赶   走

giese,   ghua   khadene   jieku   bareizho.   Ga   gouxin   banxigunde
打算   两只   手里   绳子   拿着   小   狗熊   半空中

jiaozilie baizho,　hhe　houkan giezhi　alazho.
吊着　　　　它　　后悔　　死了

小熊吃蜂蜜

有一天，小熊在一块空地上散步。空地中间的树顶上有一个蜂窝，小熊想："蜂蜜多香甜呀！"它开始一点一点地往树上爬。忽然，树枝断了，小熊从树上摔了下来。小熊跑回家，拿出自己的蓝气球和绿气球，走到一处满是泥的地方，滚得全身糊满了黑泥。小熊抓住气球的绳子开始往上升，不一会儿和树顶一样高了。没有风，没法靠近树，闻得着蜜香，就是够不着。忽然，一些蜜蜂围着他飞呀飞。一只蜜蜂落在它的鼻子上，它想赶走，可是两只手抓着气球绳。小熊就这样在半空中吊着，它后悔极了。

【注释】

[1] ghazhade：地上。ghazha 地；-de 与位格。

[2] toreizho：散步。torei 散步；-zho 继续体。

[3] jienjiende：顶上。jienjien 顶；-de 与位格。

[4] sumulazho：想。sumula 想；-zho 继续体。

[5] bagvadale：爬。bagvada 爬；-le 目的副动词。

[6] qiyiwo：开始。qiyi 开始；-wo 完成体。

[7] ghurawo：断了。ghura 断；-wo 完成体。

[8] jierese：从上面。jiere 上面；-se 从比格。

[9] baozhewo：下来了。baozhe 下来；-wo 完成体。

[10] giedene：家里。gie 家；-dene 分离副动词。

[11] khizhewo：出来了。khizhe 出来；-wo 完成体。

[12] oronde：地方。oron 地方；-de 与位格。

[13] echiwo：去了。echi 去；-wo 完成体。

[14] shuwade：在泥里。shuwa 泥；-de 与位格。

[15] ghoghoreizhi：翻滚着。ghoghorei 翻滚；-zhi 并列副动词。

[16] hunshindeni：全身。hunshin 全身；-de 与位格；-ni 领宾格。

[17] gholuwo：成了。gholu 变成；-wo 完成体。

[18] banlasen：绑的。banla 绑；-sen 过去时形动词。

[19] jiekuse：绳子。jieku 绳子；-se 从比格。

[20] khireile：上了。khirei 上；-le 目的副动词。

[21] funqiese：闻时。funqie 闻；-se 从比格。

[22] musirene：飞过来。musirei 飞；-ne 未完成体。

[23] loyiwo：落了。loyi 落下；-wo 完成体。

[24] yawulagvane：走。yawula 走；-gva 使动态；-ne 未完成体。

[25] khadene：手里。kha 手；-dene 分离副动词。

[26] alazho：死了。ala 死；-zho 继续体。

30. Ga Kharancha
（小燕子）

Eqiede nie ga kharancha dao musirei ulie mejiene, niudukuse
从前　小　燕子　还　飞　不　会　一天

sibanne paiyizhi ho doura uzhezho. Anani kieliezho: " Xiaoxin gie ya!
把翅膀　拍着　窝　下面　看着　它妈妈　说　小心啊

anda baose maoer ijie agine." Ga kharancha zhugve jierene
掉　下去时　猫　吃掉呢　小　燕子　心　上面

ese taiyizho, dao ho doura uzhene, ingiekude kai feilie
没有　放　还　窝　下面　看　这时候　风　吹

qiyiwo. Anani kieliene: " Xiaoxin gie ya! kai feilie baogvase
开始了　它妈妈　说　小心啊　风　吹　下去时

maoer ijie agine." Ga kharancha dao zhugve jierene ese
猫　吃掉呢　小　燕子　还　心　上面　没有

taiyizho, hodene baisenu don daolazho, daolan daolan "pia" ji
放　窝里　站着　还　唱歌　唱着　唱着　"啪嗒"一声

anda baowo. Ene xienzide nie maoer irewo. Ga kharancha
掉下去了　这　时候　一个　猫　过来了　小　燕子

ayizhi sibanne paiyizho. Anani jiuyile irewo, nudunghalane
害怕着　把翅膀　拍着　它妈妈　救　来了　用眼睛

maoerni aralazhi ga kharancha shida ese echigvazho. Maoer
把猫　瞪着　小　燕子　身边　没有　让……去　猫

puyizhi echisenu anayini xienni sida agiwo. Anani waradazho:
扑着　过去时　它妈妈　把尾巴　撕掉了　它妈妈　喊道

"Miyi oqin ghujigvan musireizhi hode echi ya!" ga kharancha
我的　女儿　快点　飞着　窝里　去呀　小　燕子

ayizhi hinde sibanne nie paiyise musirei qiyiwo. Musireizhi
害怕的　拼命　把翅膀　一　拍时　飞　起来了　飞着

hodene echiwo. Ga kharancha musi shidase anani bayasizho.
窝里　去了　小　燕子　会飞了　它妈妈　很高兴

小 燕 子

从前有只小燕子，它还不会飞时，整天拍着翅膀从窝里往下看。它妈妈说："小心啊，一摔下去，猫就会把你吃了！"小燕子并不在乎，还是往下看。这时候，刮起了风。妈妈说：'小心啊，风会把你吹下去的，吹下去了，猫就会把你吃了！"小燕子不在乎，还站在窝边唱歌，唱着唱着"啪嗒"一声就掉下去了。一只猫正好走过来，小燕子看见猫吓坏了，拼命拍翅膀。妈妈来救小燕子，眼睛只瞪着猫，不让它靠近小燕子。猛向小燕子妈妈扑过去，把它的尾巴扑掉了。妈妈说："小燕子，赶快飞到窝里去！"小燕子一害怕，拍拍翅膀，真的飞起来了，飞到窝里去了。小燕子会飞了，它妈妈很高兴。

【注释】

[1] sibanne：把翅膀。siban 翅膀；-ne 未完成体。

[2] paiyizhi：拍着；paiyi 拍；-zhi 并列副动词。

[3] uzhezho：看着。uzhe 看；-zho 继续体。

[4] kieliezho：说。kielie 说；-zho 继续体。

[5] ingiekude：这时候。ingie 这；-ku 将来时形动词；-de 与位格。

[6] qiyiwo：开始了。qiyi 开始；-wo 完成体。

[7] kieliene：说。kielie 说；-ne 未完成体。

[8] baogvase：下去时。bao 下去；-gva 使动态；-gva 使动态；

[9] hodene：窝里。ho 窝；-dene 分离副动词。

[10] baisenu：站着。bai 站；-senu 让步副动词。

[11] daolazho：唱歌。daola 唱歌；-zho 继续体。

[12] irewo：走来了。ire 来。-wo 完成体。

[13] ayizhi：害怕着。ayi 害怕；-zhi 并列副动词。

[14] jiuyile：救。jiuyi 救；-le 目的副动词。

[15] nudunghalane：用眼睛。nudun 眼睛；-ghala 凭借格；-ne 未完成体。

[16] maoerni：把猫。maoer 猫；-ni 领宾格。

[17] aralazhi：瞪着。arala 瞪眼；-zhi 并列副动词。

[18] puyizhi：扑着。puyi 扑；-zhi 并列副动词。

[19] echisenu：过去时。echi 去；-senu 让步副动词。

〔3〕wiqizhi：围着。wiqi 围着。-zhi 并列副动词。

〔4〕saosenu：坐着。sao 坐；-senu 让步副动词。

〔5〕chenliezho：听着。chenlie 听；-zho 继续体。

〔6〕chenliekude：听时。chenlie 听；-ku 将来时形动词；-de 与位格。

〔7〕cuni：醋的。cu 醋；-ni 领宾格。

〔8〕widaoni：味道。widao 味道；-ni 领宾格。

〔9〕fiinqiese：闻着。fiinqie 闻；-se 条件副动词。

〔10〕kieliezho：说。kielie 说；-zho 继续体。

〔11〕xiexiaode：学校里。xiexiao 学校；-de 与位格。

〔12〕onshile：上学。onshi 念；-le 目的副动词。

〔13〕echizho：去了。echi 去；-zho 继续体。

32. Gao Xieshin
（好学生）

Aiyibu　zhubaone　beiliedene　onshile　echiwo.　Mo　jiere　nie
艾一卜　把书包　　背上了　　　上学　　去了　　路　上　一个

sugho　laojigani　piinjiwo.　Aiyibu　hhe　laojigani　fuyizhi　gieden
瞎的　　老人　　碰见了　　艾一卜　那个　老人　　扶着　　他家里

khugvowe.　Laojiga　kieliezho:　"Chi　shi　nie　gao　kewon　wo.　Chini
送过去了　老人　　说　　　　你　是　一个　好　人　　　　把你

mafan giewo."　Aiyibu　onshile　echise　udawo.　Jaoshini　asazho:
麻烦了　　　艾一卜　上学　去的时候　迟到了　老师　　问道

"Chi　yangiezhi　udawo?"Aiyibu　kieliezho:　"Bi　nie　sugho
你　为什么　迟到了　艾一卜　说　　　我　一个　瞎的

jiedeini　khugvozhi　giedeni　echigvawo."　Ingiese　laoshi　kuayizho:
老人　　送到　　　他家里　去了　　　　于是　老师　夸奖

"Aiyibu　shi　nie　gao　xieshin　wo."
艾一卜　是　一个　好　学生

好　学　生

　　艾一卜背着书包去上学，路上碰见一位盲人老大爷。艾一卜扶着盲人老大爷把他送回了家。盲人老大爷说："你是个好孩子，谢谢你！"艾一卜迟到了，老师问迟到的原因，艾一卜说："我把一位盲人老大爷送回了家。"老师表扬艾一卜是个好学生。

【注释】

[1] shubaone：把书包。shubao 书包；-ne 未完成体。

[2] beiliedene：背上了。beilie 背；-dene 分离副动词。

[3] onshile：上学。onshi 念；-le 目的副动词。

［4］echiwo：去了。echi 去；-wo 完成体。

［5］piinjiwo：碰见了。piinji 碰见；-wo 完成体。

［6］fuyizhi：扶着。fuyi 扶；-zhi 并列副动词。

［7］khugvowo：送过去了。khugvo 送；-wo 完成体。

［8］kieliezho：说。kielie 说；-zho 继续体。

［9］echise：去的时候。echi 去；-se 条件副动词。

［10］asazho：问道。asa 问；-zho 继续体。

［11］kuayizho：夸奖。kuayi 夸奖；-zho 继续体。

33. Gao Xieshin
（好学生）

Hhasan shi nie gao xieshenwo. Chanqi xiexiaode shihou iere
哈三　是　一个　好　　学生　　经常　　学校里　　按时候

echizho. Laoshilani kienlienni chenliezho. Zonielani man giezhi
去　　　老师们的　　话　　　听话　　作业等　都　　做

baragvazho Ingiese kunla man kieliezho: "Hhasa xiexiaode shi
完　　　　于是　人们　都　　说　　　哈三　学校里　是

nie gao xieshenwo." Hhasan xiexiaose khareizhi irese, ada
一个　好　学生　　哈三　从学校　　回来　　来时　爸爸

anadene banjizhi wilie giezhiwo. Khudande、mokiende tura
妈妈　　帮忙　　活　做着　　羊圈里　　厕所里　　土

oroghazho Zode usu qilazho, dao yayou wagvazho. Ingiese
让进去　　厨房里　水　提　　还　洋芋　　洗　　于是

shidadu kunla man kieliezho: "Hhasan giede shi nie gao
邻居　　人们　都　　说　　　哈三　在家里　是　一个　好

banshouwo."
帮手

好　学　生

　　哈三是一个好学生，经常按时到校，听老师的话，作业都认真做完，人们都说："哈三在学校里是个好学生。"哈三从学校回来后，帮爸妈做家务。例如，给羊圈里、厕所里都放进二去，给厨房打水，还帮着洗洋芋。邻居都说："哈三在家里是个好帮手。"

【注释】

［1］xieshenwo：学生。xieshen 学生；-wo 完成体。

［2］xiexiaode：学校里。xiexiao 学校；-de 与位格。

［3］echizho：去。echi 去；-zho 继续体。

［4］laoshilani：老师们的。laoshi 老师；-la 等；-ni 领宾格。

［5］kienlienni：话。kienlien 话；-ni 领宾格。

［6］chenliezho：听话。chenlie 听；-zho 继续体。

［7］baragvazho：完。baragva 完；-zho 继续体。

［8］xiexiaose：从学校。xiexiao 学校；-se 从比格。

［9］khareizhi：回来。kharei 回；-zhi 并列副动词。

［10］irese：来时。ire 来；-se 从比格。

［11］anadene：妈妈。ana 妈妈；-dene 分离副动词。

［12］banjizhi：帮忙。banji 帮忙；-zhi 并列副动词。

［13］khudande：羊圈里。khudan 羊圈；-de 与位格。

［14］mokiende：厕所里。mokien 厕所；-de 与位格。

［15］oroghazho：让进去。orogha 进去；-zho 继续体。

［16］zode：厨房里。zo 厨房；-de 与位格。

［17］qilazho：提。qila 提；-zho 继续体。

［18］wagvazho：洗。wagva 洗；-zho 继续体。

［19］kieliezho：说。kielie 说；-zho 继续体。

［20］giede：在家里。gie 家；-de 与位格。

［21］banshouwo：帮手。banshou 帮手；-wo 完成体。

34. Gao Zhugvetu Jiedei
（善良的爷爷）

Nie   jiecei   ji dagvaku   mo   jiere   nie   cibande   shan   dailasen
一个 老爷爷   赶集的   路   上   一个 翅膀里   伤   带的

tonghoreini   chanlawo.   Jiedei   tonghoreini   qieru giedene   khareiwo,
大雁   看见了   老爷爷   把大雁   抱起来后   回了

hheni shanri   uzhezhi   gaodagvawo.   Jiedei   tonghoreini   tai andagvawo.
把它的伤   治   好了   老爷爷   把大雁   放飞了

Tonghorei   fudude   waradazho,   Jiedei,   chini   feixin giegvawo.
大雁   长长地   叫着   爷爷   把你   谢谢了

Giezhi   kieliesenni   xianli.   Jiedei   ulade   caoye   ereile
这么   说的   好像   老爷爷   山里   草药   找

echise,   nie   shan   dailasen   ga   lugoni   chanlawo.   Jiedei   shan
去时   一个 伤   带的   小   鹿   看见了   老爷爷   伤

dailasen   ga   lugoni   qieruzhi   giedene   irewo,   hheni shanni
带的   小   鹿   抱着   家里   来了   把它的伤

uzhezhi   gaodagvawo.   Jiedei   ga   lugoni   khugvozhi   ulade
治   好了   老爷爷 小   鹿   送到   山里

khireigvawo,   ga   lugo   jiaolin   jiaolin   ulade   holuwo,   khuinane
去给了   小   鹿   跳着   跳着   山里   跑去   后面

ochirazhi   jiedeini   nie   uzhewo,   Chi   shi   nie   gao   zhugvetu
转过来   把老爷爷   一   看了   你   是   一个 好   有心的

jiedei wo   giezhi   kieliesenni   xianli.   Jiedei   mutun   linkode   mogugu
老爷爷   这么   说的   好像   老爷爷   树木   林子里   蘑菇

sidale   echise,   shenshenjiaode   nie   Zhangheini   chanlawo.   Jiedei
采   去时   在陷阱里   一头 狼   看见了   老爷爷

hhende   ubali xiyizhi   jiuyi   khizhewo.   zhanghei   shenshenjiaose
对它   严生同情   救了   出来了   狼   从陷进里

khizhese   amanne   angheizho,   Chi   made   idun   gao   heifan
出来时   把嘴   张开   你   给我   一顿   好   晚饭

khugvozhi iregvawo giezhi kieliesenni xianli. Jiedei jindazhi
　送　　　来了　　这么　　说的　　　好像　老爷爷　急得

aminni jiuyi ya giezhi waradazho, mutun linkode wilie giesen
救命啊　这么　喊道　　树木　林子　活　干的

ghua nasun chighan kun ire zhangheini egvi alawo.
两个　　年轻　　　人　来了　把狼　　打　　死了

善良的爷爷

　　有个爷爷在赶集的路上遇到了一只翅膀受了伤的大雁，爷爷把大雁抱回家中，治好了它的伤。爷爷把大雁放回到天上，大雁一声接一声地叫着，好像在说：谢谢您，老爷爷。爷爷到山上采药，遇到了一只受了伤的小鹿，爷爷把受了伤的小鹿抱回家中，治好了它的伤。爷爷把小鹿送回到山上。小鹿蹦蹦跳跳地向山上跑去，回头望了一眼爷爷，好像在说：您真是个好心的爷爷。爷爷去树林采蘑菇，发现了一只困在陷阱中的狼。爷爷可怜它，就把它救了上来。狼一出陷阱后，就呲牙咧嘴，好像在说：你可给我送来了一顿丰盛的晚餐。爷爷急得大喊救命，在树林干活的两个小伙子赶到了，他们几下就把狼打死了。

【注释】

[1] cibande：翅膀里。ciban 翅膀；-de 与位格。

[2] dailasen：带的。daila 带；-sen 过去时形动词。

[3] chanlawo：看见了。chanla 看见；-wo 完成体。

[4] khareiwo：回了。kharei 回；-wo 完成体。

[5] uzhezhi：治。uzhe 治；-zhi 并列副动词。

[6] gaodagvawo：好了。gaoda 好；-gva 使动态；-wo 完成体。

[7] waradazho：叫着。warada 叫；-zho 继续体。

[8] ereile：找。erei 找；-le 目的副动词。

[9] qieruzhi：抱着。qieru 抱；-zhi 并列副动词。

[10] giedene：家里。gie 家；-dene 分离副动词。

[11] khugvozhi：送到。khugvo 送；-zhi 并列副动词。

[12] ulade：山里。ula 山；-de 与位格。

[13] khuinane：后面。khuina 后面；-ne 未完成体。

［14］ochirazhi：转过来。ochira 转；-zhi 并列副动词。

［15］linkode：林子里。linko 林子；-de 与位格。

［16］sidale 采。sida 采；-le 目的副动词。

［17］shenshenjiaode：在陷阱里。shenshenjiao 陷阱；-de 与位格。

［18］khizhewo：出来了。khizhe 出来；-wo 完成体。

［19］amanne：把嘴。aman 嘴；-ne 未完成体。

［20］iregvawo：来了。ire 来；-gva 使动态；-wo 完成体。

［21］jindazhi：急得。jinda 急；-zhi 并列副动词。

［22］alawo 死了。ala 死；-wo 完成体。

35. Ghoni Adulaku
（放羊）

Nie xinqiqienni eqie magva, bi yaoshene ijie ulade ghoni
一个 星期天的 早晨 我 早饭 吃了 山里 羊

adulale echiwo. Bi ghonine taozhi nie osuntu oronde
放牧 去了 我 把羊 赶到 一个 有草的 地方

echigvawo, goyene nie mutun doura hhamurazho. Niecha
去了 自己 一个 树 下面 休息 一会儿

baise, bi nie ghoni ghugvan waradasen shinqi sonosiwo. Bi
过了 我 一只 羊 羊羔 叫的 声音 听到了 我

nie uzhese ya nie muyan nie ghugvan ghugvalazho. Fugie
一 看时 一只 母羊 一只 羊羔 产羔了 大的

ghoni kielienghalane ga ghugvanne hunshinyini doluzho. Niechashi,
羊 用舌头 小 羊羔 全身 舔着 一会儿，

ghoni ghugvan bosizhi ire jiaoli qiyiwo. Bi bayasizhi ga
羊 羊羔 站 起来 跳 开始了 我 高兴地 小

ghoniyi qiaoruzho, pusedu ghonilayi taodene gie khareiwo.
把羊羔 抱着 其他的 羊 赶着 家 回了

放　　羊

　　一个星期天的早晨，我吃过早点就到山上去放羊。我把羊群赶到一块草较多的地方，自己在一棵树下休息。过了一会儿，我听到小羊羔的叫声。我一看，原来是一只母羊产下了一只小羊羔。羊妈妈用舌头舔着小羊羔的全身，不久，小羊羔站了起来，活蹦乱跳的。我高兴地抱着小羊羔，赶着羊群回家了。

【注释】

[1] yaoshene：早饭。yaoshe 早饭；-ne 未完成体。

〔2〕ulade：山里。ula 山；-de 与位格。

〔3〕adulale：放牧。adula 放牧；-le 目的副动词。

〔4〕echiwo：去了。echi 去；-wo 完成体。

〔5〕hhamurazho：休息。hhamura 休息；-zho 继续体。

〔6〕waradasen：叫的。warada 叫；-sen 过去时形动词。

〔7〕sonosiwo：听到了。sonosi 听到；-wo 完成体。

〔8〕uzhese：看时。uzhe 看；-se 条件副动词。

〔9〕ghugvalazho：产羔了。ghugvala 产羔；-zho 继续体。

〔10〕kielienghalane：用舌头。kielien 舌头；-ghala 凭借格；-ne 未完成体。

〔11〕ghugvanne：羊羔。ghugvan 羊羔；-ne 未完成体。

〔12〕doluzho：舔着。dolu 舔；-zho 继续体。

〔13〕qiyiwo：开始了。qiyi 开始；-wo 完成体。

〔14〕bayasizhi：高兴地。bayasi 高兴；-zhi 并列副动词。

〔15〕qiaoruzho：抱着。qiaoru 抱；-zho 继续体。

〔16〕taodene：赶着。tao 赶；-dene 分离副动词。

〔17〕khareiwo：回了。kharei 回；-wo 完成体。

36. Ghoni Qiao Dawaku
（羊过桥）

Moronde　nie　qiao wo.　　Duntoude　nie　chighan　ghoni　saozho,
河上　　　一座　桥　　　　东边的　　一只　白色　　羊　　　住着

xitoude　nie　khara　ghoni　saozho.　Niudude,　chighan　ghoni
西边的　　一只　黑色　羊　　　住着　　　一天　　　白色　　羊

xitoude　winieneine　uzhele　echine,　khara　ghoni　duntoude
西边的　　外奶奶　　　看　　　要去　　黑色　　羊　　　东边的

wiyene　uzhele　echine. Ghua　ghonila　yawuzhi　qiao　dunda　echise,
外爷爷　看　　　要去　　两只　羊　　　走到　　　桥　　中间　去时

ghuala　piinjiwo,　nie niedene　mo　ulie　ranjine.　Ingiese　ghuala
两羊　　碰见了　　互相　　　路　不　　让　　　　于是　　两羊

qiao　jiere　mugvudule　qiyiwo.　Khuinashi　kuruse　ghua　ghonila
桥　　上　　撞　　　　开始了　　后来　　　　到了　　两只　羊

man　moronde　anda　baowo.
都　　河里　　掉　　下去了

羊 过 桥

　　河上有一座桥，东头住着一只白羊，西头住着一只黑羊。有一天，白羊到桥的西头去探望外婆，黑羊要到桥的东头去探望外公。两只羊走到桥中间时，碰头了，互不相让。于是两只羊在桥上斗起来了。后来两只羊都掉进河里。

【注释】

[1] moronde：河上。moron 河；-de 与位格。

[2] saozho：住着。sao 住；-zho 继续体。

[3] winieneine：外奶奶。winienei 外奶奶；-ne 未完成体。

[4] uzhele：看。uzhe 看；-le 目的副动词。

〔5〕yawuzhi：走到。yawu 走；-zhi 并列副动词。

〔6〕echise：去时。echi 去；-se 条件副动词。

〔7〕piinjiwo：碰见了。piinji 碰见；-wo 完成体。

〔8〕mugvudu：撞。mugvudu 撞；-le 目的副动词。

〔9〕qiyiwo：开始了。qiyi 开始；-wo 完成体。

〔10〕baowo：下去了。bao 下去；-wo 完成体。

37. Ghoni Tegha Zharu
（宰羊宰鸡）

Agademi bierei agine giezho. Niudude agami bazase ghoni tegha
我哥哥 媳妇 要娶 打算 一天 我哥哥 从集市 羊 鸡

agile echiwo. Udu khuina kuruse agami jieron ghoni、 hhareilan
买 去了 日子 和面 到了 我哥哥 四只 羊 十只

tegha agizhi irewo. Bi kuxiezhi ghoniyi maqizho. Niechashi
鸡 买 来了 我 喜欢着 把羊 抚摸 一会儿

buwa irewo. Bi holuzhi echi buwade salan giewo. Agami
阿訇 来了 我 跑着 去了 给阿訇 问好 做了 我哥哥

goniyi nie nieji buwayi shida banlawo. Buwa nie nieji zharuzho,
把羊 一个个 阿訇的 旁边 绑了 阿訇 一个个 宰了

ingie puse tegha zharuwo. Bi tegha hodun xile echise agami
然后 又 鸡 宰了 我 鸡 羽毛 拔 去了 我哥哥

kieliezho: "Chi nadule echi ma, yan jiaodalazho." Ingiese bi
说呢 你 玩 去 什么 搞乱 于是 我

nadule echiwo.
玩 去了。

宰 羊 宰 鸡

　　我哥哥要娶新娘。有一天，哥哥到临夏去买鸡和羊。下午，哥哥买来了四只羊和十只鸡。我非常喜欢，用手摸着那些羊。一会儿，请来了阿訇，我向阿訇问好。哥哥把羊一只只拉到阿訇跟前拴好了，阿訇把羊一只只宰了，又开始宰鸡。我去拔鸡毛，哥哥说："你去玩吧！不要再打扰我们了。"于是，我去玩儿了。

【注释】

[1] agine：要娶。agi 娶；-ne 未完成体。

［2］bazase：从集市。baza 集市；-se 从比格。

［3］echiwo 去了。echi 去；-wo 完成体。

［4］irewo：来了。ire 来；-wo 完成体。

［5］kuxiezhi 喜欢着。kuxie 喜欢；-zhi 并列副动词。

［6］maqizho：抚摸。maqi 抚摸；-zho 继续体。

［7］holuzhi：跑着。holu 跑；-zhi 并列副动词。

［8］buwade：给阿訇。buwa 阿訇；-de 与位格。

［9］banlawo：绑了。banla 绑；-wo 完成体。

［10］zharuzho：宰了。zharu 宰；-zho 继续体。

［11］kieliezho：说呢。kielie 说；-zho 继续体。

［12］jiaodalazho：捣乱。jiaodala 捣乱；-zho 继续体。

［13］nadule：玩。nadu 玩；-le 目的副动词。

38. Ghoni Xiaotuliezhi Naizi Ijieku
（羊羔跪着吃奶）

Eqiede　nie　ga　ghoni　ghugvan　qiaopi　hin wo,　anane　kielienni
以前　　一个　小　羊　　羊羔　　调皮　很是　妈妈的　话

ulie　chenliene,　gochude　jin　haqi　ereizhi　ulie　olune. Ghoni ghugvan
不　　听　　　　到处　　常　招惹　找事　　不　　成　羊　羊羔

chanban　kijiedene　anane　naizini　gogozho.　Naizini
经常　　躺着　　　妈妈的　奶水　　吃着　　奶水

ijiezhi　chuduse,　ga　gouxin、　ga　taoleilani　peizhilale　echizho,
吃　饱时　　　小　狗熊　　小　兔子们　　欺负　　　去了

zhuazhuaghalane　hhelayi　qiaoyizho. Niudude,　hhe　puse　ga　laowani
用蹄子　　　　　把他们　踢　　　　一天　　它　再　小　乌鸦

peizhilane　giezhi　sumulazho,　ga　laowa　mutun　jiere　saose　hhe
欺负　　　打算　想　　　　小　乌鸦　树　　上　　坐时　它

khirei dane.　Hhe　ga　laowani　uzhedene　peizhilaku　banfa
上不了　　它　小　乌鸦　　盯着　　　欺负的　　办法

sumulazho,　ingiekude　ga　laowani　anei　ghugveini　amalazhi　ire
想着　　　这时候　　小　乌鸦的　妈妈　把虫子　　叼着　来了

ga　laowade　qiezhekuni　chanlawo.　Hhe　niuduni　ga　laowani　anei
小　给乌鸦　喂的　　　看见了　　它　每天　　小　乌鸦的　妈妈

ga　laowade　qiezhekuni　uzhele　echizho.　Nie uduse nie uduji
小　给乌鸦　喂的　　　看　去了　　　一天一天地

ga　laowani　anei　oqiaoluzhi　musirei　dale　qiyiwo,　ga　laowa
小　乌鸦的　妈妈　老了　　　飞　　不　　开始了　小　乌鸦

fugiedawo,　musireizhi　ijiewuni　ereile　echizho. Hhe　sumulase　ga
长大了　　飞着　　　　吃的　　找　　去了。　它　想　　小

laowani　anei　oliesizhi　fugune,　ingiekude　fugiedasen　ga　laowa
乌鸦的　妈妈　饿　　　死呢　这时候　　长大的　　小　乌鸦

ijiewuni　amalazhi　ire　aneidene　qiezhezho.　Ga　ghoni ghugvan
吃的　　找　　　来了　给妈妈　　喂　　　小　羊　羊羔

uzhen uzen gendun giezhi   nudunse   nubusun   khizhewo.   Hhe
看着   看着   感动得   从眼睛里   泪水   出来了   那

uduni khinase, ga ghoni ghugvan guai nodawo,   aneine   niinqinni
一天   之后   小   羊 羊羔   变乖了   妈妈的   恩情

buyine   giezhi xiaotuliedene naizi gogozho.
报答   打算   跪着   吃奶

羊羔跪着吃奶

　　以前，有一只小羊羔很调皮，不听妈妈的话，到处惹事，还总是躺下来让妈妈给它喂奶，吃跑了奶就去欺负小兔、小熊……用蹄子踢它们。有一天，它想去欺负小乌鸦，可是小乌鸦在树上，它上不去。它正盯着小乌鸦想办法，看见乌鸦妈妈飞到小乌鸦身旁，用嘴叼来虫子喂小乌鸦。它每天都去看乌鸦妈妈喂它的小宝宝。时间一天天的过去了，乌鸦妈妈老了，飞不动了；小乌鸦长大了，就飞出去觅食。小羊羔想：老乌鸦要饿死了。正在这时，小羊羔看到小乌鸦叼来食物喂给它妈妈看着看着，小羊羔感动得流下了眼泪。从此以后，小羊羔学乖了，为了报答妈妈的恩情，它总是跪下来吃奶。

【注释】

[1] kielienni 话。kielien 话；-ni 领宾格。

[2] ereizhi：惹事。erei 找事；-zhi 并列副动词。

[3] kijiedene：躺着。kijie 躺；-dene 分离副动词。

[4] gogozho 吃着。gogo 吃；-zho 继续体。

[5] chuduse 饱时。chudu 饱；-se 条件副动词。

[6] peizhila 欺负。peizhila 欺负；-le 目的副动词。

[7] echizho：去了。echi 去；-zho 继续体。

[8] zhuazhu chalane：用蹄子。zhuazhua 蹄子；-ghala 凭借格；-ne 未完成体。

[9] qiaoyizho 踢。qiaoyi 踢；-zho 继续体。

[10] sumulazho：想。sumula 想；-zho 继续体。

[11] saose：坐时。sao 坐；-se 条件副动词。

[12] uzhedene：盯着。uzhe 盯；-dene 分离副动词。

[13] peizhilaku：欺负的。peizhila 欺负；-ku 将来时形动词。

［14］amalazhi：叼着。amala 叼；-zhi 并列副动词。

［15］laowade：给乌鸦。laowa 乌鸦；-de 与位格。

［16］qiezhekuni：喂的。qiezhe 喂；-ku 将来时形动词；-ni 领宾格。

［17］chanlawo：看见了。chanla 看见；-wo 完成体。

［18］oqiaoluzhi：老了。oqiaolu 老；-zhi 并列副动词。

［19］qiyiwo：开始了。qiyi 开始；-wo 完成体。

［20］aneidene：给妈妈。anei 妈妈；-dene 分离副动词。

［21］nudunse：从眼睛里。nudun 眼睛；-se 从比格。

［22］khizhewo：出来了。khizhe 出来；-wo 完成体。

［23］khuinase：之后。khuina 后面；-se 条件副动词。

［24］niinqinni：恩情。niinqin 恩情；-ni 领宾格。

［25］xiaotuliedene：跪着。xiaotulie 跪下；-dene 分离副动词。

39. Ga Ghoni Ghugvan
（小羊羔）

Ga ghoni ghugvan ga tegha ghuala shi zhenlienwo. Niefade
小 羊 羊羔 小 鸡 俩人 是 朋友 有一次

ga tegha ga ghoni ghugvanni xinlazhi ghugvei ijiegvane
小 鸡 小 羊 羊羔 请 虫子 要吃

giezho. Ga ghoni ghugvan kieliene : "Chini feixin giegvawo. Bi
打算 小 羊 羊羔 说 把你 谢谢了 我

ghugvei lie ijiene ." Ga ghoni ghugvan ga fughe ghuala
虫子 不 吃 小 羊 羊羔 小 牛 俩人

shi zhenlien wo. Ga fughe ga ghoni ghugvanni xinlazhi csun
是 朋友 小 牛 小 羊 羊羔 请 草

ijiegvane giezho. Ga ghoni ghugvan kieliene : "Chini
吃 打算 小 羊 羊羔 说 把你

feixin giegvawo." Ingie ga ghoni ghugvan ga fughe ghuala
谢谢了 然后 小 羊 羊羔 小 牛 俩人

hhantu csun ijiezho.
一起 草 吃着

小 羊 羔

小羊和小鸡是朋友。有一次，小鸡请小羊吃虫子。小羊说："谢谢您，我不吃虫子。"小羊和小牛是朋友。小牛请小羊吃青草。小羊说："谢谢您。"于是，小羊和小牛一同吃青草。

【注释】

[1] zhenlienwo：朋友。zhenlien 朋友；-wo 完成体。

[2] xinlazhi：请。xinla 请；-zhi 并列副动词。

〔3〕ijiegvane：要吃。ijie 吃；-gva 使动态；-ne 未完成体。

〔4〕kieliene：说。kielie 说；-ne 未完成体。

〔5〕ijiene：吃。ijie 吃；-ne 未完成体。

〔6〕ijiezho：吃着。ijie 吃；-zho 继续体。

40. Ghura Baoku Xienzide
（下雨的时候）

Ga taolei osun dunda jiaolizho, chizhe uzhezho, mogugu
小 兔子 草 中间 跳着 花 看着 蘑菇

sidazho. Niechashi kai feiliezhi ghura baole qiyiwo. Ga taolei
采摘 一会儿 风 吹来 雨 下 开始了 小 兔子

jindazhi nie shidu fugie lachin sidadene qierun jierene shenji
急忙 一 片 大的 叶子 摘后 头 上面 遮盖

isan darlagvazho. Yawuzhi yawuzhi ingiekude melie nie ga
雨伞 当作 走着 走着 这时候 前面 一只 小

teghani chanlawo. Ga taghani ghura paoyizhi "ji ji ji"
鸡 看见了 小 鸡 雨 淋着 "叽叽叽"

giezhi waradazho. Taolei jindazhi waradazho: "Tegha tegha,
这么 叫着 兔子 急忙 喊道 小鸡 小鸡

ghujigvan lachin doura nie piyile ire." Tegha kielie: "Ga taolei
快点 叶子 下面 一 躲 过来 小鸡 说 小 兔子

chini feixin giewo." Ingie yawuzhi lachin doura irewo. Ga
把你 谢谢了 然后 走到 叶子 下面 来了 小

taolei tegha ghuala yawukude puse nie ga maoerni chanlawo.
兔子 鸡 俩 走的时候 又 一只 小 猫 看见了

ga maoerni ghura paoyizhi "miawu miawu" ji waradazho, ga
小 把猫 雨 淋了 "喵喵" 的 叫着 小

taolei tegha ghuala hhantu ga maoerni uruzho: "Ghujigvan
兔子 鸡 俩 一起 小 猫 叫道 赶紧

lachin doura ire." Ga maoer kielie: "Tani feixin giewo."
叶子 下面 过来 小 猫 说 把你们 谢谢了"

Ingie ye yawuzhi lachin doura irewo. Gcuji niechashi ghura
然后 也 走到 叶子 下面 来了 一点 一会儿 雨

baiwo, naran khizhewo. Taolei、tegha、maoer ghuran dosila
停了 太阳 出来了 兔子 鸡 猫 三个 朋友

hhantu nadun duzhi gaoxin hinwo.
一起 玩耍着 高兴 很

下雨的时候

　　小兔在草地上蹦蹦跳跳，看看花，采采蘑菇，玩得真高兴。忽然，刮起风，下起雨来，小兔急忙摘了一大片叶子，顶在头上当作伞。它走啊走啊，看到前面走来一只小鸡，让雨淋得"叽叽叽"地直叫。小兔连忙叫："小鸡，小鸡，快到叶子底下来吧！"小鸡说："谢谢你，小兔。"说着，就走到叶子底下。小兔和小鸡一起顶着大叶子往前走，又看到一只小猫让雨淋得"喵喵喵"地直叫。小兔和小鸡一起叫："快到叶子底下来吧！"小猫说："谢谢你们！"说着，也走到叶子底下。不一会儿，雨停了，太阳出来了。小兔、小鸡、小猫三个好朋友在一起做游戏，玩得真高兴。

【注释】

[1] jiaolizho：跳着。jiaoli 跳；-zho 继续体。

[2] sidazho：采摘。sida 采摘；-zho 继续体。

[3] qiyiwo：开始了。qiyi 开始；-wo 完成体。

[4] jindazhi：急忙。jinda 急；-zhi 并列副动词。

[5] sidadene：摘后。sida 摘；-dene 分离副动词。

[6] danlagvazho：当作。danla 当作；-gva 使动态；-zho 继续体。

[7] chanlawo：看见了。chanla 看见；-wo 完成体。

[8] paoyizhi：淋着。paoyi 淋湿；-zhi 并列副动词。

[9] waradazho：叫着。warada 叫；-zho 继续体。

[10] piyile：躲。piyi 躲；-le 目的副动词。

[11] irewo：来了。ire 来；-wo 完成体。

[12] yawukude：走的时候。yawu 走；-ku 将来时形动词；-de 与位格。

[13] uruzho：叫道。uru 叫；-zho 继续体。

[14] khizhewo：出来了。khizhe 出来；-wo 完成体。

41. Ghura Dundaku Zaoer Mutun
（风雨中的枣树）

Bijienni nie de nie fugie zaoer mutunwo. Khalunchade bijien
我们的   里   一个 大的   枣   树   春天里   我们

zaoer mutun doura xiaojiaoliezho. Niedudeni olien tunguliezhi
 枣   树   下面   乘凉   有一天   天   响着

goyi ghura baole qiyiwo. Bi ayizhi holudene gie doura orowo.
 大雨   下了   开始了   我 害怕着   跑着   房子 里面   进了

Bi chonguse uzhese, zaoer mutun goujida ese ayizho, kai
我 从窗户   看时   枣   树   一点都   没有 害怕   风

feilieliaozho zhiganganji baizho. Zaoer mutun ghura kaise ulie
吹了也   直直地   站着   枣   树   雨   对风   不

ayine. Bi ye zaoer mutunni xiexi giezhi yama kunnanse
害怕   我 也 枣   树   学习   打算   什么   困难

ulie ayine
不   害怕

风雨中的枣树

我家有一棵大枣树。夏天，我们在枣树下乘凉。有一天，雷声滚滚，下起了大雨，我吓得跑进屋里。我从窗口往外看，只见枣树昂着头，挺着胸脯，在风雨中挺立着。枣树在风雨中，毫不畏惧，我要学习枣树不怕困难的精神。

【注释】

[1] bijienni：我们的。bijien 我们；-ni 领宾格。

[2] khaluncha de：春天里。khaluncha 春天；-de 与位格。

[3] xiaojiaolie zho：乘凉。xiaojiaolie 乘凉；-zho 继续体。

[4] tunguliez hi：响着。tungulie 响；-zhi 并列副动词。

〔5〕qiyiwo：开始了。qiyi 开始；-wo 完成体。

〔6〕ayizhi：害怕着。ayi 害怕；-zhi 并列副动词。

〔7〕holudene：跑着。holu 跑；-dene 分离副动词。

〔8〕orowo：进了。oro 进；-wo 完成体。

〔9〕chongunse：从窗户。chongun 窗户；-se 从比格。

〔10〕uzhese：看时。uzhe 看；-se 条件副动词。

〔11〕mutunni：树。mutun 树；-ni 领宾格。

〔12〕kunnanse：困难。kunnan 困难；-se 条件副动词。

〔13〕ayine：害怕。ayi 害怕；-ne 未完成体。

42. Ghurun Ijie
（吃宴席）

Enedu	shi	nie	gao	uduwo.	Gujiudemi	bierei	agizho.	Bi
今天	是	一个	好	日子	表哥	媳妇	娶	我

hhelayi	giede	gurun	ijiele	echiwo.	Shini bierei	agizhi	irese
他们的	家里	宴席	吃	去了	新娘子	娶	来时

bijien	man	xi	jiere	saowo.	Xi	jiere	chani	kiezho,	gango
我们	都	宴席	上	坐了	宴席	上	把茶	倒	干果

bailazho.	Ingie	gayougo、	susan、	sanzi、	mantun、	caiji	iyan iyanji
摆着	其后	花馃	酥馓	馓子	包子	食品	一样一样的

donjizho,	khurusen	cai	olan	no wo,	andatu ye	nowo.	Chu
端着	炒的	菜	多	很是	好吃	很是	最

khuina	kuuse	ghoni	migva、	tegha	migvaji	donjizhi	iregvawo.
后面	手了	羊	肉	鸡	肉的	端着	来了

Zhochinla	ijiezhi	man	bayasizho.
客人们	吃的	都	高兴

吃 宴 席

今天是个好日子，表哥娶新娘，我到他家去吃席。新娘娶来了，我们大家都入席了。桌上摆着了干果，有人给我们倒上了茶，端来了花馃、酥馓、馓子、包子等食品，端上来的炒菜也很多，吃起来非常香，最后，端来了手抓羊肉和鸡肉。客人吃得都很满意。

【注释】

[1] uduwo：日子。udu 日子；-wo 完成体。

[2] agizho：娶。agi 娶；-zho 继续体。

[3] ijiele：吃。ijie 吃；-le 目的副动词。

〔4〕echiwo：去了。echi 去；-wo 完成体。

〔5〕irese：来时。ire 来；-se 条件副动词。

〔6〕saowo：坐了。sao 坐；-wo 完成体。

〔7〕kiezho：倒。kie 倒；-zho 继续体。

〔8〕bailazho：摆着。baila 摆；-zho 继续体。

〔9〕donjizho：端着。donji 端；-zho 继续体。

〔10〕khurusen：炒的。khuru 炒；-sen 过去时形动词。

〔11〕iregvawo：来了。ire 来；-gva 使动态；-wo 完成体。

〔12〕bayasizho：高兴。bayasi 高兴；-zho 继续体。

43. Giegvun Tegha Usu Uku
（公鸡喝水）

Kiekieli	giegvun tegha	ghuala	hhantu	naduzho,	naduzhi
山鸡	公鸡	两个	一起	玩耍	玩着

hhechese	hhantu	usu	ereizhi	ule	echiwo.	Niecha	ereise	ereizhi
累时	一起	水	找	喝	去了	一会儿	找时	找

olu dawo,	kiekieli	kieliene : "Idaonie,	matan	ghuala	laoba	nie
没有成功	山鸡	说 干脆	我们	两人	水塘	一个

wayiye !"	Giegvun	qierunne	yaoqine,	hhe	taixien	langan wo.
挖	公鸡	把头	摇	它	特别	懒

Kiekieli	goyene	wayizho,	nietan	wayise	usu	ghudu ghuduji
山鸡	自己	挖了	一会儿	挖了	水	咕嘟咕嘟的

maoyizhi	khizhewo.	Kiekieli	qierunne	ghodei	gaode	idun	uwo.
冒着	出来了	山鸡	把头	低下	好好地	一顿	喝了

giegvun	undasuzhi	bazila dadene ye	ule	echiwo.	Kiekieli	kieliene:
公鸡	渴的	受不了了	喝	去了	山鸡	说

"Chi	imutu	langan wo,	chini	asiman	uzhezhi	dawa dase
你	这么	懒	把你	天空	看着	过不去

ugun	qilne."	Giegvun	chenlie	ayizhi	bazila dazho,	hheni
雷公	劈走	公鸡	听了	害怕	受不了	它

khuinase	tegha	nie	aman	use ya	asiman	jiere	nie	uzhene.
之后	鸡	一	口	水	天空	上面	一	看

公 鸡 喝 水

山鸡和公鸡一起玩儿，玩累了就一起去找水喝，找了半天也没找着，山鸡说："干脆，我们俩一起挖一个水塘吧！"公鸡摇摇头，它太懒了。山鸡只好自己挖，挖了好长时间，水咕嘟咕嘟冒出来了。山鸡埋下头饱饱地喝了一顿，公鸡渴得受不了也去喝水。山鸡说："你这么懒，雷公公看不惯，会把你劈死的。"公鸡听了很害怕，从此，它每喝一口水，就抬起头来看看天。

【注释】

[1] naduzho：玩耍。nadu 玩；-zho 继续体。

[2] hhechese：累时。hheche 累；-se 条件副动词。

[3] ereizhi：找。erei 找；-zhi 并列副动词。

[4] echiwo：去了。echi 去；-wo 完成体。

[5] kieliene：说。kielie 说；-ne 未完成体。

[6] qierunne：把头。qierun 头；-ne 未完成体。

[7] yaoqine：摇。yaoqi 摇；-ne 未完成体。

[8] wayizho：挖了。wayi 挖；-zho 继续体。

[9] maoyizhi：冒着。maoyi 冒；-zhi 并列副动词。

[10] khizhewo：出来了。khizhe 出来；-wo 完成体。

[11] uwo：喝了。u 喝；-wo 完成体。

[12] undasuzhi：渴的。undasu 渴；-zhi 并列副动词。

[13] uzhezhi：看着。uzhe 看；-zhi 并列副动词。

[14] ayizhi：害怕。ayi 害怕；-zhi 并列副动词。

[15] khuinase：之后。khuina 后面；-se 条件副动词。

44. Giegvun Teghani Gujin
（公鸡的故事）

Eqiedeku	gonyinde	giegvun	tegha	musirei	mejiene,	hhe
以前的	光阴里	公的	鸡	飞	会	它

musireizhi	undu	nodane,	yanzini	saigvan	hin wo.	Yazi、
飞的	高	很是	样子	漂亮	很是	鸭子

sazhigvei、	ghogvochin、	bunzhu	enela	man	giegvun	tegha
喜鹊	鸽子	麻雀	这些	都	公的	鸡

saigvan wo giezhi	kuayizho.	Giegvun	tegha	chenliedene
很漂亮	夸奖	公的	鸡	听了后

hinde	barasizho,	goye	saigvanne	kunlade	kuayigvane giezhi
很	高兴	自己	漂亮	给别人	炫耀着

musirei	zemin	jiere	baozhewo,	yaoqin	yaoqin	kunla	dunda
飞到	坦	上	下来了	摇摆	摇摆	人群	中间

yawuzho.	sazhigvi	kuxiezhi	qierunne	jienjizho;	ghogvochin
走着	喜鹊	美慕地	把头	点	鸽子

zunfungiezhi	"gufu gufu" ji	waradazho;	yazi	bunzhu	ghuala
敬仰得	"姑父 姑父"的	叫着	鸭子	麻雀	俩人

shizhezhi	niu	widawo.	Giegvun	tegha	puse	hinde	bayasi wo,
害羞地	躲	没有了	公的	鸡	再	很	高兴

qierunne	zilasen	puse	undudawo,	echenne	bayizhi zhidagvawo,
把头	抬起来	又	高了	把胸脯	挺直了

hhe	saigvanne	kunlade	kuayigvane	giezhi	asiman	jiere
它	漂亮	给人们	炫耀	打算	天空	上

musireiku	duran	widawo,	niudu nie	zemin	jiere	yawuzho.
飞的	意愿	没有了	每天	地	上	走着

Niefa	musireiku	hherwala	musireizhi	pinjikude,	giegvun	jian
一次	飞的	百鸟	飞的	比赛中	公鸡	刚

musireizhi	dan	undu	oluse	anda	baozhewo,	hhe
飞着	墙	高	到了	掉	下来了	它

yanwonrazhi　wilale　qiyiwo. Yazi、sazhigvei、ghogvochin、bunzhu
难过着　　　哭了　开始了　鸭子　喜鹊　　　鸽子　　　麻雀

ashigvala　man　hheni　sidagvale　irewo. giegvun　tegha
大家　　都　把它　劝说　　来了　公的　鸡

wilan　wilan　kieliene : "Bi　puse　asiman　jiere　khirei dane,
哭着　哭着　说　　我　再　　天空　上　去不了了

yama　giedane ma,　duyade　yan　agidan　waine." Yazi、
什么　做不了　世界上　什么　活头　有　鸭子

sazhigvei、ghogvochin、bunzhu　man　hhantu　kieliene : "Chi
喜鹊　　　鸽子　　　麻雀　都　一起　说　你

musireizhi　unduda dase,　dan　jiere　khirei　shidane,　chi
飞　　　高不了　　墙　上　去　可以　你

nie magvani　kheilazhi　kunlani　uruzhi　xiereigvaku　biinshini
每天早上　叫着　　把人们　叫着　醒来的　本事

bijien　suru dane,　chi　zoyin　fugiede　qiyizho." Giegvun
我们　学不来　你　作用　很大　起了　公鸡

ashigvalani　kielienni　chenlie　puse　wiye　wilawo,　nie magvani
大家的　　话　　听了　再　没有　哭了　每天早上

nanshijie　kheilazhi　kunlani　bosizhegvazho,　hhe　puse　ashigvalase
按时　　叫着　　把人们　叫起来　　它　再　跟大家

zhenlien　gholuwo.
朋友　　成了

公鸡的故事

　　很早以前，公鸡是会飞的，而且飞得很高，姿势也很优美。鸭子、喜鹊、鸽子、麻雀都称赞公鸡漂亮。公鸡听了很高兴，为了炫耀自己的漂亮，它飞下来大摇大摆地在它们中间走来走去。喜鹊羡慕地直点头；鸽子敬仰得直叫"姑父、姑父"，鸭子和麻雀羞愧地赶快藏了起来。公鸡更高兴了，头抬得更高了，胸脯挺得更直了，为了显示自己的漂亮，它再也不愿飞上天了，成天在地上走来走去。在一次百鸟飞高比赛中。公鸡只飞到矮墙那么高就掉下来了，它伤心地哭了。鸭子、喜鹊、鸽子、麻雀都来安慰它，公鸡边哭边说："我上不了天，已成了废物，还有什么活头。"鸭子、喜鹊、鸽子、麻雀齐声说："你飞不高，还能飞到墙头上，你每天早上打鸣叫醒

人们的本领，我们是学不了的，你的贡献还是很大的。"公鸡听了大家的劝告后，不再哭了，每天早上准时打鸣叫人们起床，它又成了大家的好朋友了。

【注释】

[1] gonyinde：光阴里。gonyin 光阴；-de 与位格。

[2] mejiene：会。mejie 会；-ne 未完成体。

[3] musireizhi：飞的。musirei 飞；-zhi 并列副动词。

[4] kuayizho：夸奖。kuayi 夸奖；-zho 继续体。

[5] chenliedene：听了后。chenlie 听；-dene 分离副动词。

[6] bayasizho：高兴着。bayasi 高兴；-zho 继续体。

[7] baozhewo：下来了。baozhe 下来；-wo 完成体。

[8] yawuzho：走着。yawu 走；-zho 继续体。

[9] kuxiezhi：羡慕地。kuxie 羡慕；-zhi 并列副动词。

[10] waradazho：叫着。warada 叫；-zho 继续体。

[11] shizhezhi：害羞地。shizhe 害羞；-zhi 并列副动词。

[12] pinjikude：比赛中。pinji 比赛；-ku 将来时形动词；-de 与位格。

[13] yanwonrazhi：难过着。yanwonra 难过；-zhi 并列副动词。

[14] wilale：哭了。wila 哭；-le 目的副动词。

[15] qiyiwo：开始了。qiyi 开始；-wo 完成体。

[16] irewo：来了。ire 来；-wo 完成体。

[17] kieliene：说。kielie 说；-ne 未完成体。

[18] kheilazhi：叫着。kheila 叫；-zhi 并列副动词。

[19] uruzhi：叫着。uru 叫；-zhi 并列副动词。

[20] xiereigvaku：醒来的。xierei 醒来；-gva 使动态；-ku 将来时形动词。

[21] biinshini：本事。biinshi 本事；-ni 领宾格。

[22] wilawo：哭了。wila 哭；-wo 完成体。

[23] bosizhegvazho：叫起来。bosizhe 起来；-gva 使动态；-zho 继续体。

[24] ashigvalase：跟大家。ashigvala 大家；-se 条件副动词。

[25] gholuwo：成了。gholu 变成；-wo 完成体。

45. Goyene Gie
（自己的事自己做）

Yaghubu   dolan   olu wo.   Anani   shini   jien、   modun   、haiji   agizhi
牙古卜   七岁   有了   它妈妈   新的   衣服   裤子   鞋   买着

musigvawo.   Yaghubuni   xiexiaode   shu   onshigvale   echiwo.
让……穿   牙古卜的   学校里   书   让……念书   去了

Niefade   xiexiaose   onshizhi   kharei   iresenu   anadene   kieliene:
有一次   从学校   念书   回   来之后   给妈妈   说

"Ana   mini   eneduku   zonieni   giezhi   ogi nu?"   Anani
妈妈   我的   今天的   作业   做   给   他妈妈

kieliene: " goyeni   zoniene   goye   gie ."   Eneni   khuinase   yaghubu
说   自己的   作业   自己   做   这个   之后   牙古卜

zonieni   goyene   giele   qiyiwo.
把作业   自己   做   开始了

自己的事自己做

　　牙古卜七岁了。他妈妈给他穿上了新衣服、裤子、新鞋，让他去上学。有一天，他放学回来后，对她妈妈说："妈妈，你能帮我做今天的作业吗？"他妈妈说："自己的作业要自己做。"以后，他慢慢养成了独立做作业的习惯。

【注释】

[1] agizhi：买着。agi 买；-zhi 并列副动词。

[2] musigvawo：让……穿。musi 穿；-gva 使动态；-wo 完成体。

[3] xiexiaode：学校里。xiexiao 学校；-de 与位格。

[4] onshigvale：让……念书。onshi 念；-gva 使动态；-le 目的副动词。

[5] echiwo：去了。echi 去；-wo 完成体。

[6] xiexiaose：从学校。xiexiao 学校；-se 从比格。

[7] iresenu：来之后。ire 来；-senu 让步副动词。

[8] anadene 给妈妈。ana 妈妈；-dene 分离副动词。

[9] kieliene：说。kielie 说；-ne 未完成体。

[10] zonieni：作业。zonie 作业；-ni 领宾格。

[11] khuinase：之后。khuina 后面；-se 条件副动词。

[12] qiyiwɔ 开始了。qiyi 开始；-wo 完成体。

46. Goyene Jien Wagvaku
（自己洗衣服）

Umerei　shi　nie　wilie　gao　ulie　gieku　kewon wo,　hhe　goye
吾麦勒　是　一个　活　有点　不　做的　人　　他　自己的

shoujin　wazilane　dao　anadene　wagvagvane. Nie　xinqini　udude,
毛巾　　袜子　　还　让妈妈　让……洗　一个　星期天的　日子

hhe　Eminetayi　giede　echise,　Emine　zhin　jienne　wagvazhi saozho
他　艾米乃的　家里　去时　艾米乃　正在　把衣服　洗　正在

hhe　Eminede　kieliene："Jienni　anachiyi　wagva gie,　matan
他　对艾米乃　说　　把衣服　让妈妈　洗给　　我们

ghuala　zuqiu　nadule　yawuye." Emine　kielie："Bi　jienne　goye
两人　足球　玩　走　　艾米乃　说　我　把衣服　自己

wagvane,　chi　goyene　nadule　echi!" Hhe　puse　Numanitayi　giede
洗呢　　你　自己　玩　去　他　又　奴么尼的　　家里

echise,　Numani　ye　jienne　wagvazhi saozho.　Hhe　Numanide
去了　　奴么尼　也　把衣服　洗　正在　它　对奴么尼

kieliene："Numani,　matan　ghuala　nadule yawuye!" Numani　kielie：
说　　奴么尼　我们　两人　玩　走　　奴么尼　说

"chini　jienni uzhe,　zannan　no wo,　giedene　nie　wagvale echi!"
你的　衣服 看　脏　很是　家里　一　洗　去

Umerei　qierunne　ghodeidene　lalagvan　yawuzhi　giedene　khareiwo.
吾麦勒　把头　低下后　　慢慢地　走着　家里　回了。

hhe　giedene　echi　goye　jienne　taidene　wagvale　qiyiwo. hheni
他　家里　去了　自己　把衣服　脱之后　洗　开始了　那个

khuinase,　hhe　nie　wilie　giekude　xiqini　kewon　gholuwo.　Anani
之后　　它　一个　活　干的　喜欢　孩子　成了　他妈妈

bayasizhi　fugie　kha　ghurunne　zhadeigvazho.
高兴　　大的　手　手指头　竖起来

自己洗衣服

吾麦勒是个不爱劳动的孩子，就连手绢、袜子也要让妈妈给洗。一个星期天，他来到艾米乃家，见艾米乃正在洗衣服。他对艾米乃说："让你妈妈洗，咱们去踢球吧！"艾米乃说："我要自己洗衣服，你去玩儿吧！"他又来到奴么尼家，见奴么尼也在洗衣服。他对奴么尼说："奴么尼，咱们去玩儿吧！" 奴么尼说："看你的衣服太脏了，回家洗洗吧！"吾麦勒低着头慢慢地走回了家，到家后开始洗衣服。从此，他变成了一个爱劳动的孩子，妈妈高兴地向他竖起了大拇指。

【注释】

[1] anadene：让妈妈。ana 妈妈；-dene 分离副动词。

[2] wagvagane：让……洗。wagva 洗；-gva 使动态；-ne 未完成体。

[3] echise：去时。echi 去；-se 条件副动词。

[4] wagvazhi：洗。wagva 洗；-zhi 并列副动词。

[5] kieliene：说。kielie 说；-ne 未完成体。

[6] nadule：玩。nadu 玩；-le 目的副动词。

[7] giedene：家里。gie 家；-dene 分离副动词。

[8] wagvale：洗。wagva 洗；-le 目的副动词。

[9] qierunne：把头。qierun 头；-ne 未完成体。

[10] ghodeicene：低下后。ghodei 低下；-dene 分离副动词。

[11] yawuzhi：走着。yawu 走；-zhi 并列副动词。

[12] khareiwo：回了。kharei 回；-wo 完成体。

[13] taidene：脱之后。tai 脱；-dene 分离副动词。

[14] qiyiwo：开始了。qiyi 开始；-wo 完成体。

[15] khuinase：之后。khuina 后面；-se 条件副动词。

[16] giekude：干的。gie 干；-ku 将来时形动词；-de 与位格。

[17] gholuwo：成了。gholu 变成；-wo 完成体。

[18] bayasizhi：高兴。bayasi 高兴；-zhi 并列副动词。

[19] ghurunne：手指头。ghurun 指头；-ne 未完成体。

[20] zhadeigvazho：竖起来。zhadeigva 使竖起来；-zho 继续体。

47. Heifan Ijiezhi Balu Ihou
（晚饭之后）

Heifan   ijiezhi   balusenu, anami   maoyi   qiaoyizhi wo. Adami
晚饭   吃着   结束后   我妈   毛衣   织着   我爸

jienshi uzhezhi wo.   Bi   nie   beizi   chani   adadene   donjizhi
电视   看着   我   一   杯子   茶   给爸爸   端着

echigvawo.   Ingiedene bi   taidiin   zhula   doura   urou   pizhile
送去了   之后   我   台灯   灯   下面   字   写

echiwo.
去了

晚 饭 之 后

　　晚饭吃过后，妈妈在织毛衣，爸爸在看电视，我泡了一杯茶给爸爸送过去了，之后，我去台灯下写作业了。

【注释】

[1] ijiezhi：吃着。ijie 吃；-zhi 并列副动词。

[2] balusenu：结束后。balu 结束；-senu 让步副动词。

[3] qiaoyizhi wo：织着。qiaoyi 织；-zhi 并列副动词；-wo 完成体。

[4] uzhezhi wo：看着。uzhe 看；-zhi 并列副动词；-wo 完成体。

[5] chani：茶。cha 茶；-ni 领宾格。

[6] adadene：给爸爸。ada 爸爸；-dene 分离副动词。

[7] donjizhi：端着。donji 端；-zhi 并列副动词。

[8] echigvawo：送去了。echigva 送去；-wo 完成体。

[9] ingiedene：之后。ingie 这；-dene 分离副动词。

[10] pizhile：写。pizhi 写；-le 目的副动词。

[11] echiwo：去了。echi 去；-wo 完成体。

48. Hhasen Ganni Zayiku
（哈三砸缸）

Nie   giede   giedun   kewosiwo.   Nie   udude   fugie   kunla   wiliede
一个   家里   几个   孩子   一个   日子里 大的   人们   干活

echise, kewoxila   gie   sagveizho.   Ghoronni   nie   fugie   gande   zharun
去时   孩子们   家   守着   院子里   一个 大的   缸里   半个

gan   usuwo.   Ayinshe   undasuse   tangienghala   usu   yaoyizhi   ule
缸   水   阿英舍   渴时   用水罐   水   舀着   喝

echizho.   Ayinshe   gan   jiere   papala   yaoyile   echise   gande
去了   阿英舍   缸   上面   爬   舀水   去时   缸里

anda   baowo.   Ibura   chanladene   waradazho : "Ayinshe   gande
掉   下去了   伊布拉 看见后   喊道   阿英舍   缸里

anda   baozho,   matu   giene!" Ibura   holuzhi   fugie   kunlani   urule
掉   下去了   怎么   做呢   伊布拉 跑着   大的   人们   叫

echiwo.   Hhasen   jindazhi   sugieni   bareidene   nie   sugie   shi
去了   哈三   急忙   把斧子   拿上后   一   斧头   是

ganni   ezhi   ghalugvawo.   Ayinsheni   jiuyiwo.
把缸   缸   碎了   阿英舍   救了

哈 三 砸 缸

　　有一户人家，有几个孩子。有一天，大人们都去干活了，孩子们守在家。院中的一口大缸里有半缸水。阿英舍口渴了，用水罐去舀水。她趴在缸边刚要舀水时，掉进了缸里。伊布拉看见了大声喊："阿英舍掉进了缸里，怎么办呢？"伊布拉跑去叫大人。哈三赶紧拿起一把斧子，砸破了那口缸。阿英舍得救了。

【注释】

[1] kewosiwo: 孩子。kewosi 孩子；-wo 完成体。

〔2〕wiliede：干活。wilie 活；-de 与位格。

〔3〕echise：去时。echi 去；-se 条件副动词。

〔4〕sagveizho：守着。sagvei 守；-zho 继续体。

〔5〕gande：缸里。gan 缸；-de 与位格。

〔6〕usuwo：水。usu 水；-wo 完成体。

〔7〕undasuse：渴时。undasu 渴；-se 条件副动词。

〔8〕tangienghala：用水罐。tangien 水罐；-ghala 凭借格。

〔9〕yaoyizhi：舀着。yaoyi 舀；-zhi 并列副动词。

〔10〕baowo：下去了。bao 下去；-wo 完成体。

〔11〕chanladene：看见后。chanla 看见；-dene 分离副动词。

〔12〕waradazho：喊道。warada 叫；-zho 继续体。

〔13〕holuzhi：跑着。holu 跑；-zhi 并列副动词。

〔14〕urule：叫。uru 叫；-le 目的副动词。

〔15〕jindazhi：急忙。jinda 急忙；-zhi 并列副动词。

〔16〕bareidene：拿上后。barei 拿；-dene 分离副动词。

〔17〕ghalugvawo：破了。ghalu 破；-gva 使动态；-wo 完成体。

〔18〕jiuyiwo：救了。jiuyi 救；-wo 完成体。

49. Hhunghusun
（放屁）

Unjini   pizha   khuruzho.   Hhe   ijien   ijien   xiexiaode   echiwo.   Hhe
文吉尼 三子   炒着   他   吃着   吃着   学校里   去了   他

shanke gieku   xienzide   kielini   kozhi   bazilada   nie   hhunghuwo.
上课的   时候   肚子   胀着   受不了   一个   放屁

Tunxiela   man   uzhezhi   xiniezho.   Jiaoshide   fumugvei   bazilacase
同学们   全部   看着   笑着   教室里   臭   受不了

Tunxiela   man   khawa、 amanne   wigvawo.   Ingiekude   Unjini   fuse
同学们   全部   鼻子   嘴   捂住了   这时候   文吉尼   又

nie   hhunghuwo.   Tunxiela   man   ghadane   holule   qiyiwo.
一个   放屁   同学们   全部   家里   跑   开始了

放   屁

文吉尼在炒豆子。他在上学的路上边吃边走。上课时，他肚子胀，放了一个屁，同学们都笑他。教室里很臭，同学们都捂着嘴和鼻子。正在这时，他又放了一个屁，同学们都往教室外边跑。

【注释】

[1] khuruzho：炒着。khuru 炒；-zho 继续体。

[2] xiexiaode：学校里。xiexiao 学校；-de 与位格。

[3] echiwo：去了。echi 去；-wo 完成体。

[4] kielini：肚子。kieli 肚子；-ni 领宾格。

[5] hhunghuwo：放屁。hhunghu 放屁；-wo 完成体。

[6] uzhezhi：看着。uzhe 看；-zhi 并列副动词。

[7] xiniezho：笑着。xinie 笑；-zho 继续体。

[8] jiaoshide：教室里。jiaoshi 教室；-de 与位格。

[9] baziladase：受不了。bazilada 受不了；-se 条件副动词。

[10] holule：跑。holu 跑；-le 目的副动词。

[11] qiyiwo：开始了。qiyi 开始；-wo 完成体。

50. Hoba Taiku
（放火把）

Zhinye shiwu kuzhewo, bijienni agvinni kewosila ene xieni
正月   一五   到了   我们的   村里的   孩子们   这个 夜晚

hoba taizhi nadune. Bijien giedun kewosila nie po daini
火把 放着   玩   我们   几个   孩子们   一个 破 轮胎

bareidene hoba taile echiwo. Hoba taiku oronde echi nie
拿来   火把 放   去了   火把 放   地方   去   一

uzhese, kunla man hoba tai qiyizho, bijien ye ghujigvan
看时   人们   全部 火把 放   开始了   我们   也   赶紧

hoba tai qiyiwo. Bijien hhenie po daini sidaragvadene
火把 放 开始了   我们   那个   破 轮胎   点着了

hhe jierese jiaolizhi naduzho. Gholode nie uzhese, gochude
那   什么   跳着   玩   远处   一   看时   到处

nie duizi nie duiziji khan hupulagvanji wo. Kewosila naduzhi
一   堆   一   堆的   火   红红的   孩子们   玩得

hunho hi wo. Bijienni dai sidarazhi barase uda wo, ingiese
热闹   尽是   我们的   轮胎 烧着   完时   晚了   于是

bijien gietene khareiwo.
我们   家里   回了

放 火 把

正月十五到了，我们这儿的孩子在这一天晚上都要放火把。我们几个小孩拿着一个破轮胎去放火把，走到放火把的地方一看，人们把火把全都点着了，我们也赶紧开始点火把。我们把那个破轮胎点着之后，在火把上面跳来跳去。往远处一看，一堆一堆的火把火红火红的，孩子们玩得热闹极了。等我们的火把烧完已经很晚了，于是我们就回家了。

【注释】

[1] kuzhewo：到了。kuzhe 到；-wo 完成体。

[2] agvinni：村里的。agvin 村子；-ni 领宾格。

[3] nadune：玩。nadu 玩；-ne 未完成体。

[4] daini：轮胎。dai 轮胎；-ni 领宾格。

[5] bareidene：拿来。barei 拿；-dene 分离副动词。

[6] echiwo：去了。echi 去；-wo 完成体。

[7] uzhese：看时。uzhe 看；-se 条件副动词。

[8] qiyiwo：开始了。qiyi 开始；-wo 完成体。

[9] sidaragvadene：点着了。sidaragva 点着；-dene 分离副动词。

[10] jiaolizhi：跳着。jiaoli 跳；-zhi 并列副动词。

[11] naduzho：玩。nadu 玩；-zho 继续体。

[12] sidarazhi：烧着。sidara 烧；-zhi 并列副动词。

[13] barase：完时。bara 完；-se 条件副动词。

[14] giedene：家里。gie 家；-dene 分离副动词。

[15] khareiwo：回了。kharei 回；-wo 完成体。

51. Hodun Zhula
（星星灯）

Nebiyou adane dagvadene baza toreile echine giezho. Hhela ese
乃比尤 爸爸 跟着 临夏 逛 去 打算 他们 没有

ogveidene yawule qiyiwo. Yaozhi nie ula qirde khise bazari
天亮 走起 开始了 走着 一个 山 尖端 上 把临夏

chanlawo. Bazade saigvan hin wo. Nebiyou adadene asazho :
看见了 临夏里 漂亮 很是 乃比尤 给爸爸 问

"Hhe giegiegvanji shenjisen shi yan waine?" Adani kieliene :
那 亮亮的 闪烁的 是 什么东西 他爸爸 说

"hhe shi asiman jierededu hodun wo, ogveikude man baza
那 是 天空 上面的 星星 天亮时 全部 临夏

ghurazhi irezho." Baza kurudene izhon toreiwo. Nebiyoude nie
收 来了 临夏 到了后 一圈 逛了 乃比尤 一些

shini modun agiwo , Nebiyou bayasizhi amanni andarazho
新的 裤子 买了 乃比尤 高兴地 生命 开了

Nebiyou khareizhi giedene iresenu jiaojiaodene kieliezho: "Baza
乃比尤 返回 家里 来后 给弟弟 说 临夏

saigvan hin wo. ogveiku xienzide asiman jieredu hodunni man
漂亮 很是 天亮 时候 天空 上面的 星星 全部

ghurazhi bazade irezho " ingiese adani kieliezho : "Guazi kewon
收到 临夏 来了 于是 他爸爸 说 傻 孩子

hheshi jien zhula wo, hodun pushi wo. Bi chini nie
那是 电 灯泡 星星 不是 我 把你 一

hunlawo ma!" Nie giechilie man Nebiyouni xiniezho. Nebiyouni
哄 一 家人 全部 把乃比尤 笑着 乃比尤

ungie hularawo.
脸 红了

星 星 灯

　　乃比尤打算跟着爸爸去逛临夏城。天还没亮，他们就出发了，走到山顶上时，看见了临夏，城市很美丽。乃比尤问他爸爸："那一闪一闪的是什么东西呢？"他爸爸说："那是天上的星星，全部到城里来了，把天空都点亮了。"到城里逛了一圈，他爸爸给他买了一条新裤子，乃比尤非常高兴。回到家里，乃比尤对他的弟弟说："城市很美丽，天快亮的时候，天上的星星都收到城里。"于是他爸爸说："傻孩子，那是电灯，不是天上的星星。我在哄你。"全家人都笑乃比尤，乃比尤的脸红了。

【注释】

[1] dagvadene：跟着。dagva 跟；-dene 分离副动词。

[2] toreile：逛。torei 逛；-le 目的副动词。

[3] ogveidene：天亮。ogvei 天亮；-dene 分离副动词。

[4] qiyiwo：开始了。qiyi 开始；-wo 完成体。

[5] chanlawo：看见了。chanla 看见；-wo 完成体。

[6] asazho：问。asa 问；-zho 继续体。

[7] shenjisen：闪烁的。shenji 闪烁；-sen 过去时形动词。

[8] kieliene：说。kielie 说；-ne 未完成体。

[9] ogveikude：天亮时。ogvei 天亮；-ku 将来时形动词；-de 与位格。

[10] ghurazhi：收。ghura 收；-zhi 并列副动词。

[11] agiwo：买了。agi 买；-wo 完成体。

[12] bayasizhi：高兴地。bayasi 高兴；-zhi 并列副动词。

[13] andarazho：开了。andara 开；-zho 继续体。

[14] khareizhi：返回。kharei 回；-zhi 并列副动词。

[15] iresenu：来后。ire 来；-senu 让步副动词。

[16] jiaojiaodene：给弟弟。jiaojiao 弟弟；-dene 分离副动词。

[17] kieliezho：说。kielie 说；-zho 继续体。

[18] xiniezho：笑着。xinie 笑；-zho 继续体。

[19] hularawo：红了。hulara 红；-wo 完成体。

52. Honjinni Baohu Gieku
（保护环境）

Hhaya、 Younusi、 Exiye、 Selime ene giedulie ezegven andatu
哈牙　 尤奴斯　 艾西也　 色力麦　 这　　 几个　　 一些　　 美味的

ijiewuni qila chunyou giele echiwo. Hhela nie kixie
吃的　 拿　 春游　 做　 去了　 他们　 一　 块

osuntu cronde irewo, yanyanji ga chizhe, jian fayizhi
有草的 地方　 来了　 各种各样的 小 花　 刚 发芽着

khizhesen mutu lachinni uzhese, zhugvesene bayasisen hin wo.
出来的 树　 叶子　 看时　 从心里　 高兴　 很是

Niecha sh、 hhela hheche oliesi baziladazho, ingie hhela
一会儿　 他们 累了 饿 受不了　 然后 他们

eqiegvense zhunbi giesen fanbienmien、 binjilin、 mienbaoni agizhi
提前　 准备的　 方便面 冰激凌 面包 拿着

khizhe ijiendule qiyiwo. Hhela ijiezhi ochizhi baluse, gochuce
出来 完 开始了 他们 吃着 喝着 完时 到处

fanbienmien daizi、 binjilin hezi、 chugulani man bunda
方便面　 袋子　 冰激凌 盒子 筷子　 全部 扔

durugvazho. Hhela puse holuzhi niemende toreile echiwo、
满了　 他们 又 跑着 一边 逛 去了

niecha cawase cai Selime ese iresenni mejiewo. Hhaya、
一会儿 过了 才 色力麦 没有 来的 知道了 哈牙

Younusi、 Exiye ghuralie puse khareizhi hhe oronde uzhe le
尤奴斯 艾西也 三人 又 返回 那 地方 看

echise， Selime zhin dogvolon dogvolon suliao daizi、 binjilin
去了 色力麦 正 一瘸 一瘸 塑料 袋子 冰激凌

hezilani qianguzhi saozho. Hhe ghuralie chanla kieliene：
盒子　 捡着 正在 她 三人 看见 说

"Enede gonjichin kun wiwo, matan bundasenni kiemen ese
这里 管的 人 没有 我们 扔的 任何人 没有

chanlazho,　gonjizhi　yan　giene!” Selime　kieliene :“ matan　goye
看见　　　 管　　 什么 干　色力麦 说　　　 我们　 自己

zijiegvan　honjinni　baohu　giekuwo.” Hhe　ghurala　yama　gholuda
自觉地　　 环境　 保护　 要做　　 那　 三个人　 什么 做不了

qierunne　ghodei ye　qiangule　qiyiwo.　Naran nudun pudale　qiyiwo,
把头　　 低下了　 捡　　 开始了　 太阳　　　 落山　 开始了

hhela　qianguzhi　ganjinragvasen　oronni　uzhe　bayasizhi　xiniewo.
他们　 捡着　　 干净了的　　　　 地方　 看了 高兴地　　 笑了

保 护 环 境

　　哈牙、尤奴斯、艾西也、色力麦他们几个带着好多好吃的东西去春游。他们来到一片草地上，观赏着五颜六色的小野花和刚发芽的树叶，开心极了。不一会儿，他们又饿又累，于是把早已准备好的方便面、冰淇淋、面包等拿出来吃。吃饱喝足后，方便面袋子、冰淇淋盒子、卫生筷等被扔得到处都是。他们又跑去看别处的景色，过了一会儿，哈牙、尤奴斯和艾西也才发现色力麦不在场，他们三个到老地方去找他，看见他正一瘸一拐地捡地上刚被扔下的塑料袋和冰淇淋盒，他们三个说："这儿没有人管，也没有人看见是我们扔的，管它干什么！"色力麦说："我们应自觉地保护环境。"他们三个不好意思地低下了头，开始和色力麦一起捡扔下的垃圾。太阳已经偏西了，他们几个看着洁净的草地，会心地笑了。

【注释】

[1] echiwo：去了。echi 去；-wo 完成体。

[2] irewo：来了。ire 来；-wo 完成体。

[3] fayizhi：发芽着。fayi 发芽；-zhi 并列副动词。

[4] khizhesen：出来的。khizhe 出来；-sen 过去时形动词。

[5] uzhese：看时。uzhe 看；-se 条件副动词。

[6] zhugvesene：从心里。zhugve 心；-se 从比格；-ne 未完成体。

[7] baziladazho：受不了。bazilada 受不了；-zho 继续体。

[8] eqiegvense：提前。eqiegven 提前；-se 条件副动词。

[9] ijiendule：吃。ijiendu 吃；-le 目的副动词。

[10] qiyiwo：开始了。qiyi 开始；-wo 完成体。

〔11〕baluse：完时。balu 完；-se 条件副动词。

〔12〕durugvazho：满了。duru 满；-gva 使动态；-zho 继续体。

〔13〕holuzhi 跑着。holu 跑；-zhi 并列副动词。

〔14〕iresenni 来的。ire 来；-sen 过去时形动词；-ni 领宾格。

〔15〕qianguzhi：捡着。qiangu 捡；-zhi 并列副动词。

〔16〕kieliene 说。kielie 说；-ne 未完成体。

〔17〕qierunne：把头。qierun 头；-ne 未完成体。

〔18〕pudale：落山。puda 落山；-le 目的副动词。

〔19〕ganjinragvasen：干净了的。ganjinra 变干净；-gva 使动态；-sen 过去时形动词。

〔20〕bayasizhi：高兴地。bayasi 高兴；-zhi 并列副动词。

〔21〕xiniewo 笑了。xinie 笑；-wo 完成体。

53. Honshan Ji Hheni Ghuran Kewon
（国王和三个儿子）

Honshan	oqiaoluwo,	hhe	honshanne	kewonladene	ranjine
皇上	老了	他	把皇位	孩子们	让

giezhi	sumulazho.	Hhende	ghuran	kewon wo,	honshanne
打算	想着	他有	三个	孩子	皇位

kiende	ranjise	gao wo sha	giezhi	sumulazho.	Nie	udude,
给谁	让时	好啥	这么	想着	一	天，

honshan	ghuran	kewonne	uruzhi	irewo,	kewonladene
皇上	三个	孩子	叫着	来了	给孩子们

kieliezho : " Hongun	dunmienni	sanmu	ghazhade	nie	baobei
说	皇宫	东边	三亩	地里	一个	宝贝

bulazho,	ta	wayile	echi,	kien	wayizhi	khizhese	kien
埋着	你们	挖	去	谁	挖	出来时	谁

shi	honshan wo."	Ghuran	kewonlani	man	baobei	wayile
是	皇上	三个	孩子们	全部	宝贝	挖

echiwo.	niudu	wayise,	hhela	man	hhechezhi	nurunne
去了	一天	挖了	他们	全部	累着	背

zhigva dazho.	Kuaichu	udu,	laoda	laoer	ghuala	puse
不能伸直	后	一天	老大	老二	两人	又

nie	banfa	sumulawo.	Laosan	yen	ghazhade	echi	wayizho.
一个	办法	想了	老三	也	地里	去	挖了

laoda	laoer	ghuala	gaidaose	nie	kun	nie	baerde
老大	老二	两个	从集市	一个	人	一	钱

kuruku	baobei	agiwo.	Laosan	qiqisishijiu	qien	wayise	nie
值得	宝贝	买了	老三	七七四十九	天	挖了	一个

po	xianzi	khizhewo,	xianzini	kaiyigva	nie	uzhese,	niezhan
破	箱子	出来了	把箱子	打开	一	看时	一张

giejie	jiere	"Chinshi"	giezhi	ghua	fugie	urou	pizhizho.
纸	上面	"诚实"	这样	两个	大的	字	写着

Ghuran	kewonni	man	goyedene	olusen	baobeini	khugvozhi
三个	孩子们	全部	给自己	成了	宝贝	送到

honshanni	shida	echigvawo.	Honshan	bayasizhi	kieliene：
皇上	身边	去了	皇上	高兴地	说

"Laosan	shi	shini	honshan wo."	Ashigvala	man	nafu	wiwo.
老三	是	新的	皇上	老大老二	全部	服气	没有

Honshan	kieliene: " Chinshini	kun	cai	honshan	danla	shidane."
皇上	说 诚实的	人	才	皇上	当	可以

国王和三个儿子

国王老了，他想把王位传给儿子。他有三个儿子，传给谁呢？国王一直思考着。有一天，他叫来三个儿子，对他们说："在皇宫东边的三亩地中埋了一件宝物，你们去挖，谁先挖出来，谁就是国王。"三个儿子都去挖宝物。挖了一天，他们都累得直不起腰。第二天，老大和老二商量要另想办法，老三还是到地里去挖。老大和老二到城里各买了一件最值钱的宝物。老三挖了七七四十九天后，在地里找着了一个烂箱子，打开箱子后只发现了一张纸，只见上面写着"诚实"两个大字。三个孩子都把自己得到的宝物，送到国王跟前，国王高兴地宣布："老三是新国王。"老大老二都不服气，国王说："只有诚实的人才能当国王。"

【注释】

[1] oqiaoluwo：老了。oqiaolu 老；-wo 完成体。

[2] kewonladene：孩子们。kewonla 孩子们；-dene 分离副动词。

[3] sumulazho：想着。sumula 想；-zho 继续体。

[4] ranjise：让时。ranji 让；-se 条件副动词。

[5] uruzhi：叫着。uru 叫；-zhi 并列副动词。

[6] irewo：来了。ire 来；-wo 完成体。

[7] kieliezho：说。kielie 说；-zho 继续体。

[8] ghazhade：地里。ghazha 地；-de 与位格。

[9] bulazho：埋着。bula 埋；-zho 继续体。

[10] khizhese：出来时。khizhe 出来；-se 条件副动词。

[11] echiwo：去了。echi 去；-wo 完成体。

〔12〕wayise：挖了。wayi 挖；-se 条件副动词。

〔13〕hhechezhi：累着。hheche 累；-zhi 并列副动词。

〔14〕gaidaose：从集市。gaidao 集市；-se 从比格。

〔15〕kuruku：值得。kuru 值；-ku 将来时形动词。

〔16〕khizhewo：出来了。khizhe 出来；-wo 完成体。

〔17〕uzhese：看时。uzhe 看；-se 条件副动词。

〔18〕pizhizho：写着。pizhi 写；-zho 继续体。

〔19〕goyedene：给自己。goye 自己；-dene 分离副动词。

〔20〕khugvozhi：送到。khugvo 送；-zhi 并列副动词。

〔21〕echigvawo：去了。echi 去；-gva 使动态；-wo 完成体。

〔22〕bayasizhi：高兴地。bayasi 高兴；-zhi 并列副动词。

〔23〕kieliene：说。kielie 说；-ne 未完成体。

54. Houer Gie Baigvaku
（猴子造屋）

Houer   nie   gie   baigvane giezhi   simulazho,   ingie   pusedu
猴子   一个   房子   要盖   打算   想着   然后   其他的

hherwalani   gieni   uzhele   echizho,   uzhe ye ma   alinie   yanzi
动物的   房子   看   去了   看看   那个   样子

saigvan、   dafan、   khalun、   saozhi   futan wo.   Houer   kharanchari
漂亮   大方   暖和   住着   舒服   猴子   燕子的

shuwa   geyi   uzhesenu   kieliezho：“Ene   gie   texien   xiaoqi wo. Zhao
泥   房子   看后   说   这个   房子   太   小气   照

enezhe   gieku   biyao   wiwo.” Houer   taoleini   wayisen   dunri
这个   做的   必要   没有   猴子   兔子的   挖的   洞

uzhedene   kielie：“Ene   texien   suqi wo.   Eneni   uzhezhi   gieku
看后   说   这   太   俗气   这个   看着   做的

biyao   wiwo.” Houer   ghoghochinni   gieni   uzhese   saigvan   hin wo,
必要   没有   猴子   鸽子的   房子   看时   漂亮   很是

kieliene：“Ene   saigvanshi   saigvan wo ma!   Giese   texien pofanwo.”
说   这个   漂亮是   漂亮   做的话   太   麻烦

Houer   giedogvon   hherwalani   gieni   uzhedene   kieliene：“Duyade
猴子   很多   动物的   房子   看了   说   世界上

made   saoku   hofantu   gie   wiwo.” Hhe   xienzise   izhi   eli
我   住的   适合   房子 没有   那   时候   一直   现在

kurutala   houerde   saoku   gie   wiwo.
到了   猴子   住的   房子   没有

猴 子 造 屋

猴子想造一间房子，他去观看别的动物的房子，看哪一种房子样式美观、大方、舒适。猴子看了小燕子造的泥窝后，说："这太小气了，没必要模仿它。"猴子看了

猴 子 下 山

　　有一天，猴子下山来，走到一块玉米地里，看见玉米长得又大又多，非常高兴，摘了一个玉米，扛着往前走，走着走着，走到一棵桃树底下，看见满树的桃子又大又红，非常好看，它高兴极了，扔了玉米，上树去摘桃子。猴子抱着几个桃子，走到一块西瓜地里，看见满地的西瓜结得又大又圆，非常高兴，就扔了桃子去摘西瓜。猴子抱着西瓜往回走，看见一只可爱的小兔子蹦蹦跳跳的，它就扔了西瓜去追小兔儿。小兔子跑到树林里不见了，猴子只好空着手回家了。

【注释】

[1] ulase：从山里。ula 山；-se 从比格。

[2] yawuzhi：走着。yawu 走；-zhi 并列副动词。

[3] ghazhade：地里，ghazha 地；-de 与位格。

[4] orowo：进了。oro 进；-wo 完成体。

[5] osisen：长得。osi 生长；-sen 过去时形动词。

[6] bayasizhi：高兴地。bayasi 高兴；-zhi 并列副动词。

[7] zheyidene：摘后。zheyi 摘；-dene 分离副动词。

[8] uzhese：看时。uzhe 看；-se 条件副动词。

[9] jierese：从上面。jiere 上面；-se 从比格。

[10] sidale：摘。sida 摘；-le 目的副动词。

[11] khireiwo：上去了。khirei 上去；-wo 完成体。

[12] pixieliedene：捧着。pixielie 捧着；-dene 分离副动词。

[13] echiwo：去了。echi 去；-wo 完成体。

[14] qiaorudene：抱着。qiaoru 抱；-dene 分离副动词。

[15] khareizhi：往回。kharei 回去；-zhi 并列副动词。

[16] chanlawo：看见了。chanla 看见；-wo 完成体。

[17] jiaolizho：跳着。jiaoli 跳；-zho 继续体。

[18] fiinjiele：追。fiinjie 追；-le 目的副动词。

[19] khareiwo：回了。kharei 回；-wo 完成体。

56. Houhui
（后悔）

Biudude	bi	gebizini	Hhabibu	ghuala	hhantu	xiexiaode	shu
一天	我	隔壁的	哈比卜	两人	一起	学校里	书

onshile	echiwo.	Bijien	ghuala	yawuku	mo	jiere	ikuai
读	去了	我们	两人	走的	路	上	一夬

baer	qianguwo.	Bi	Hhabibude	yawuzho	kieliezho,	baern
钱	去了	我	哈比卜	走着	说	钱

laoshide	bu	jiaoyi,	matan	ghuala	yagvanbu	agizhi	ijie ye
给老师	不	上交	我们	两人	什么	买着	吃

Hhabibu	shinqi	ese	khizhe	melie	holuwo.	Bi	nudunde
哈比卜	声音	没有	出来	前面	跑了	我	眼里

uzhezhi	Hhabibu	baerni	laoshide	jiaoyizhi	ogiwo.	Bi	yale
看着	哈比卜	把钱	给老师	交	给了	我	关什么

ingiezhi	kieliewo	giezhi	hinde	houhui giewo.	Bi	nie
这样	说	这么	非常	后悔	我	一

simulase	minugvun	ese	oluzho.	Eneni	khuinase	bi	Hhabibuni
想	我的	没有	对	这个	之后	我	哈比卜

surune,	yan	ojien	qianguse	laoshidene	jiaoyine.
学习	什么	东西	捡了	给老师	上交

后　悔

一天，我和邻居哈比卜一起去上学。我们俩在上学的路上，捡到了一元钱。边走我边对哈比卜说："不要把钱交给老师，我俩买零食吃。"哈比卜没出声直往前跑。我眼看着哈比卜把钱交给了老师，后悔自己为什么会这样说。我仔细一想，是我错了，以后我要向哈比卜学习，拾到东西要交公。

【注释】

[1] gebizini：隔壁的。gebizi 隔壁；-ni 领宾格。

[2] echiwo：去了。echi 去；-wo 完成体。

[3] qianguwo：捡了。qiangu 捡；-wo 完成体。

[4] yawuzho：走着。yawu 走；-zho 继续体。

[5] laoshide：给老师。laoshi 老师；-de 与位格。

[6] holuwo：跑了。holu 跑；-wo 完成体。

[7] uzhezhi：看着。uzhe 看；-zhi 并列副动词。

[8] jiaoyizhi：交。jiaoyi 交；-zhi 并列副动词。

[9] simulase：想。simula 想；-se 条件副动词。

[10] khuinase：之后。khuina 之后；-se 条件副动词。

[11] laoshidene：给老师。laoshi 老师；-dene 分离副动词。

57. Houwa Egviku
（打陀螺）

Niududeni	bi	nie	houwa	giewo.	Bi	houwani	giedene
一天	我	一个	陀螺	做了	我	把陀螺	家里

hulan	noghonji	yensheghala	ranjiwo.	Ingiedene	bi
红的	绿的	用颜色	染了	然后	我

Yousufughaa	houwa	egvizhi	pinjizho.	Bi	houwane
尤素夫俩人	陀螺	打着	比较	我	把陀螺

ochiragvadene	"pia pia" ji	ghua	mina	shi,	houwami	zi
转起来后	"啪啪"的	两	鞭子	是	我的陀螺	一直

ochirazhi	uruliene,	hulan	nogvonji	saigvan	hin wo.	Minugvun
转的	快极了	红的	绿的	漂亮	很是	我的

izhi	ochirazho.	Yousufunugvun	lianzhon	ochirase	baiwo.
一直	转着	尤素夫的	两圈	转了	停了

Pinjizhi	zuihou	shi	bi	injiwo.
比较	最后	是	我	赢了

打　陀　螺

　　一天，我做了一个陀螺。我把陀螺染成红、绿两种颜色，我和尤素夫二赛打陀螺。为让陀螺转起来，我甩了两鞭子，陀螺飞快地转了起来，红、绿两种颜色好看极了。我的陀螺一直在转，尤素夫的陀螺只转了两圈就停了。比赛结果是我赢了。

【注释】

[1] houwani：把陀螺。houwa 陀螺；-ni 领宾格。

[2] giedene 家里。gie 家；-dene 分离副动词。

[3] yensheghala：用颜色。yenshe 颜色；-ghala 凭借格。

[4] ranjiwo：染了。ranji 染；-wo 完成体。

〔5〕pinjizho：比较。pinji 比较；-zho 继续体。

〔6〕ochiragvadene：转起来后。ochira 转；-gva 使动态；-dene 分离副动词。

〔7〕uruliene：快极了。urulie 快；-ne 未完成体。

〔8〕ochirazho：转着。ochira 转；-zho 继续体。

〔9〕pinjizhi：比较。pinji 比较；-zhi 并列副动词。

〔10〕injiwo：赢了。inji 赢；-wo 完成体。

58. Huahua Hai
（花花鞋）

Seme　nucude　nie　ulade　nadule　echiwo.　Seme　egvei bulunde
色麦　　一天　　一个　山里　　玩　　　去了　　色麦　　山崖边

nie　huahua　hai　chanlawo.　Hhe　giedene　echi　agadene
一个　花色的　鞋　看见了　　她　　家里　　去了　给哥哥

kieliene : " Egvei bulunde　nie　hai　saigvan　hin wo,　bi　agi dawo."
　说　　　　山崖边　　　一个　鞋　漂亮　　很是　　我　拿不了

Khuaichu　magva　oluse　agani　huahua　haini　agile　echiwo.
第二天　　　早上　到了　她哥哥　花色的　　鞋　　拿　　去了

Seme　kieliesen　shiqinne　matazho,　chanban　kumutun　naduzhi
色麦　　说的　　　事情　　　忘了　　　正常　　人一样　　　玩的

gaodazho.　Hheni　aga　hhende　oluzhi　aminne　widagvawo.
好着　　　她的　哥哥　给她　　为了　　生命　　丢了

花　花　鞋

　　有一天，色麦到山上去玩，在山崖边上看见了一双花花鞋。他回到家中对哥哥说："山崖边上有一双鞋，非常好看，我没能取下来。"第二天早上，她哥哥去取那双鞋。她忘了自己说的话，仍旧玩得很高兴。她哥哥为了给她取那双鞋，丢了性命。

【注释】

[1] ulade：山里。ula 山；-de 与位格。

[2] echiwo：去了。echi 去；-wo 完成体。

[3] chanlawo：看见了。chanla 看见；-wo 完成体。

[4] giedene：家里。gie 家；-dene 分离副动词。

[5] kieliene：说。kielie 说；-ne 未完成体。

[6] agile：拿。agi 拿；-le 目的副动词。

〔7〕kieliesen：说的。kielie 说；-sen 过去时形动词。

〔8〕matazho：忘了。mata 忘；-zho 继续体。

〔9〕aminne：生命。amin 命；-ne 未完成体。

〔10〕widagvawo：丢了。wida 丢；-gva 使动态；-wo 完成体。

59. Huajiao Ijiezho
（吃花椒）

Yintao hularawo. Bi zheyizhi ijiezho, jiaojiaodene ye ogizhi
樱桃　红了　我　摘着　吃　给弟弟　也　给了

ijiegvazho. Orou hularawo. bi zheyizhi ijiezho, jiaojiaodene ye
吃　　杏子　红了　我　摘着　吃　给弟弟　也

ogizhi ijiegvazho. Taoer hularawo. bi zheyizhi ijiezho,
给了　吃　桃　红了　我　摘着　吃

jiaojiaodene ye ogizhi ijiegvazho. Bi jiaojiaodene kieliezho,
给弟弟　也　给了　吃　我　给弟弟　说

enela hularase jiu ijiezhi olune giezhi. Niududeni jiaojiaomi
这些　红了　就　吃　可以了　有一天　我弟弟

onghonozhi wilazho. Bi holuzhi echi nie uzhese zaimin jiere
喊着　哭着　我　跑着　过去　一　看时　地　上面

ezegven hulan huajiao pojiezho, hhe khadene da ezegven
一些　红的　花椒　撒着　他　手里　还　一些

bareizho.
拿着

吃 花 椒

　　樱桃红了，我摘樱桃吃，也给我弟弟吃；杏子红了，我摘杏子吃，也给我弟弟吃；桃子红了，我摘桃子吃，也给我弟弟吃。我告诉弟弟,这些果实红了就可以吃。有一天，我弟弟一声哭着，叫着，我跑去一看，地上撒了许多红花椒，他手里还拿着些花椒。

【注释】

[1] hularawo：红了。hulara 变红；-wo 完成体。

［2］zheyizhi：摘着。zheyi 摘；-zhi 并列副动词。

［3］ijiezho：吃。ijie 吃；-zho 继续体。

［4］jiaojiaodene：给弟弟。jiaojiao 弟弟；-dene 分离副动词。

［5］ogizhi：给了。ogi 给；-zhi 并列副动词。

［6］ijiegvazho：吃。ijie 吃；-gva 使动态；-zho 继续体。

［7］onghonozhi：喊着。onghono 喊；-zhi 并列副动词。

［8］wilazho：哭着。wila 哭；-zho 继续体。

［9］holuzhi：跑着。holu 跑；-zhi 并列副动词。

［10］uzhese：看时。uzhe 看；-se 条件副动词。

［11］pojiezho：撒着。pojie 撒；-zho 继续体。

［12］khadene：手里。kha 手；-dene 分离副动词。

［13］bareizho：拿着。barei 拿；-zho 继续体。

60. Jien Egviku
（触电）

Alimu   qiehon ghoghoreigvazhi naduzho.
阿里木   铁环   滚着   玩

Niecha nadudene qiehon bazighala jienxienni gouyizhi naduzho.
一会   玩完后   铁环   用把子   电线   钩着   玩

Nie mejie dakude ghalusen oronde gouyiwo,
不   知道   穿过   破了   地方   钩住了

qiehon bazide jien tunjidene hheni egvi kijiegvawo.
铁环   把子   电   通了   他   打   趴下了

Alimuni   khade oko egvi orogvazho, hhe ayizhi wilazho.
阿里木的   手上   小窟窿 打   使进入   他   害怕   哭了

Hheni khuinase Alimu jienxienni ese naduwo.
他   以后   阿里木 电线   没   玩

触   电

　　阿里木在滚铁环，玩了一会儿，他用铁环把钩电线玩，一不小心，钩上了电线破损的地方，铁环把通了电，他被打翻在地，手上也破了，他吓得哭了起来。从此以后，他再也不敢玩电线了。

【注释】

〔1〕egviku：打。egvi 打；-ku 将来时形动词。

〔2〕ghoghoreigvazhi：滚着。ghoghorei 滚；-gva 使动态，--zhi 并列副动词。

〔3〕nadudene：玩完后。nadu 玩；-dene 分离副动词。

〔4〕bazighala：用把子，用手柄。bazi 把子，手柄；-ghala 凭借格。

〔5〕jienxienni：电线；jienxien 电线；-ni 领宾格。

〔6〕gouyizhi：钩着；gouyi 钩；-zhi 并列副动词。

［7］naduzho：玩。nadu 玩；-zho 继续体。

［8］dakude：穿过。da 穿过；-ku 将来时形动词；-de 与位格。

［9］ghalusen：破了。ghalu 破；-sen 过去时形动词。

［10］oronde：地方。oron 地方；-de 与位格。

［11］gouyiwo：钩住了。gouyi 钩；-wo 完成体。

［12］bazide：把子，手柄。baizi 把子，手柄；-de 与位格。

［13］tunjidene：通了。tunji 通；-dene 分离副动词。

［14］hheni：他。hhe 他；-ni 领宾格。

［15］kijiegvawo：趴下了。kijie 躺，倒；-gva 动态；-wo 完成体。

［16］Alimuni：阿里木的。Alimu 阿里木（人名）；-ni 领宾格。

［17］khade：手上。kha 手；-de 与位格。

［18］orogvazho：使进入，插入。orogva 使进入，插入；-zho 继续体。

［19］ayizhi：害怕。ayi 害怕；-zhi 并列副动词。

［20］wilazho：哭着。wila 哭；-zho 继续体。

［21］khuinase：以后。khuina 以后；-se 从比格。

［22］naduwo：玩。nadu 玩；-wo 完成体。

61. Jijien Ijie
（吃鸡尖）

Wiye mi bjienni uzhele irewo. Bijiende giedugvoni andatu
外公 我 我们的 看 来了 我们 很多 香

ijiekuni agizhi irezho. Adami wiyede tegha zharuzho. Anam
吃的 节 来了 爸爸 外公 鸡 宰了 妈妈

khonshin chinazho. Adami tegha heisuini wiyede ranjizhi
油饼 炸 爸爸 鸡 胯 外公 让给

ijiegvazho. Wiyemi jijienni ijiedene yaolane giezhiqiyiwo.
让吃 外公 鸡尖 吃完 走 准备动身

Bijien wiyene khugvozhi wijiende khireigvadene kieliezho:
我们 外公 送到 大门 出去 说了

"Wiye giendu oludene puse toreile ire."
外公 几天 过 再 浪 来

吃 鸡 尖

外公来看我们，给我们带来了好多好吃的东西。爸爸给外公宰鸡，妈妈给外公炸油饼。爸爸把鸡胯让给外公吃。外公吃了鸡尖后要回去了。我们把外公送到门口，说："外公，过几天再来看我们。"

【注释】

［1］bijienni 我们的；bijien 我们；-ni 领宾格。

［2］uzhele：看 uzhe 看；-le 联合格。

［3］irewo：来了 -wo 完成体。

［4］bijiende：我们；-de 与位格。

［5］ijiekuni：吃的；ijieku 吃的；-ni 领宾格。

［6］agizhi：带 agi 买；-zhi 并列副动词。

［7］irezho：来了；ire 来；-zho 继续体。

［8］zharuzho：宰了；-zho 继续体。

［9］chinazho：炸；china 炸；-zho 继续体。

［10］heisuini：胯；heisui 胯；-ni 领宾格。

［11］ranjizhi：让给；ranji 让；-zhi 并列副动词。

［12］ijiegvazho：让吃；ijie 吃；-gva 使动态　-zho 继续体。

［13］jijienni：鸡尖；jijien 鸡尖；-ni 领宾格。

［14］ijiedene：吃完；ijie 吃；-dene 分离副动词。

［15］giezhiqiyiwo：准备动身；giezhi 准备；qiyi 动身；-wo 完成体。

［16］wiyene：外公；wiye 外公；-ne 未完成体。

［17］khugvozhi：送到；khugvo 送；-zhi 并列副动词。

［18］wijiende：大门；wijien 大门；-de 分离副动词。

［19］khireigvadene：出去；khirei 出去；-gva 使动态　-dene 分离副动词。

［20］kieliezho：说了；kielie 说；-zho 继续体。

［21］toreile：浪；-le 目的副动词。

62. Jikoko
（地锅锅）

Yayou	wayiku	xienzi	kuruwo. Bi	giedun	kewosilale	hhartu
洋芋	挖	时候	到了 我	几个	孩子们	一起

nie	kalazi	yayou	wayiwo. Ingie	nie	jikoko	wayiwo. Danghani
一	篮子	洋芋	挖了 然后	一	地锅锅	挖了 土块

undude	loyizhi	qiyigvawo.	Muzha	osunlaghala	jikokoni tuliezho.
往高	垒	起来了	木头	草	地锅锅 烧

Dangha	hularase	yayouni	kokode	man	bulawo. Niecha	baise,
土块	变红	洋芋	地锅	全部	埋了 一会儿	等到

yayoula	bouwo.	Qianlazhi	ijiese andatunowo.
洋芋	熟了	抢着	吃 香

地 锅 锅

　　到了挖洋芋的时候，我和几个小伙伴一起挖了一篮子洋芋。我们挖好了地锅锅，垒好了土块，用柴火烧地锅锅，等土块烧红了，就把土块和洋芋一同埋进地锅里。过了一会儿，洋芋熟了，大家抢着吃，太香了！

【注释】

[1] wayiku：挖。wayi 挖；-ku 将来时形动词。

[2] kuruwo：到了。kuru 到；-wo 完成体。

[3] kewosilale：孩子们。kewosi 孩子；-la 等等；-le 联合格。

[4] wayiwo：挖了。wayi 挖；-wo 完成体。

[5] danghani：土块。dangha 土块；-ni 领宾格。

[6] undude：往高。undu 高；-de 与位格。

[7] loyizhi：垒。loyi 垒；-zhi 并列副动词。

[8] qiyigvawo：起来了。qiyi 起；-gva 使动态；-wo 完成体。

［9］osunlaghala：草。osun 草；-la 等等；-ghala 凭借格。

［10］jikokoni：地锅锅。jikoko 地锅锅；-ni 领宾格。

［11］tuliezho：烧。tulie 烧；-zho 继续体。

［12］hularase：变红。hulara 变红；-se 从比格。

［13］yayouni：洋芋。yayou 洋芋；-ni 领宾格。

［14］bulawo：埋了。bula 埋；-wo 完成体。

［15］yayoula：洋芋。yayou 洋芋；-la 等等。

［16］boluwo：熟了。bolu 熟；-wo 完成体。

［17］qianlazhi：抢着。qianla 抢；-zhi 并列副动词。

［18］ijiese：吃。ijie 吃；-se 从比格。

63. Jilimao Barei
（捉松鼠）

Bi、　Yousufu、　Yaghubu、　Abudu　giedulie　ulade　jilimao
我　　尤素夫　　牙古卜　　阿卜杜　几个　　山上　　松鼠

bareile　echiwo. Ulade　osun、　mutunla　nonogvonji　saigvan
捉　　去了　山上　草　　树木　　　绿油油的　　漂亮

hinwo. Bijien　bayasizhi　jilimao　ereizho,　ghua　ghuran　zhunou
非常　我们　　高兴　　松鼠　寻找　　两　　三　　小时

ereise　neda　jilimao　chanladawo. yaghubu　shonholozho : " Bi
找　　一个都　松鼠　　没看见　　牙古卜　　唉声叹气　我

hhechezhi　puse　yawudane,　matugiene? "　Ingiekude　bi　nie
累着　　再　　走不动　　怎么办呢　　这时候　　我　一

kixie　baodei　ghazha　bulunde　nie　jilimao　chanlawo. Bi
块　　小麦　地　　边　　一　松鼠　看见了　我

holuzhi　bareile　echiwo.　jilimao　holudene　egvei　jieredu　nie
跑着　抓　　去了　松鼠　　跑到　　悬崖　上面　一

nokiende　orowo. Bi　yama　banfa　widawo. Bijien　hokuruzhi
洞　　进去了　我　什么　办法　　没有了　我们　生气

giede　khareiku　mojiere　simulazho : " Gagami　waineshi　hhe　nie
家里　回去　路上　　想　　我哥哥　在的时候　那　一

jilimaoni　bareiwo. "
松鼠　　捉住了

捉 松 鼠

　　我和尤素夫、牙古卜、阿卡都几个到山上去捉松鼠。山上的草木绿油油的，非常好看。我们高高兴兴地分头去找松鼠，找了两三个小时，一只松鼠也没找到。牙古卜唉声叹气地说："我很累，走不动了，怎么办？"正在这时，我在一块小麦地边看见了一只松鼠，我跑去捉它，它钻进了一个洞里，我毫无办法。我们灰心丧气地往回走，边走边想："要是我哥哥在的话，肯定能捉住那只松鼠。"

【注释】

[1] ulade：山上。ula 山；-de 与位格。

[2] bareile：捉。barei 抓；-le 联合格。

[3] echiwo：去了。echi 去；-wo 完成体。

[4] mutunla：树木。mutun 树；-la 等。

[5] hinwo：非常。hin 很，非常；-wo 完成体。

[6] bayasizhi：高兴。bayasi 高兴；-zhi 并列副动词。

[7] ereizho：寻找。erei 寻找；-zho 继续体。

[8] ereise：找。erei 找；-se 从比格。

[9] chanladawo：没看见。chanlada 没看见；-wo 完成体。

[10] shonholozho：唉声叹气。shonholo 唉声叹气；-zho 继续体。

[11] hhechezhi：累着。hheche 累；-zhi 并列副动词。

[12] matugiene：怎么办呢。matugie 怎么办；-ne 未完成体。

[13] bulunde：边。bulun 边；-de 与位格。

[14] chanlawo：看见了。chanla 看见；-wo 完成体。

[15] holuzhi：跑着。holu 跑；-zhi 并列副动词。

[16] holudene：跑到。holu 跑；-dene 分离副动词。

[17] nokiende：洞。nokien 洞；-de 与位格。

[18] orowo：进去了。oro 进去；-wo 完成体。

[19] widawo：没有了。wida 没有；-wo 完成体。

[20] hokuruzhi：生气。hokuru 生气；-zhi 并列副动词。

[21] khareiku：回去，kharei 回；-ku 将来时形动词。

[22] simulazho：想。simula 想；-zho 继续体。

[23] jilimaoni：松鼠。jilimao 松鼠；-ni 领宾格。

[24] bareiwo：捉住了。barei 捉；-wo 完成体。

64. Jilimao Bareiku
（捉松鼠）

Xinqiqierni udude, Hhabi、Yousu、Mede ghurelie jilimao bareie
星期天　　一天　　哈比　尤素　麦德　三个人　松鼠　捉

echiwo. Hhabi dalou jierene nie qigvan danlazho. Hhala nie
去了　　哈比　肩膀　上面　一　铁锨　扛着　　他们　一

gazha bulnde irewo. Yousu nie jilimao ho chujiegve
田地　边　　来了　尤素　一　松鼠　洞　看见

kieliene:"Matan eneni wayiye." Mede yama esegonji jiu
说　　　我们　这个　挖吧　　麦德　什么　不管　　就

wayi qiyiwo. Hhabi hheni dui baigva kieliene:"Eneshi ghazha
挖　开始了　哈比　那个　堵　站住　说　　　这是　田地

bulunwo, matan wayizhi ulie olune." Yousu Mede ghuala
边　　　我们　挖　　不　行　　尤素　麦德　两个人

ninguru wayine. Ingiese enela jiu wayi qiyiwo. Niechashi, ene
坚持　　要挖　于是　他们　就　挖　开始了　一会儿　这

ghurala ene ghazha bulunde nie gun nokien wayi orowo,
三个人　这　田地　边　　　一　深　洞　　挖　进去了

dao nie ho jilimao wayi khizhewo. Hhe ghurala bayasuzi
还　一　洞　松鼠　挖　出来了　他　三个人　笑着

ghazha bulun jiere jiaolikude, ghazha bulun nieshidu tayire wo
田地　边　　上　跳　　　田地边　　　一块　　陷　了

Hhabi kieliene:"Matan eneni jienji pindagvaye." Yousu Mede
哈比　说　　　我们　这个　填　　平吧　　　尤素　麦德

ghuala kieliene:"Kiemen ese chujiegvezho, matan zhomugie yaoye."
两个人　说　　　谁　　没有　看见　　　我们　悄悄　　走吧

Ta nie simula, ene ghurala kien kieliesen oluzho?
你们　一　想想　　这　三个人　谁　说的　　对

捉　松　鼠

　　星期天，哈比、尤素、麦德三个人去捉松鼠。哈比肩上扛着一把铁锹。来到了一块庄稼地边，尤素看到一个松鼠洞，就说："我们来挖这个洞。"麦德不管三七二十一就挖，可哈比挡住了，说："这是别人家的地边，我们不能挖。"但在尤素、麦德的坚持下，他们挖了这个洞。一会儿工夫，他们三个人在地边上挖出了一个很深的洞，还挖出了一窝小松鼠。他们三人高兴地在地边上跳时，地边上陷下去了一大块地方。哈比说："我们把这坑填平吧！"但尤素、麦德说："没人看见，我们悄悄地走。"你们想一想，这三个人谁说的对？

【注释】

[1] xinqiqienni：星期天。xinqiqien 星期天；-ni 领宾格。

[2] udude：一天。udu 白天；-de 与位格。

[3] bareile：捉。barei 捉；-le 目的副动词。

[4] echiwo：去了。echi 去；-wo 完成体。

[5] jierene：上面。jiere 上面；-ne 未完成体。

[6] danlazho：扛着。danla 扛；-zho 继续体。

[7] bulunde：边。bulun 边；-de 与位格。

[8] irewo：来了。ire 来；-wo 完成体。

[9] kieliene：说。kielie 说；-ne 未完成体。

[10] eneni：这个。ene 这个；-ni 领宾格。

[11] wayiye：挖吧。wayi 挖；-ye 祈使式。

[12] qiyiwo：开始了。qiyi 开始；-wo 完成体。

[13] baigva：站住。bai 站；-gva 使动态。

[14] bulunwo：边。bulun 边；-wo 完成体。

[15] wayizhi：挖。wayi 挖；-zhi 并列副动词。

[16] olune：行。olu 行；-ne 未完成体。

[17] wayine：要挖。wayi 挖；-ne 未完成体。

[18] ingiese：这样。ingie 这；-se 条件副动词。

[19] orowo：进去了。oro 进去；-wo 完成体。

[20] khizhewo：出来了。khizhe 出来；-wo 完成体。

[21] bayasuzhi：笑着。bayasu 笑；-zhi 并列副动词。

[22] jiaolikude：跳。jiaoliku 跳；-de 与位格。

[23] pindagvaye　平吧。pinda 平；-gva 使动态；-ye 祈使式。

[24] chujiegvezho：看见。chujiegve 看见；-zho 继续体。

[25] yaoye：走吧。yao 走；-ye 祈使式。

[26] kieliesen：说的。kielie 说；-sen 过去时形动词。

[27] oluzho：对。olu 对；-zho 继续体。

65. Kha Xiaojiao
（手影子）

Khara	oluse	jien	widawo.	Anami	nie	zhula	jienjiwo.
晚上	到的时候	电	没了	我妈	一	灯	点了

Agami	zhula	xiaojiaode	made	khaghala	hherwa	gholugvazhi
我哥	灯	影子	给我	用手	动物	做

uzhegvazho.	Agami	made	khaghala	taolei	giezhi	surugvazho.
让看	我哥	给我	用手	兔子	做	教

Hhe	nie	zhanghei	gholugvawo.	Zhanghei	taoleini	ijienegiezho.
他	一	狼	做成了	狼	兔子	要吃

Adami	made	ghujigvan	daxian	gholugva	giezhi	surugvazho.
我爸	给我	快点	大象	变成	做	教

Zhanghei	daxianni	ijie	dane.	Bi	bayasizhi	xiniezho.
狼	大象	吃	不成	我	高兴	笑了。

手 影 子

晚上停电了，妈妈给我们点上了油灯。哥哥给我做手影的动物，他教我用手做成兔子，他用手做成了狼，狼要吃兔子，爸爸教我赶快变成大象的手影子，狼吃不了大象，我高兴地笑了。

【注释】

[1] oluse：到的时候。olu 成；-se 从比格。

[2] widawo：没了。wida 没；-wo 完成体。

[3] jienjiwo：点了。jienji 点；-wo 完成体。

[4] xiaojiaode：影子。xiaojiao 影子；-de 与位格。

[5] gholugvazhi：做。gholu 成；-gva 使动态；-zhi 并列副动词。

[6] uzhegvazho：让看。uzhe 看；-gva 使动态；-zho 继续体。

［7］giezhi：干。gie 做；-zhi 并列副动词。

［8］surugvazho：教。surugva 教；-zho 继续体。

［9］gholugvawo：做成了。gholugva 做成；-wo 完成体。

［10］taoleini：兔子。taolei 兔子；-ni 领宾格。

［11］ijienegiezho：要吃。ijiene 要吃；-gie 祈使式；-zho 继续体。

［12］gholugva：变成。gholu 变成；-gva 使动态。

［13］daxianni：大象。daxian 大象；-ni 领宾格。

［14］bayasizhi：高兴。bayasi 高兴；-zhi 并列副动词。

［15］xiniezho：笑了。xinie 笑；-zho 继续体。

66. Kha
（手）

Shankegiekude　kielien　kieliese　xien　jishougie.
上课时　　　　话　　说时　　先　举手

Ijiekuse　mielie　mokiense　khizhese　kha　wagva.
吃　之前　　厕所　　出来时　手　洗

Gojiane　shiqinni　gojia　kha　gojielugvazhi　gie.
自己　事情　　自己　手　动　　　　做

Kha　shi　matanni　zhenlienwo.
手　是　我们　　朋友

手

　　上课发言先举手；饭前便后要洗手；自己的事情，自己动手做。手是我们的好朋友。

【注释】

[1] shankegiekude：上课时。shankegie 上课；-ku 将来时形动词；-de 与位格。

[2] kieliese：说时。kielie 说；-se 从比格。

[3] ijiekuse：吃。ijieku 吃；-se 从比格。

[4] mokiense：厕所。mokien 厕所；-se 从比格。

[5] khizhese：出来时。khizhe 出来；-se 从比格。

[6] gojiane：自己。gojia 自己；-ne 未完成体。

[7] shiqinni：事情。shiqin 事情；-ni 领宾格。

[8] gojielugvazhi：动。gojielu 动；-gva 使动态；-zhi 并列副动词。

[9] matanni：我们。matan 我们；-ni 领宾格。

[10] zhenlienwo：朋友。zhenlien 朋友；-wo 完成体。

67. Melie Khuina
（前后）

Bijienni damen wijien melie nie ga moronwo. Onghocho
我们   大门   门   前面 一 小 河   船

bijienni wijien meliese daozhiwo. Bijienni gie khuina nie
我们   门   前面   过去   我们   家 后面   一

ulawo. Khuina ulade giedugvanni mutunwo.
山   后面   山   很多   树木

前　　后

我家门前有条小河，船从我家门前过。我们家后面有座山，山上有很多对。

【注释】

[1] bijienni：我们。bijien 我们；-ni 领宾格。

[2] moronwo：河。moron 河；-wo 完成体。

[3] meliese：前面。melie 前面；-se 从比格。

[4] daozhiwo：过去。daozhi 过去；-wo 完成体。

[5] ulawo：山。ula 山；-wo 完成体。

[6] ulade：山。ula 山；-de 与位格。

[7] giedugvanni：很多。giedugvan 很多；-ni 领宾格。

[8] mutunwo：树木。mutun 树；-wo 完成体。

68. Kielien Liuyi
（留言条）

Bi　iyende　nienei　uzhele　echine,　xienide　udazhi　giede
我　医院　奶奶　看　去　晚上　迟　家里

khareizhene,　chi　zuoyene　giezhi　agidene　anadene　banman　giezhi
回来　你　作业　做　完　妈妈　帮忙　着

cai　sunghu　budan　gie.
菜　择　饭　做

chini　ada
你的　爸爸

留　言　条

　　我到医院去看奶奶，晚上回家可能会晚一点，你做完作业以后，帮妈妈择菜、做饭。

你的爸爸

【注释】

[1] iyende：医院。iyen 医院；-de 与位格。

[2] uzhele：看。uzhe 看；-le 目的副动词。

[3] echine：去。echi 去；-ne 未完成体。

[4] xienide：晚上。xieni 晚上；-de 与位格。

[5] udazhi：迟。uda 迟到；-zhi 并列副动词。

[6] giede：家里。gie 家；-de 与位格。

[7] zuoyene：作业。zuoye 作业；-ne 未完成体。

[8] agidene：完。agi 完；-dene 分离副动词。

[9] anadene：妈妈。ana 妈妈；-dene 分离副动词。

69. Kuli Shu Onshiku
（库力上学）

Kuliyi anani uduruzhi xiexiaode baomin giegvale echiwo.
库力   他妈   带领   学校   报名   做   去了

Hhe baomin giedene laoshi shuni linlazhi ogiwo. Kuli shuni
他   报名   做   老师   书   领   给   库力   书

nie uzhese saigvan hinwo, bayasizhi jiaolile qiyiwo. Nie
一   看时   漂亮   非常   高兴   跳   开始了   一

magvade onshile ulie echine, anani egvizhi tunguzho, Kuli
早上   上学   不   去   他妈   打   推   库力

wilazhi xiexiaode echiwo. Ingiezhi giedudu oluse Kuli shu
哭着   学校   去了   这样   几天   成   库力   书

onshile echizhi gon oluwo. Eneni khuinase Kuli niuduni goyene
上学   去   惯   成了   这   以后   库力   每天   自己

echizho, dao chu melie xiexiaode kuruzho. Laoshi bandene
去   三   最   早   学校   到   老师   班上

kuayizho.
表扬

库 力 上 学

妈妈领着库力到学校去报名，报完了名，老师发了新书，库力拿着崭新的书，高兴地跳了起来。有一天早上，他不想去上学了，妈妈硬让他去上学，他哭着去上学。

过了几天，库力养成了按时上学的习惯。以后，库力每天自觉地去上学，并第一个到校，受到了老师的表扬。

【注释】

[1] anani: 他妈。ɛna 妈；-ni 领宾格。

［2］uduruzhi：带领。uduru 领；-zhi 并列副动词。

［3］xiexiaode：学校。xiexiao 学校；-de 与位格。

［4］giegvale：做。gie 做；-gva 使动态；-le 目的副动词。

［5］echiwo：去了。echi 去；-wo 完成体。

［6］giedene：做。gie 做；-dene 分离副动词。

［7］shuni：书。shu 书；-ni 领宾格。

［8］linlazhi：领。linla 领；-zhi 并列副动词。

［9］ogiwo：给。ogi 给；-wo 完成体。

［10］uzhese：看时。uzhe 看；-se 从比格。

［11］hinwo：非常。hin 很；-wo 完成体。

［12］bayasizhi：高兴。bayasi 高兴；-zhi 并列副动词。

［13］jiaolile：跳。jiaoli 跳；-le 目的副动词。

［14］qiyiwo：开始了。qiyi 开始；-wo 完成体。

［15］magvade：早上。magva 早上；-de 与位格。

［16］onshile：上学。onshi 念；-le 目的副动词。

［17］echine：去。echi 去；-ne 未完成体。

［18］egvizhi：打。egvi 打；-zhi 并列副动词。

［19］tunguzho：推。tungu 推；-zho 继续体。

［20］wilazhi：哭着。wila 哭；-zhi 并列副动词。

［21］ ingiezhi：这样。ingie 这；-zhi 并列副动词。

［22］oluse：成。olu 成；-se 从比格。

［23］echizhi：去。echi 去；-zhi 并列副动词。

［24］oluwo：成了。olu 成；-wo 完成体。

［25］eneni：这。ene 这；-ni 领宾格。

［26］khuinase：以后。khuina 后面；-se 从比格。

［27］niuduni：每天。niudu 一天；-ni 领宾格。

［28］goyene：自己。goye 自己；-ne 未完成体。

［29］echizho：去。echi 去；-zho 继续体。

［30］kuruzho：到。kuru 到；-zho 继续体。

［31］bandene：班上。bande 班上；-ne 未完成体。

［32］kuayizho：表扬。Kuayi 表扬；-zho 继续体。

70. Langan Gouxin
（懒熊）

Kaichun giese, saotan jiere nie gouxin zonjizhi khizhiwo, hhe
开春　　进　草坪　上面　一　狗熊　钻　　出来了　它

nurunne nie zhigvadene: "a! a!" giene.
腰　　一　伸　　"啊！啊！"　做

Taolei kieliene : " Chi gao wo nu ? Manugvun hhantu wilie
兔子　说　　　　你　好　吗　　我们　　一起　活

gieye ba!" Fugie gouxin huruhuruji holu widawo.
做　　吧　大　狗熊　呼噜呼噜　跑　没了

Fugie gouxinni kielini pientazilazho, hhe kieliene : " Bi oliesi za
大　狗熊　肚子　扁　　　　它　说　　我　饿　了

wo ya! Bi yan ijiese gao waine?"
了　呀　我　什么　吃　好　有

Mutun konde nie fugie nuduru wo, nudurude nie fugie
树　旁边　一　大　洞　　　洞里　一　大

banbun ho wo. Fugie gouxin shimini ghulazhi ijiekude,
蜜蜂　巢　　大　狗熊　蜂蜜　偷　吃

banbun honi qida olugvawo. Ibegie banbun musirei
蜜蜂　巢　撕　成了　　一百个　蜜蜂　飞

khizhesenu onghonone: "Hhenni jinji! Hhenni jinji! " Fugie
出来　喊　　　"它　叮！　它　叮！"　大

gouxin nume huyisenu conjidene shuwa nokiende bao echiwo
狗熊　脸　护住　　蹿　泥　坑　下　去了

Fugie gouxin shuwa nokiense papalazhi khizhesenu sumulane:
大　狗熊　泥　坑　爬　　出来　想

"Miyi kieli pientazi no wo ya, kunni hhende yagvanbao gouki
我　肚子　扁　很　了　呀　人们　那里　什么　少点

ijiele echi ye ba!" Fugie gouxin ijiesen shi idun banban wo.
吃　去　吧　大　狗熊　吃　是　一顿　棒子

163

懒　熊

　　春天，草坪上钻出一只狗熊，它伸了一个懒腰"啊！啊！"兔子对它说："你好！咱们一块来工作吧！"大狗熊呼噜呼噜地跑了。大狗熊的肚子扁扁的，它说："我多饿呀！我吃点什么好呀！"树根上有个大洞，洞里有个大蜂窝。大狗熊偷吃蜂蜜，把蜂窝也弄坏了。一百只蜜蜂飞出来，叫道："扎它，扎它！"大狗熊捂着脸，滑进烂泥坑里去了。大狗熊爬出烂泥坑，想："我的肚子多扁呀，到人们那儿去吃点什么吧！"大狗熊吃到的是一顿棍子。

【注释】

[1] giese：迄。gie 做；-se 从比格。

[2] zonjizhi：钻。zonji 钻；-zhi 并列副动词。

[3] khizhiwo：出来了。khizhi 出来；-wo 完成体。

[4] nurunne：腰。nurun 腰；-ne 未完成体。

[5] zhigvadene：伸。zhigva 伸；-dene 分离副动词。

[6] kieliene：说。kielie 说；-ne 未完成体。

[7] gieye：做。gie 做；-ye 祈使式。

[8] widawo：没了。wida 没；-wo 完成体。

[9] gouxinni：狗熊。gouxin 狗熊；-ni 领宾格。

[10] kielini：肚子。kieli 肚子；-ni 领宾格。

[11] pientazilazho：扁。pientazila 扁；-zho 继续体。

[12] ijiese：吃。ijie 吃；-se 从比格。

[13] waine：有。wai 有；-ne 未完成体。

[14] nudurude：洞里。nuduru 洞；-de 与位格。

[15] shimini：蜂蜜。shimi 蜂蜜；-ni 领宾格。

[16] ghulazhi：偷。ghula 偷；-zhi 并列副动词。

[17] ijiekude：吃。ijieku 吃样；-de 与位格。

[18] olugvawo：成了。olu 成；-gva 使动态；-wo 完成体。

[19] khizhesenu：出来。khizhe 出来；-senu 让步副动词。

[20] onghonone：喊。onghono 喊；-ne 未完成体。

[21] nune：脸。nu 脸；-ne 未完成体。

[22] huyisenu：扩仁。huyi 护；-senu 让步副动词。

[23] conjidene　踔。conji 踔；-dene 分离副动词。

[24] nokiende：坑。nokien 坑；-de 与位格。

[25] echiwo：去了。echi 去；-wo 完成体。

[26] papalazhi　爬。papala 爬；-zhi 并列副动词。

[27] sumulane　想。sumula 想；-ne 未完成体。

[28] kunni：人打。kun 人；-ni 领宾格。

[29] ijiele：吃。ijie 吃；-le 目的副动词。

[30] ijiesen：吃。ijie 吃；-sen 过去时形动词。

71. Langan Kewon
（懒惰的孩子）

Melieshide　nie　kewon　wo,　ene　kewon　langan　no　wo.　Ga
从前　　　一　孩子　　这个　孩子　懒惰　很　　小

xienzide　khane　yama　ulie　gojielugvane.　Niefade　anani　toreile
时候　　手　什么　不　　动　　　一次　　他妈妈　玩

echine,　ene　kewonni　ijiedakuse　ayizhi　zhugve　chilazho.　Ingie
去　　这个　孩子　　吃　　　害怕　心　　担心　　然后

binzini　ologvoni　giedene　kewon　shidane　agizhi　echigvawo.　Ene
饼子　很多　　　做　　孩子　旁边　　拿　　去了　　这个

kewon　khaghala　agikuse　ayizhi　ese　ijiezho.　Hinde　oliesiwo.
孩子　用手　　拿　　　害怕　没　吃　　非常　饿了

Ingiedene　simulazho: "Duyade　khane　ulie　gojielugvase　agizhi　dawa
于是　　　想　　　从来　手　不　　动　　　拿　过去

dane." Hhe　uduku　khuinase　yan　giese　khane　gojielugva　qiyiwo,
不能　他　那天　以后　什么　做　手　　动　　开始了

nie　gao　kewon　gholuwo.
一　好　孩子　成了

懒惰的孩子

　　从前有个孩子，他很懒。小时候，他从来不动手。有一次，他妈妈要去游玩，担心儿子吃不上饭，于是，做了很多饼子送到儿子跟前。这孩子怕动手，没有吃饼子，肚子非常饿。这时他想到：如果不动手的话，很难活在世上。从此以后，他开始喜欢动手了，变成了一个好孩子。

【注释】

[1] melieshide：从前。melieshi 从前；-de 与位格。

〔2〕xienzide：时候。xienzi 时候；-de 与位格。

〔3〕gojielugvane：动。gojielu 动；-gva 使动态；-ne 未完成体。

〔4〕niefade：一次。niefa 一次；-de 与位格。

〔5〕echine：去。echi 去；-ne 未完成体。

〔6〕kewonni：孩子。kewon 孩子；-ni 领宾格。

〔7〕ijiedakuse：吃。ijie 吃；-ku 将来时形动词；-se 从比格。

〔8〕ayizhi：害怕。ayi 害怕；-zhi 并列副动词。

〔9〕chilazho：担心。chila 困、乏；-zho 继续体。

〔10〕binzini：饼子。binzi 饼子；-ni 领宾格。

〔11〕khane：手。kha 手；-ne 未完成体。

〔12〕ologvoni：很多。ologvo 多；-ni 领宾格。

〔13〕giedene：做。gie 做；-dene 分离副动词。

〔14〕shidane：旁边。shida 旁边；-ne 未完成体。

〔15〕echigvawo：去了。echi 去；-gva 使动态；-wo 完成体。

〔16〕khaghala：用手。kha 手；-ghala 凭借格。

〔17〕agikuse：拿。agi 拿；-ku 将来时形动词；-se 从比格。

〔18〕ijiezho：吃。ijie 吃；-zho 继续体。

〔19〕oliesiwo：饿了。oliesi 饿；-wo 完成体。

〔20〕simulazho：想。simula 想；-zho 继续体。

〔21〕gojielugvase：动。gojielu 动；-gva 使动态；-se 从比格。

〔22〕uduku：那天。udu 白天；-ku 将来时形动词；

〔23〕khuinase：以后。khuina 后面；-se 从比格。

〔24〕qiyiwo：开始了。qiyi 开始；-wo 完成体。

〔25〕gholuwo：成了。gholu 变成；-wo 完成体。

72. Lugoni Ghua Zhenlien
（鹿的两个朋友）

Lugo、 no、 sazhigvei ghurala shi zhenlien wo, niefa da sugienduzhi
鹿　　鹅　　喜鹊　　三个　　是　　朋友　　　一次　还　　骂

ese dawazho. Niudude, yewo egvichin taisen qiemu jiazi noni
没有　过　　有一天　野生动物　打　　放　　铁　夹子　鹅

konyini jiayiwo. Lugo chanlasenu goye gochaghalane jiuyiwo.
脚　　夹了　鹿　　看见　　自己　　用角　　　救了

Jiuyikude jiazi lugoni gochani jiayi baiwo. No lugoni ese gonji
救时　　夹子　鹿　　角　夹　掐住了　鹅　把鹿　没有　管

yawulawo. Mutun jieredu sazhigvei no giesenni chanla oyinde
走了　　树　　上面　喜鹊　鹅　做的　　看见　心上

ese irezho. Sazhigvei nie banfa sumula lugode kieliene: "Yewo
没有　来　喜鹊　　一　办法　想　　鹿　说　　野生动物

egvichin irese chi fugusen zhonji, yewo egveichin jiazini
打　　来时　你　死　　装　野生动物　打　　夹子

kaiyigvase, bi ghua- reiman waradase chi bosi holu." Lugo sazhigvei
打开　　我　两声　　喊　　你　起来　跑　　鹿　喜鹊

surugvasen mutu giese aminyi jiuyiwo.
教的　　那样　做　命　　救了

鹿的两个朋友

　　鹿、鹅、喜鹊是朋友，没有吵过一次嘴。有一天，猎人安放的铁夹子夹住了鹅的脚。鹿看到后用自己头上的特角救出了鹅。

　　铁夹子却扣住了鹿的特角，鹅却撇下鹿径自走了。树上的喜鹊看到了，对鹅的做法很不满意。喜鹊想了个办法，对鹿说："猎人来的时候你装死，当猎人打开铁夹子时，我叫两声，你就起来跑。"

　　鹿按喜鹊的办法做，终于得救了。

【注释】

[1] sugienduzhi：骂。sugiendu 骂；-zhi 并列副动词。

[2] dawazho：过。dawa 过；-zho 继续体。

[3] egvichin：打。egvi 打；-chin 现在时形动词。

[4] noni：鹅。no 鹅；-ni 领宾格。

[5] konyini：脚。konyi 脚；-ni 领宾格。

[6] jiayiwo：夹了。jiayi 夹；-wo 完成体。

[7] chanlasenu：看见。chanla 看见；-senu 让步副动词。

[8] gochaghalane：用角。gocha 角；-ghala 凭借格；-ne 未完成体。

[9] jiuyiwo：救了。jiuyi 救；-wo 完成体。

[10] jiuyikude：救时。jiuyi 救；-ku 将来时形动词；-de 与位格。

[11] lugoni：鹿。lugo 鹿；-ni 领宾格。

[12] gochani：角。gocha 角；-ni 领宾格。

[13] baiwo：站住了。bai 站住；-wo 完成体。

[14] yawulawo：走了。yawula 走；-wo 完成体。

[15] giesenni：做的。giesen 做；-ni 领宾格。

[16] irezho：来。ire 来；-zho 继续体。

[17] lugode：鹿。lugo 鹿；-de 与位格。

[18] kieliene：说。kielie 说；-ne 未完成体。

[19] irese：来时。ire 来；-se 从比格。

[20] fugusen：死。fugu 死；-sen 过去时形动词。

[21] jiazini：夹子。jiazi 夹子；ni 领宾格。

[22] kaiyigvase：打开。kaiyi 开；-gva 使动态；-se 从比格。

[23] waradase：喊。warada 喊；-se 从比格。

[24] surugvasen：教的。suru 学；-gva 使动态；-sen 过去时形动词。

[25] giese：做。gie 做；-se 从比格。

[26] jiuyiwo：救了。jiuyi 救；-wo 完成体。

73. Maoer

（猫）

Yaghubuni giede nie huahua maoer wo. Yaghubu chanban odene
牙古卜　　家里　一　花　　猫　　　牙古卜　经常　怀里

qiaoruzho, maoerdene xiqi hin wo. Ene maoerni waizha hinwo.
抱着　　　猫　　　喜欢　非常　这个　猫　　厉害　非常

Giededu shizhagvanlani man bareizho. Giededu huai jiere ulie bazhi
家里　　老鼠们　　　全　抓　　家里　　炕　上面　不　拉屎

shene. Niudude maoerni widawo. Yaghubu yenwonrazhi niuduni
撒尿　有一天　猫　　没了　牙古卜　伤心　　　每天

maoerne irekuni sagveizho. Olancha baidene maoerni giedun
猫　　来　　等　　　好久　过去　猫　　几个

ga maoerni uduruzhi giede irewo. Yaghubu bayasizhi jiaolizho.
小　猫　　带着　　家里　来了　牙古卜　高兴　　跳起来

猫

　　牙古卜家有一只花猫。他非常喜爱这只小花猫，经常在怀里抱着它。这只小花猫可厉害了！家中的老鼠都被它捉完了。它从不在炕上撒尿。有一天，花猫不见了，牙古卜很伤心，每天等它回来。过了好长时间，花猫领着几只小猫回来了。牙古卜高兴地跳了起来。

【注释】

[1] Yaghubuni：牙古卜。Yaghubu 牙古卜；-ni 领宾格。

[2] odene：怀里。ode 怀里；-ne 未完成体。

[3] qiaoruzho：抱着。qiaoru 抱；-zho 继续体。

[4] maoerdene：猫。maoer 猫；-dene 分离副动词。

[5] maoerni：猫。maoer 猫；-ni 领宾格。

〔6〕hinwo：非常。hin 非常；-wo 完成体。

〔7〕shizhagvanlani：老鼠们。shizhagvan 老鼠；-la 复数；-ni 领宾格。

〔8〕bareizho：抓。barei 抓；-zho 继续体。

〔9〕shene：撒尿。sɔe 撒尿；-ne 未完成体。

〔10〕widawo：没了。wida 没了；-wo 完成体。

〔11〕yenwonrazhi：伤心。yenwonra 伤心；-zhi 并列副动词。

〔12〕maoerne：猫。maoer 猫；-ne 未完成体。

〔13〕irekuni：来。ire 来；-ku 将来时形动词；-ni 领宾格。

〔14〕sagveizho：等。sagvei 等；-zho 继续体。

〔15〕uduruzhi：带着。uduru 带着；-zhi 并列副动词。

〔16〕irewo：来了。ire 来；-wo 完成体。

〔17〕bayasizhi 高兴。bayasi 高兴；-zhi 并列副动词。

〔18〕jiaolizho：跳起来。jiaoli 跳；-zho 继续体。

74. Mogvei Chanlawo
（看见蛇）

Niefade Aimine bulase usu danlale echiwo. Bulade nie boro
有一次 艾米乃 泉 水 担 去了 泉 一 灰色

mogvei chanlase ayizhi holu kharei irewo. Mogveini chanlasenne
蛇 看见 害怕 跑 回 来了 蛇 看见

ajiadene kieliewo. Ajiani sogvoni danla bulade echiwo. Ajiani bula
姐姐 说了 姐姐 水桶 担 泉 去了 姐姐 泉

shida echi nie uzhese ye ayidene holuzhi giedene irewo. Ingie
跟前 去 一 看时 也 害怕 跑 家里 来了 然后

puse gagane uru echiwo. Gagani gholose nie tashi egvise
再 哥哥 叫 去了 哥哥 远处 一 石头 打

mogvei holu widawo. Gagani ghua sogvo usuni danla giedene
蛇 跑 没了 哥哥 两个 水桶 水 担 家里

irewo.
来了

看 见 蛇

　　有一次，艾米乃去担泉水，看见泉边有一条灰色的蛇，她非常害怕，就跑回家中。她把看见蛇的事情说给姐姐听，姐姐担着水桶去担水。姐姐来到泉边一看，也吓得赶忙跑回家中。于是，她们叫哥哥去担水，哥哥用石块向蛇砸去，蛇爬走了，哥哥担了两桶水回家了。

【注释】

[1] bulase：泉。bula 泉；-se 从比格。

[2] danlale：担。danla 担；-le 目的副动词。

[3] echiwo：去了。echi 去；-wo 完成体。

〔4〕bulade：泉。bula 泉；-de 与位格。

〔5〕chanlase：看见。chanla 看见；-se 从比格。

〔6〕ayizhi：害怕。ayi 害怕；-zhi 并列副动词。

〔7〕irewo：来了。ire 来；-wo 完成体。

〔8〕mogveini：蛇。mogvei 蛇；-ni 领宾格。

〔9〕chanlasenne：看见。chanlasen 看见；-ne 未完成体。

〔10〕ajiadene：姐姐。ajia 姐姐；-dene 分离副动词。

〔11〕kieliewo：说了。kielie 说；-wo 完成体。

〔12〕ajiani：姐姐。ajia 姐姐；-ni 领宾格。

〔13〕sogvoni：水桶。sogvo 水桶；-ni 领宾格。

〔14〕uzhese：看到。uzhe 看；-se 从比格。

〔15〕ayidene：害怕。ayi 害怕；-dene 分离副动词。

〔16〕holuzhi：跑。holu 跑；-zhi 并列副动词。

〔17〕giedene：家里。gie 家；-dene 分离副动词。

〔18〕gagane：哥哥。gaga 哥哥；-ne 未完成体。

〔19〕gagani：哥哥。gaga 哥哥；-ni 领宾格。

〔20〕gholose：远处。gholo 远；-se 从比格。

〔21〕egvise：打。egvi 打；-se 从比格。

〔22〕widawo：没了。wida 没；-wo 完成体。

〔23〕usuni：水。usu 水；-ni 领宾格。

75. Mutun Lachin
（落叶）

Qiuqien kuruse kai feilie qiyiwo. Qienqi kuiqiegvewo. Mutun
秋天　　　到时　　风　吹　开始了　　天气　　冷了　　　树

lachinla nieshidu nieshiduji mutun jierese musireizhi baozhi
叶子　　　一片　　　一片　　　　树　　上面　　　飞　　　　下来

irewo. Mutun lachin zemin jiere loyise, ga ghugvei papalazhi
来了　　树　　叶子　　地　　上面　落　　小　虫子　　爬着

dawazhi ire hhe doura niuzho, mutun lachinni gie
过　　来　它　下面　藏　　　树　　叶子　　家

danlagvazho. Mutun lachin ghonde loyizhi baose, paipuzi
当作　　　　　树　　叶子　　沟里　　落　　下去　　蚂蚁

papalazhi dawazhi ire hhe jiere saozho, mutun lachinni
爬着　　　过　　来　它　上面　坐　　　树　　叶子

onghocho danlagvazho. Mutun lachin moronde loyise, ga
船　　　　当作　　　　树　　叶子　　河里　　落　　　小

zhagvasun unbazhi dawazhi ire hhe doura niuzho, mutun
鱼　　　　游　　　过　　来　它　下面　藏　　　树

lachinni isan danlagvazho. Mutun lachin yenzide loyise, ga
叶子　　雨伞　当作　　　　树　　叶子　　院子　　落　　小

kharancha chanlawo, kieliene: " Bijiende xin irewo, bijienni
燕子　　　看见了　　说　　　　我们　信　来了　　我们

ghujigvan nanfande echi giezho."
快点　　　南方　　去　做

落　　叶

　　秋风起了，天气凉了，一片片叶子从树上飘落下来。树叶落在地上，小虫爬过来，躲在下面，把它当作屋子；树叶落到沟里，蚂蚁爬过来，坐在上面，把它当作小船；树叶落到河里，小鱼游过来，藏在底下，把它当作小伞；树叶落在院子里，小燕子飞来看见了，说："来信了，催我们到南方去呢！"

【注释】

[1] kuruse：到达。kuru 到；-se 从比格。

[2] qiyiwo：开始了。qiyi 开始；-wo 完成体。

[3] kuiqiegvewo：冷了。kuiqiegve 冷；-wo 完成体。

[4] lachinla：叶子。lachin 叶子；-la 复数形式。

[5] jierese：上面。jiere 上面；-se 从比格。

[6] musireizhi：飞。musirei 飞；-zhi 并列副动词。

[7] irewo：来了。ire 来；-wo 完成体。

[8] loyise：落。loyi 落；-se 从比格。

[9] papalazhi：爬着。papala 爬；-zhi 并列副动词。

[10] dawazhi：过。dawa 过；-zhi 并列副动词。

[11] niuzho：藏。niu 藏；-zho 继续体。

[12] lachinni：叶子。lachin 叶子；-ni 领宾格。

[13] danlagvazho：当作。danlagva 当作；-zho 继续体。

[14] loyizhi：落。loyi 落；-zhi 并列副动词。

[15] saozho：坐。sao 坐；-zho 继续体。

[16] moronde：河里。moron 河；-de 与位格。

[17] unbazhi：游。unba 游；-zhi 并列副动词。

[18] yenzide：院子。yenzi 院子；-de 与位格。

[19] chanlawo：看见了。chanla 看见；-wo 完成体。

[20] kieliene：说。kielie 说；-ne 未完成体。

[21] bijiende：我们。bijien 我们；-de 与位格。

[22] bijienni：我们。bijien 我们；-ni 领宾格。

[23] nanfande：南方。nanfan 南方；-de 与位格。

[24] giezho：做。gie 做；-zho 继续体。

76. Odun Gie
（冬眠）

Kuiqiencha kuruse chasun baozhi irewo. Ga taolei bagvani uruzhi
冬天　　 到时　 雪　　 下着　 来了　小　兔子　 把青蛙　 叫着

nadune giezho, bagva hhunturazhi ese xiereiwo. Ga taolei puse
玩　　 做　　 青蛙　 睡着　　　 没　醒了　 小　 兔子　 再

mogveini uruzhi nadune giezho, mogvei ye hhunturazhi ese
把蛇　　 叫着　 玩　　 做　　 蛇　 也　 睡着　　　 没

xiereiwo. Ga taolei puse nogveini uruzhi nadune giezho, nogvei
醒了　 小　 兔子　 又　 把狗　 叫着　 玩　　 做　　 狗

ye hhunturazho, nie uruse xiereiwo. Ga taolei nogveide kieliezho:
也　 睡着　　　 一　叫时　 醒了　 小　 兔子　 向狗　　 说

"Bagva mogvei ghualani gonjie fuguwo." Nogvei kieliezho: "Hhelani
青蛙　 蛇　 两个　 冻　 死了　 狗　　 说　　 它们

gonjiezhi ese fuguzho, kuiqienchade odun giezho, chunqien
冻着　　 没 死　　 冬天里　　 冬眠 做　　 春天

kuruse xiereine."
到时　 醒

冬　　眠

　　冬天到了，开始下雪了。小兔子去找青蛙玩，青蛙睡着了，叫不醒它。小兔子又去找小蛇玩，小蛇也睡着了，叫不醒它。小兔子又去找小狗玩，小狗也睡着了，一叫它，它就醒来了。小兔子告诉小狗说："青蛙和小蛇被冻死了。"小狗说："他们没有被冻死，它们是在冬眠，到了春天才会醒来。"

【注释】

[1] kuruse：到时。kuru 到；-se 从比格。

[2] irewo：来了。ire 来；-wo 完成体。

[3] bagvani：青蛙。bagva 青蛙；-ni 领宾格。

[4] uruzhi：叫着。uru 叫；-zhi 并列副动词。

[5] giezho：做。gie 做；-zho 继续体。

[6] hhunturazhi：睡着。hhuntura 睡；-zhi 并列副动词。

[7] xiereiwo：醒了。xierei 醒；-wo 完成体。

[8] mogveini：蛇。mogvei 蛇；-ni 领宾格。

[9] nogveini：狗。nogvei 狗；-ni 领宾格。

[10] hhunturazho：睡着。hhuntura 睡；-zho 继续体。

[11] uruse：叫。uru 叫；-se 从比格。

[12] nogveide：狗。nogvei 狗；-de 与位格。

[13] kieliezho：说。kielie 说；-zho 继续体。

[14] hhelani：它们。hhela 它们；-ni 领宾格。

[15] ghualani：两个。ghuala 两个；-ni 领宾格。

[16] fuguwo：死了。fugu 死；-wo 完成体。

[17] gonjiezhi：冻着。gonjie 冻；-zhi 并列副动词。

[18] fuguzho：死。fugu 死；-zho 继续体。

[19] kuiqiencha：冬天里。kuiqiencha 冬天；-de 与位格。

[20] xiereine：醒。xierei 醒；-ne 未完成体。

77. Onhui Uzheku
（观看文艺晚会）

Bi、 Abudu、 Yousufu ghurala nie xieyide jienyinyende onhui
我 阿卜杜 尤素夫 三个人 一 晚上 电影院里 晚会
uzhele echiwo. Echi nie uzhese, uzhele ireku kunla olon hin wo.
看 去了 去 一 看时 来看 来的 人们 多 非常
Niechashi xitai jiere jiemu yenjile qiyiwo. Lienjizhi giedun
一会儿 戏台 上面 节目 演 开始了 连着 几个
jiemu yenjiwo. Bijien uzhese yama gao wiwo. Ingiekude nie
节目 演了 我们 看时 什么 好 没有 这时 一
dolan oluchin ga oqin zaji yenji qiyiwo, shigharane kaigvadene
七岁 成 小 女孩 杂技 演 开始了 把腿 打开着
nie tunzide oro yane khizhene, yenjisen gao hinwo. Uzhesen
一 桶子里 进 又 出来 演得 好 非常 看的
kunla bayasizhi kha paiyizho.
人们 高兴着 手 鼓掌

观看文艺晚会

有一天晚上，我和阿卡都、尤素夫三人到电影院去看文艺晚会，来看文艺晚会的人很多。不一会儿，文艺演出开始了。连续看了好几个节目后，我们觉得这些节目一点儿也不好看。这时，一个七岁的小姑娘开始演杂技了，她叉开双腿，腿和头同时钻进筒子里，又从筒子里钻出来，表演得非常精彩，来观看晚会的人们给她的表演报以热烈的掌声。

【注释】

[1] xieyide：晚上。xieyi 晚上；-de 与位格。

[2] jienyinyende：电影院里。jienyinyen 电影院；-de 与位格。

〔3〕uzhele：看。uzhe 看；-le 目的副动词。

〔4〕echiwo：去了。echi 去；-wo 完成体。

〔5〕uzhese：看时。uzhe 看；-se 从比格。

〔6〕ireku：来的。ir 来；-ku 将来时形动词。

〔7〕yenjile：演。yenji 演；-le 目的副动词。

〔8〕qiyiwo：开始了。qiyi 开始；-wo 完成体。

〔9〕lienjizhi：连着。lienji 连着；-zhi 并列副动词。

〔10〕yenjiwo：演了。yenji 演；-wo 完成体。

〔11〕uzhese：看。uzhe 看；-se 从比格。

〔12〕ingiekude：这时候。ingie 这；-ku 将来时形动词；-de 与位格。

〔13〕shigharane：把腿子。shighara 腿子；-ne 未完成体。

〔14〕kaigvadene：打开着。kaigva 打开；-dene 分离副动词。

〔15〕tunzide：桶子里。tunzi 桶子；-de 与位格。

〔16〕khizhene：出来。khizhe 出来；-ne 未完成体。

〔17〕yenjisen：演得。yenji 演；-sen 过去时形动词。

〔18〕uzhesen：看的。uzhe 看；-sen 过去时形动词。

〔19〕bayasizhi：高兴着。bayasi 高兴；-zhi 并列副动词。

〔20〕paiyizho：拍掌。paiyi 拍（手）；-zho 继续体。

78. Oqiao Nieneide Banman Gieku
（帮助老奶奶）

Agvinde nie bashi oluku nieneigiewo, hhende kewosi wiwo.
村里 一 八十 成 奶奶 她 孩子 没有

Isimaerli、 Shemusu、 Selime、Sumu enela shanlian giezhi oqiao
伊斯玛尔力 舍木苏 色力麦 苏木 他们 商量 做 老

nieneide banman giene. Niuduni xiexiao tagvase, hhela
奶奶 帮忙 做 每天 学校 放学时 他们

nieneigieni giede echizho, Isimaerli usu qilazhi ogizho;
奶奶 家里 去 伊斯玛尔力 水 提着 给

Shemusu muzha ghaghaluzhi ogizho; Selime jien wagvazhi
舍木苏 木头 劈着 给 色力麦 衣服 洗着

ogizho; Sumu gie shidolozhi ogizho. Hhela binie giezhi yawulase,
给 苏木 家 收拾 给 他们 毕业 做 走时

Hhamede、Zhemali、Meyen、Axiye enela puse oqiao nieneigiede
哈麦得 者麻力 麦艳 阿西也 他们 又 老 给奶奶

banman giezho. Oqiao nieneigie bayasizhi kunlani chanlase
帮忙 做 老 奶奶 高兴着 人们 见时

kieliene: "Made sunzi olon nowo, made hhela nie niesene
说 我有 孙子 多 非常 对我 他们 一个 比一个

gaowo."
好

帮助老奶奶

　　村里有个八十岁的老奶奶，她无儿无女。伊斯玛尔力、舍木苏、色力麦、苏木商量着要帮助老奶奶。每天放学后，伊斯玛尔力替奶奶挑水；舍木苏帮奶奶劈柴；色力麦给奶奶洗衣服；苏木给奶奶收拾房间。他们毕业后，哈麦得、者麻力、麦艳、阿西也他们几个接着帮助老奶奶。老奶奶高兴得见人就说："我有很多孙子，他们一个比一个好。”

【注释】

[1] agvinde：村里。agvin 村子；-de 与位格。

[2] nieneigiewo：奶奶。nieneigie 老太婆；-wo 完成体。

[3] nieneide：奶奶。nienei 奶奶；-de 与位格。

[4] giene：做。gie 做；-ne 未完成体。

[5] niuduni：每天。niudu 一天；-ni 领宾格。

[6] tagvase：放学时。tagva 放学；-se 从比格。

[7] echizho：去。echi 去；-zho 继续体。

[8] qilazhi：提着。qila 提；-zhi 并列副动词。

[9] ogizho：给。ogi 给；-zho 继续体。

[10] ghaghalzhi：劈着。ghaghalu 劈；-zhi 并列副动词。

[11] wagvazhi：洗着。wagva 洗；-zhi 并列副动词。

[12] shidolozhi：收拾。shidolo 收拾；-zhi 并列副动词。

[13] yawulase：走时。yawula 走；-se 从比格。

[14] bayasizhi：高兴着。bayasi 高兴；-zhi 并列副动词。

[15] kunlani：人们。kunla 人们；-ni 领宾格。

[16] chanlase：见时。chanla 见；-se 从比格。

[17] kieliene：说。kielie 说；-ne 未完成体。

[18] gaowo：好。gao 好；-wo 完成体。

79. Pinho Ijieku
（吃平伙）

Dunxian kun pinho ijiekude hherei nowo, ghura bao、 xiendase
东乡　　人　平伙　吃时　　热　非常　雨　下　　　闲时

ghoni nie zharuse, zhao pinho ijiechin kunzhe guzi egvine,
羊　　一　宰时　　按照　平伙　吃的人　人着　股子　分

niekunde iguwo, goye goyegvunne ijiene. Niudude, maomao
每个人　　一股　自己　把自己的　　吃　有一天　毛毛

ghura baole qiyiwo, mini ada mini uduruzhi Yousufu abeini
雨　　下　开始了　我的　爸爸　把我　带着　尤素福　阿伯

giede pinho ijiele echiwo. Yousufu abei nie shenyan ghoniyi
家里　平伙　去吃　去了　尤素福　阿伯　一　公羊　　羊

onshizhi zharuwo. Arasunni choyi sudorodukulani agidene hulun
念着　　宰了　　把羊皮　剥　　里面的　　拿出　全

ghoniyi fugie tughonde chinawo. Ghoni zhugve、 ganzi、 pafei、
羊　　大　锅里　煮了　羊　心　肝子　肺

feichan、 ghuzhun jieredu migvalani man doyizhi ushalagva fazi
肠子　脖子　上面　肉等　都　剁着　使……碎　发子

giene. Fazini igvalade nie igva nie igvaji taidene lunchonde
做呢　发子　碗里　一　碗　一　碗的　放着　蒸笼里

zhinliewo. Pinho ijiele iresen kunla man huai jiere saodene
蒸了　平伙　吃　来的　人们　都　炕　上面　坐着

onzide sanxiancha ochizho, jian giezhi bolusen konshinni ijiezho,
碗子里　三香茶　喝着　刚　做着　熟的　油香　吃着

enese hhenseji kieliechilienduzho. Niecha shi fazi boluwo, ganda
这里　那里　说着聊天　一会儿　是　发子　熟了　小大

laoxiaoji donjizhi ogiwo. Fazini ijiese andatu nowo! Puse
老小　端着　给了　发子　吃时　香　非常　再

niecha baise, migva boluwo, Yousufu abei hulun ghoniyi
一会　过时　羊肉　熟了　尤素福　阿辈　全　羊

donjizhi　ge　doura　irewo.　Hulun　ghoniyi　qienjien、houjien、beizi、
端着　　房二　旦面　来了　全　　羊　　　前腿　　后腿　　背子

xincha、leita、xienji　otoluzhi　kaiyigvane,　ingie　hhelani　niekielienj
胸叉　　肋条　尾巴　割着　　　开呢　　　然后　把它们　一样

guzi　egvine,　guzilade　ghoniyi　hunshinni　migva　waine.
股子　打分　　每股　　羊的　　　全身　　　肉　　有

吃　平　伙

东乡人喜欢吃平伙，每当阴雨天或农闲时就宰一只羊，按吃平伙的人数打成股子，每人一股，各吃各的一股。有一天，下起了毛毛雨，我的爸爸带着我到尤素福伯伯家吃平伙。尤素福伯伯宰了一只羯羊，剥掉羊皮，去掉内脏之后，把全羊煮到大锅里。伯伯把羊的心、肺、肝、肠以及脖子上的肉，一起剁碎做成"发子"，把发子分别放到许多碗中，拿到蒸笼上去蒸。来吃平伙的人都坐到炕上，喝着盖碗茶，吃着刚出锅的油香，海阔天空地聊天。一会儿，发子蒸熟了，按老幼长序端给大家。发子吃起来真香！又过了一会儿，羊肉熟了，尤素福伯伯把煮熟的整只羊端到房中，再把整只羊按前腿、后腿、背子、胸叉、肋条、尾巴剁成数量相同的份子，每一份平伙里羊身上每个部位的肉都有。

【注释】

[1] ijiekude：吃的。ijie 吃；-ku 将来时形动词；-de 与位格。

[2] xiendase：闲时。xienda 闲；-se 从比格。

[3] zharuse：宰时。zharu 宰；-se 从比格。

[4] ijiechin：吃的人。ijie 吃；-chin 现在时形动词。

[5] egvine：分。egvi 分；-ne 未完成体。

[6] iguwo：一股。igu 一股；-wo 完成体。

[7] ijiene：吃。ijie 吃；-ne 未完成体。

[8] baole：下。bao 下；-le 目的副动词。

[9] qiyiwo：开始了。qiyi 开始；-wo 完成体。

[10] uduruzhi：带着。uduru 领；-zhi 并列副动词。

[11] abeini：阿伯。abei 阿伯；-ni 领宾格。

[12] ijiele：去吃。ijie 吃；-le 目的副动词。

［13］echiwo：去了。echi 去；-wo 完成体。

［14］onshizhi：念着。onshi 念；-zhi 并列副动词。

［15］zharuwo：宰了。zharu 宰；-wo 完成体。

［16］arasunni：把羊皮。arasun 羊皮；-ni 领宾格。

［17］agidene：拿出。agi 拿出；-dene 分离副动词。

［18］tughonde：锅里。tughon 锅；-de 与位格。

［19］chinawo：煮了。china 煮；-wo 完成体。

［20］doyizhi：剁着。doyi 躲；-zhi 并列副动词。

［21］ushalagva：使……碎。ushala 碎；-gva 使动态。

［22］giene：做呢。gie 做；-ne 未完成体。

［23］fazini：发子。fazi 发子；-ni 领宾格。

［24］igvalade：碗里。igva 碗；-de 与位格。

［25］taidene：放着。tai 放；-dene 分离副动词。

［26］lunchonde：蒸笼里。lunchon 蒸笼；-de 与位格。

［27］zhinliewo：蒸了。zhinlie 蒸；-wo 完成体。

［28］iresen：来的。ire 来；-sen 过去时形动词。

［29］saodene：坐着。sao 坐；-dene 分离副动词。

［30］onzide：碗子里。onzi 碗子；-de 与位格。

［31］ochizho：喝着。ochi 喝；-zho 继续体。

［32］bolusen：熟的。bolu 熟；-sen 过去时形动词。

［33］konshinni：油香。konshin 油香；-ni 领宾格。

［34］donjizhi：端着。donji 端；-zhi 并列副动词。

［35］irewo：来了。ire 来；-wo 完成体。

［36］otoluzhi：割着。otolu 割；-zhi 并列副动词。

［37］kaiyigvane：开呢。kaiyi 开；-gva 使动态；-ne 未完成体。

［38］egvine：打份。egvi 打；-ne 未完成体。

［39］guzilade：每股。guzi 股子；-de 与位格。

［40］waine：有。wai 有；-ne 未完成体。

80. Puzha
（挑豆子）

Bijien gieedu kunla puzha egvizhiwo. Ajieni nie baqighala
我们 家里 人们 豆子 打着 我姐 一 用簸箕

puzha baqiliezhiwo. Puzhala man ghoghoreizhi ghadane khizhi
豆子 筛豆子 豆子 都 滚着 外面 出来

irezhiwo. Bi dundeidene qianguzhi baqide taiyizhiwo.
来了 我 蹲下来 捡着 簸箕里 放了

挑 豆 子

我们一家人都在挑豆子，我姐用簸箕筛豆子，不小心都把豆子弄洒了，我又把豆子捡到簸箕里。

【注释】

[1] egvizhiwo：打着。egvi 打；-zhi 并列副动词；-wo 完成体。

[2] baqighala：用簸箕。baqi 簸箕；-ghala 凭借格。

[3] baqiliezhiwo：筛豆子。baqilie 筛；-zhi 并列副动词；-wo 完成体。

[4] ghoghoreizhi：滚着。ghoghorei 滚；-zhi 并列副动词。

[5] irezhiwo：来了。ire 来；-zhi 并列副动词；-wo 完成体。

[6] dundeidene：蹲下来。dundei 蹲；-dene 分离副动词。

[7] qianguzhi：捡着。qiangu 捡；-zhi 并列副动词。

[8] baqide：簸箕里。baqi 簸箕；-de 与位格。

[9] taiyizhiwo：放了。taiyi 放；-zhi 并列副动词；-wo 完成体。

81. Qiao
（桥）

Nuhher、 Younusi、 Ayinshe、 Hhalime enela hhantu shu onshile
奴黑　　 尤奴斯　 阿英舍　 哈力麦　 他们　 一起　 书　 念

echizho, chanban tashi jierese yawuzhi nie ghon dawane. Nie
去着　　 经常　 石头　 上面　 走着　 一 沟 过去呢 一

magvade ghonni tashini usu tao echizho. Ene xieshinla ususe dawa
早晨里　 沟里的 石头　 水 冲 去了 这 学生们 从水里 过

dazho. Nuhher nie banfa simulasenu kieliene: "Manugvun tashi
不去 奴黑 一个 办法 想后 说 我们 石头

ezegven qieruzhi iresenu tashi jierese dawa ye." Tashini qieruzhi ire
一些 抱着 来着 石头 上面 过去 把石头 抱着 来

taidene nie niene khase bareidene dawawo. Fugie kunla chanladene
放着 一个一个的 从手 抓着 过去了 大 人们 看见后

kieliezho: " Matan ene ghon jiere nie qiao dayiye, kewosila onshile
说 我们 这个沟 上面 一 桥 搭上 孩子们 上学

echise fanbienwo." Ingie ashigvala man mutun、sugie、qirouji
去时 方便 然后 大家 一起 树 斧头 锯子都

agizhe qiao dayile qiyiwo. Giedudu shi qiaoni dayizhi
拿来着 桥 搭 开始了 几天 是 把桥 搭着

khizhegvawo. Kewosila bayasizhi shu onshile echizho.
出来了 孩子们 高兴着 书 念 去了

桥

　　奴黑、尤奴斯、阿英舍、哈力麦他们几个一同去上学，经常要踩着石头过一条沟。一天早晨，沟里的石头被水冲走了。这些学生过不了这条沟，奴黑想出了一个办法，说："我们搬些石头来，踩着石头过去。"抱来石头后，他们手牵手过了这条沟。大人们见了都说："我们在这条沟上修一座桥，孩子们上学就方便多了。"于是，大家拿来了木料、斧子、锯子等，开始修桥。过了几天，桥修好了。孩子们高高兴兴地去上学。

【注释】

[1] onshile：去。onshi 念；-le 目的副动词。

[2] echizho：去着。echi 去；-zho 继续体。

[3] jierese：上面。jiere 上面；-se 从比格。

[4] yawuzhi：走着。yawu 走；-zhi 并列副动词。

[5] dawane：过去呢。dawa 过去；-ne 未完成体。

[6] ghonni：沟里的。ghon 沟；-ni 领宾格。

[7] tashini：石头。tashi 石头；-ni 领宾格。

[8] echizho：去了。echi 去；-zho 继续体。

[9] ususe：从水里。usu 水；-se 从比格。

[10] simulase：想后。simula 想；-senu 让步副动词。

[11] kieliene：说。kielie 说；-ne 未完成体。

[12] qieruzhi：抱着。qieru 抱；-zhi 并列副动词。

[13] iresenu：来着。ire 来；-senu 让步副动词。

[14] tashini：把石头。tashi 石头；-ni 领宾格。

[15] taidene：放着。tai 放；-dene 分离副动词。

[16] khase：从手。kha 手；-se 从比格。

[17] bareiden：抓着。barei 抓；-dene 分离副动词。

[18] dawawo：过去了。dawa 过去；-wo 完成体。

[19] chanladene：看见后。chanla 看见；-dene 分离副动词。

[20] echise：去时。echi 去；-se 从比格。

[21] fanbienwo：方便。fanbien 方便；-wo 完成体。

[22] dayile：搭。dayi 搭；-le 联合格。

[23] qiyiwo：开始了。qiyi 开始。-wo 陈述式。

[24] qiaoni：把桥。qiao 桥。-ni 领宾格。

[25] dayizhi：搭着。dayi 搭；-zhi 并列副动词。

[26] khizhegwo：出来了。khizhe 出来；-gva 使动态；-wo 完成体。

[27] kewosila：孩子们。kewosi 孩子；-la 复数形式。

[28] bayasizhi：高兴着。bayasi 高兴；-zhi 并列副动词。

82. Qiaoqiaoban
（跷跷板）

Mane　Yousufu　ghuala　qiaoqiaoban　naduzho.　Mane　　Yousufuse
麻乃　　尤素夫　　两个　　　跷跷板　　　玩着　　　麻乃　　　比尤素夫

gongienwo,　hheni　daruzhi　baogvadane.　Mane　　nie　　tashini
轻　　　　把他　　压着　　　下不去　　　麻乃　　一　　把石头

qieruzhi　ire　darugvazho,　ingie　ghuala　nadule　qiyiwo.　Tashi
抱着　　　来　　使……压　　然后　　两个人　　玩　　开始了　　石头

anda　baowo.　Maneyi　nie　banjise　saodene　wila　qiyiwo.　Yousufu
掉　　下去了　　把麻乃　一　　摔倒时　　坐着　　哭　　开始了　　尤素夫

puse　Manede　nie　ga　nogveini　qierugva　ghuala　nadule　qiyiwo.
又　　给麻乃　一　小　　狗　　　让抱　　两个人　　玩　　开始了

Mane　nogveini　qierudene　enemendewo.　Yousufu　hhemendewo.
麻乃　　把狗　　抱着　　　在这边　　　尤素夫　　在那边

ghuala　naduzhi　bayasizho.
两个人　玩着　　高兴

跷　跷　板

　　麻乃和尤素夫玩跷跷板，麻乃比尤素夫轻，压不起来他。麻乃搬来了一块石头放在跷跷板上，两人可以玩了。石头滚下去了。麻乃摔了一跤，他哭了。尤素夫让麻乃抱着小狗坐在跷跷板上，他们又开始玩了。麻乃抱着小狗在一头，尤素夫在另一头，两人玩得很开心。

【注释】

[1] naduzho：玩着。nadu 玩；-zho 继续体。

[2] Yousufuse：比尤素夫。Yousufu 尤素夫；-se 从比格。

[3] gongienwo：轻。gongien 轻；-wo 陈述式。

〔4〕daruzhi：压着。daru 压；-zhi 并列副动词。

〔5〕tashini：扛石头。tashi 石头；-ni 领宾格。

〔6〕qieruzhi：抱着。qieru 抱；-zhi 并列副动词。

〔7〕darugvazho：使……压。daru 压；-gva 使动态；-zho 继续体。

〔8〕nadule：玩。nadu 玩；-le 联合格。

〔9〕qiyiwo：开始了。qiyi 开始；-wo 完成体。

〔10〕baowo：下云了。bao 下去；-wo 完成体。

〔11〕banjise：摔倒时。banji 摔倒；-se 条件副动词。

〔12〕saodene：坐着。sao 坐；-dene 分离副动词。

〔13〕Manede：给麻乃。Mane 麻乃；-de 与位格。

〔14〕nogveini：狗。nogvei 狗；-ni 领宾格。

〔15〕qierudene：抱着。qieru 抱；-dene 分离副动词。

〔16〕enemendewo：在这边。enemende 这边；-wo 陈述式。

〔17〕hhemendewo：在那边。hhemende 那边；-wo 陈述式。

〔18〕naduzhi：玩着。nadu 玩；-zhi 并列副动词。

〔19〕bayasizho：高兴。bayasi 高兴；-zho 继续体。

83. Qieganzi Zhun Maoyiku
（铁棒磨绣针）

Libai shi matanyi gojiani tanchao youminji shirinwo. Hhe mila
李白 是 我们 国家的 唐朝 有名的 诗人 他 小

xienzide shu onshile echiku mo jiere nie oqiao nieneigie
时候 书 念 去的 路 上 一个 老 太太

tashi jiere qieganzi maoyikuni chanlawo. Hhe khuaichuudu
石头 上 铁杆子 磨着 看见了 他 第二天

onshile echikude oqiao nieneigie qieganzini dao maoyizho.
上学 去时 老 太太 把铁杆子 还 磨着

Oqiao nieneigie qieganzini moyizhi yan giekuni hhe ulie
老 太太 把铁杆子 磨着 什么 做 他 不

mejiene? Lienjizhi giedudu dawase, hhe yawuzhi nieneigieni
知道 连着 几天 过去时 他 走着 老太太

shida echi asane: "Oqiao nienei, bi niuduni chanlase chi qieganzi
跟前 去 问 老 奶奶 我 每天 看见 你 铁杆子

maoyizho, hheni maoyizhi yan giene?" Oqiao nienei kieliene:
磨着 把它 磨着 什么 做 老 奶奶 说

"Kewon, bi nie chizhe gieku zhun zharune, bi eneni maoyizhi
孩子 我 一 花 做 针 用呢 我 把这个 磨着

chizhe gieku zhun gholugvane." Libaini ghaniragvawo, kieliene:
花 做 针 做成呢 李白 惊呆了 说

"Chiime biedun qieganzini yan xienzide maoyizhi zhun
那么 粗 铁杆子 什么 时候 磨着 针

gholugvane?" Oqiao nienei xinienxinien kieliene: "Yan wilie
变成呢 老 奶奶 笑着 说 什么 事情

gieliaozhe zhiyao gunfu xiayise, giezhi gaodagva daku wiwo, mini
做时 只要 功夫 下（功夫）时 做着 使好 不好 没有 我的

eneshi 'qieban mo xiuzhin, gun dao ziren chin.'" Ene nie
这个是 铁棒 磨 绣针, 功 到 自然 成 这个 一

wiliese	Libai	nie	jinyen	agiwo:	hhe	sumulase	oqiao	nienei	nie
事情上	李白	一个	经验	知道了	他	想时	老	奶奶	一

chizhe	gie	zhunde	oluzhi	odogvoni	gunfu	xiayizho,	bi	shu
花	做	针上	为了	这么多	功夫	用着	我	书

onshise	ye	iugiede	gunfu	xiayine,	nie	erlin	unduni	kun
念时	也	大的	功夫	用呢	一	知识	高的	人

gholune.	emei	khuinase,	hhe	eqie	bosine,	udazhi	kijiene,
变成	三	之后	他	早	起来	晚	睡

xiacha	giezhi	shu	onshizho.	Hhe	khuinashi	kuruse	tanchaoni
努力	做	书	念着	他	后来	到时	唐朝的

nie	youmirin	shirin	gholuwo.
一	有名的	诗人	成了

铁棒磨绣针

李白是我国古代著名的诗人。他小时候去上学的路上看见一个老奶奶在石头上磨一根铁棒。第二天去上学时，他看见老奶奶还在磨铁棒，他不知道老奶奶为什么这么做。连续好几天，老奶奶都在磨铁棒，他忍不住走到老奶奶跟前，问："老奶奶，我每天看见您在磨铁棒，您磨它有什么用呢？"老奶奶说："孩子，我需要一根绣花针，我想把它磨成绣花针。"李白大吃一惊："这么粗的铁棒，您什么时候才能把它磨成绣花针呢？"老奶奶笑了笑说："干什么事只要下功夫，就没有干不好的事，我这叫'铁棒磨绣针，功到自然成。'"这件事对李白触动很大。他想，老奶奶为一根绣花针肯下这么大的功夫，我在读书上也应该狠下功夫，做一个最有学问的人。从此，他起早贪黑努力读书，终于成了唐朝著名的诗人。

【注释】

[1] gojiani：国家的。gojia 国家；-ni 领宾格。

[2] shirinwo：诗人。shirin 诗人；-wo 陈述式。

[3] xienzide：时候。xienzi 时候；-de 与位格。

[4] maoyikuni：磨着。maoyi 磨；-ku 将来时形动词；-ni 领宾格。

[5] chanlawo：看见了。chanla 看见；-wo 完成体。

[6] onshile：上学。onshi 念；-le 目的副动词。

〔7〕maoyizho：磨着。maoyi 磨；-zho 继续体。

〔8〕moyizhi：磨着。maoyi 磨；-zhi 并列副动词。

〔9〕giekuni：做。gie 做；-ku 将来时形动词：-ni 领宾格。

〔10〕dawase：过去时。dawa 过去；-se 条件副动词。

〔11〕asane：问。asa 问；-ne 未完成体。

〔12〕niuduni：每天。niudu 一天；-ni 领宾格。

〔13〕chanlase：看见。chanla 看见；-se 条件副动词。

〔14〕giene：做。gie 做；-ne 未完成体。

〔15〕kieliene：说。kielie 说；-ne 未完成体。

〔16〕zharune：用呢。zharu 用；-ne 未完成体。

〔17〕gholugvane：做成呢。gholu 变成；-gva 使动态：-ne 未完成体。

〔18〕ghaniragvawo：惊呆了。ghanira 惊呆；-gva 使动态：-wo 陈述式。

〔19〕xiayise：下（功夫）时。xiayi 下（功夫）；-se 条件副动词。

〔20〕giezhi：做着。gie 做；-zhi 并列副动词。

〔21〕gaodagva：使好。gaoda 好；-gva 使动态。

〔22〕wiliese：事情上。wilie 事情；-se 从比格。

〔23〕agiwo：知道了。agi 知道；-wo 完成体。

〔24〕sumulase：想时。sumula 想；-se 条件副动词。

〔25〕zhunde：针上。zhun 针；-de 与位格。

〔26〕xiayizho：用着。xiayi 用；-zho 继续体。

〔27〕onshise：念时。onshi 念；-se 条件副动词。

〔28〕fugiede：大的。fugie 大；-de 与位格。

〔29〕unduni：高的。undu 高；-ni 领宾格。

〔30〕khuinase：之后。khuina 后面；-se 从比格。

〔31〕onshizho：念着。onshi 念；-zho 继续体。

〔32〕tanchaoni：唐朝的。tanchao 唐朝；-ni 领宾格。

〔33〕gholuwo：成了。gholu 变成；-wo 完成体。

84. Qienni Ijieku
（吃甜食）

Tailihha ga xienzide chanban qienni ijiezho. Fugiedale qiyise
特里哈 小 时候 经常 甜的 在吃 长大时 开始

shidunni otuzhi wilazho. Anani asane: "Chi yan giezhi wilazho?"
牙齿 疼着 在哭 妈妈 问： 你 什么 做着 哭呢

Tailihha kieliezho: "Miyi shidun otuzhi alane." anani amandeni nie
特里哈 说 我的 牙齿 疼 死了 妈妈 在嘴里 一

uzhese, shidunyini ghugvei ijiezho. Adani kieliezho: "Eneshi chi
看时 牙齿被 虫子 在吃 爸爸 说 这是 你

chanban cienni ijiesen gendun." Niefade dosini nie yantan ogise
经常 甜的 吃的 原因 有一次 朋友 一 糖 给时

tailihha ese ijiedene kieliezho: "Yantanni olon buijie, olon ijiese
特里哈 没有 吃之后 说 糖 多 别吃 多 吃时

shidun otune."
牙齿 疼呢

吃　甜　食

　　特里哈小时候经常吃甜食，长大以后，她牙齿疼得哭起来。她妈妈问她："你为什么哭啊？"特里哈说："我牙疼得受不了。"她妈妈往她嘴里一看，牙齿都成了蛀牙。她爸爸说："这是你经常吃甜食的缘故。"有一次特里哈的好朋友给她糖吃，她没要，反而说："不要多吃糖，吃得太多了会牙疼。"

【注释】

［1］xienzide：时候。xienzi 时候；-de 与位格。

［2］qienni：甜的。qien 甜；-ni 领宾格。

［3］ijiezho：在吃。ijie 吃；-zho 继续体。

〔4〕fugiedale：长大时。fugieda 长大；-le 联合格。

〔5〕qiyise：开始。qiyi 开始；-se 条件副动词。

〔6〕shidunni：牙齿。shidun 牙齿；-ni 领宾格。

〔7〕otuzhi：疼着。otu 疼；-zhi 并列副动词。

〔8〕wilazho：在哭。wila 哭；-zho 继续体。

〔9〕asane：问。asa 问；-ne 未完成体。

〔10〕giezhi：做着。gie 做；-zhi 并列副动词。

〔11〕kieliezho：说。kielie 说；-zho 继续体。

〔12〕alane：死了，ala 死；-ne 未完成体。

〔13〕amandeni：在嘴里。amande 嘴里；-ni 领宾格。

〔14〕uzhese：看时。uzhe 看；-se 条件副动词。

〔15〕shidunyini：牙齿被。shidun 牙齿；-ni 领宾格。

〔16〕ijiezho：在吃。ijie 吃；-zho 继续体。

〔17〕ijiesen：吃的。ijie 吃；-sen 过去时形动词。

〔18〕dosini：朋友。dosi 朋友；-ni 领宾格。

〔19〕ogise：给时。ogi 给；-se 从比格。

〔20〕ijiedene：吃之后。ijie 吃；-dene 分离副动词。

〔21〕yantanni：糖。yantan 糖；-ni 领宾格。

〔22〕ijiese：吃时。ijie 吃；-se 条件副动词。

〔23〕otune：疼呢。otu 疼；-ne 未完成体。

85. Shabao Naduku
（丢沙包）

Xiakegiewo. Bijien giedun oqinla hhantu shabao nadune
下课了 我们 几个 女生 一起 沙包 玩

giezho. Bijien lianban ghugvawo. Niemende jieron kunwo.
准备做 我们 组 分了 一边 四个 人

Bijienni niemen xien hao dunda baizho. Hhelani niemende
我们 一边 线 号 中间 站着 他们的 一面有

ghua kun baisenu shabaoyi bijienni jiere biindazho. Shabao
两个 人 站后 把沙包 往我们 上 扔 沙包

musireizhi rese, bijienni jiere naokuse ayizhi enemen hhenmenji
飞 来时 我们 身上 砸到 害怕 这边 那边

holuzho. Bijien ye holuse, hhela ye biindasen ghujinwo.
跑 我们 越 跑时 他们 越 扔的 快了

Khuinashi kuruse, bi nie mejie dase miyi jiere naogvawo.
后来 到时 我 一 知道 不 我的 身上 砸到了

Hhela bayasizhi "ye!" giezhi waradazho. Ingiekude shanke linzi
他们 高兴 耶 这样 叫喊 这时候 上课 铃

tunguliewo.
响了

丢 沙 包

下课了，我们几个女同学准备一起丢沙包。我们分成了两组，每组有四个人。我们组首先走进画好的线圈内，他们组在我们前后各站了两人，从线圈外用沙包向我们攻击。沙包向我们飞来时，我们怕被击中，左右躲闪。我们躲得越快，他们攻击得越厉害。后来，我一不小心被打中了，他们高兴地连声喊："ye!"正在这时，上课铃响了。

【注释】

[1] xiakegiewo：下课了。xiake 下课；-gie 祈使式；-wo 完成体。

[2] nadune：玩。nadu 玩；-ne 未完成体。

[3] giezho：准备做。gie 做；-zho 继续体。

[4] ghugvawo：分了。ghugva 分；-wo 完成体。

[5] kunwo：人。kun 人；-wo 陈述式。

[6] bijienni：我们。bijien 我们；-ni 领宾格。

[7] baizho：站着。bai 站；-zho 继续体。

[8] hhelani：他们的。hhela 他们；-ni 领宾格。

[9] baisenu：站后。bai 站；-senu 让步副动词。

[10] biindazho：扔。biinda 扔；-zho 继续体。

[11] musireizhi：飞。musirei 飞；-zhi 并列副动词。

[12] naokuse：砸到。nao 砸；-ku 将来时形动词；-se 条件副动词。

[13] ayizhi：害怕。ayi 害怕；-zhi 并列副动词。

[14] holuzho：跑。holu 跑；-zho 继续体。

[15] holuse：跑时，holu 跑；-se 条件副动词。

[16] biindasen：扔得。biinda 扔；-sen 过去时形动词。

[17] ghujinwo：快了。ghujin 快；-wo 陈述式。

[18] kuruse：到时。kuru 到；-se 条件副动词。

[19] naogvawo：砸到了。naogva 砸到；-wo 完成体。

[20] bayasizhi：高兴。bayasi 高兴；-zhi 并列副动词。

[21] waradazho：叫喊。warada 叫喊；-zho 继续体。

[22] ingiekude：这时候。ingie 这；-ku 将来时形动词；-de 与位格。

[23] tunguliewo：响了。tungulie 响；-wo 完成体。

86. Shengechou Naduku
（荡秋千）

Ayinshe	giedene	nie	shengechou	banla	naduzho.	Ezegven
阿英舍	家里	一个	秋千	绑了	玩着	一些

kewosila	nadule	irewo.	Ayinshe	nadugvaku	duran	wiwo.
小伙伴们	玩	来了	阿英舍	玩的	意愿	没有

Kewosila	man	shabao	nadule	echiwo.	Ayinshe	niezhegven	niechta
小伙伴们	全部	沙包	玩	去了	阿英舍	一个人	一会儿

naduse	naduku	duran	widawo.	Hhe	ye	kewosila	dunda	shabao
玩时	玩的	意愿	没有了	她	也	小伙伴们	中间	沙包

nadule	echiwo.	Ashigvala	man	shabao	naduzho.	Niechashi
玩	去了	大家	都	沙包	玩着	一会儿

Ayinshe	kewosilani	uduruzhi	giedene	shengechou	nadule	irewo.
阿英舍	把伙伴们	带着	家里	秋千	玩	来了

荡 秋 千

　　阿英舍家里给她拴了个秋千。她在玩秋千，小伙伴们也来玩，阿英舍不愿意让他们玩。小伙伴们都去玩沙包了，阿英舍一个人荡着荡着秋千感到没意思了，也去玩沙包，小伙伴们接纳了她，她和小伙伴们一起玩沙包。玩了一会儿，阿英舍领着小伙伴们来她家荡秋千。

【注释】

[1] giedene：家里。gie 家；-dene 分离副动词。

[2] naduzho：玩着。nadu 玩；-zho 继续体。

[3] irewo：来了。ire 来；-wo 完成体。

[4] nadugvaku：玩的。nadu 玩；-gva 使动态；-ku 将来时形动词。

〔5〕naduse：玩时。nadu 玩；-se 条件副动词。

〔6〕widawo：没有了。wida 没有；-wo 完成体。

〔7〕kewosilani：把伙伴们。kewosila 伙伴们；-ni 领宾格。

〔8〕uduruzhi：带着。uduru 带领；-zhi 并列副动词。

87. Shini Bierei Naduku
（闹洞房）

Enedu min ɛgade nie shini bierei agizhi irewo. Khara oluse
今天　我把　哥哥　一个　新娘　娶　来了　黑夜　到了

iban fugiedasen kewonla shini bierei naoyile irewo. Shini bierei
一帮　长大的　孩子们　新娘　闹　来了　新娘子

huai gozide saozho. Hhela nie zhintouni qianlazhi iresenu shiri
炕　角落里　坐着　他们　一个　枕头　抢着　过来　新

biereini egvine giezhi ayigvazho. Iban ga oqinla huai jiere
娘子　打　打算　吓唬　一帮　小　女孩　炕　上面

baidene shini biereini huyizhi ese egvigvazho. Niecha oluse
站着　新娘子　护着　没有　让……打　一会儿　到了

hhela agayimi layizhi gie doura ire kieliezho: "Shini biereine
他们　把哥哥　拉着　房子　里面　来　说　新娘子

nie uzhegva, puse bijien chini egvine." Ingiese agami huai jiere
一　看　不然　我们　把你　打　于是　我哥哥　炕　上面

jiaolizhi khidene shini biereine qierun jiereku shajinni liaoyizhi
跳　上去　新娘子　头　上面的　纱巾　撩起来

dawagvawo. Shini biereini qierun jiere chizhe chayizho, nuni
使……没有了　新娘子　头　上面花　插着　脸

chichigvani, ghua fugie nudun, uzhezhi saigvan hin wo. Kunla
白白的　两只　大的　眼睛　看着　漂亮　非常　人们

kieliezho: "Abuduni amin fugie wo, nie hin bierei agiwo."
说　阿卜杜　命　大得很　一　好　媳妇　娶了

闹　洞　房

今天，我哥把新娘子娶进门了。到了晚上，一群小伙子来闹洞房。新娘坐在炕
旮旯里，小伙子们假装用枕头打新娘，一群小女孩在炕上保护新娘，不让小伙子们

打着她。过了一会儿，他们把哥哥拉到新房里说："让我们看看你的新娘子，不然，我们就打你。"于是，哥哥跳到炕上把新娘头上的纱巾揭开了。新娘头上插着鲜艳的花，她脸白白的，一双大眼睛，看起来非常漂亮。人们赞不绝口地说："阿卡都真幸运，娶了个漂亮媳妇！"

【注释】

[1] agizhi：娶。agi 娶；-zhi 并列副动词。

[2] irewo：来了。ire 来；-wo 完成体。

[3] fugiedasen：长大的。fugieda 长大的；-sen 过去时形动词。

[4] naoyile：闹。naoyi 闹；-le 目的副动词。

[5] saozho：坐着。sao 坐；-zho 继续体。

[6] zhintouni：枕头。zhintou 枕头；-ni 领宾格。

[7] qianlazhi：抢着。qianla 抢；-zhi 并列副动词。

[8] iresenu：过来。ire 来；-senu 让步副动词。

[9] egvine：打。egvi 打；-ne 未完成体。

[10] ayigvazho：吓唬。ayi 害怕；-gva 使动态；-zho 继续体。

[11] baidene：站着。bai 站；-dene 分离副动词。

[12] huyizhi：护着。huyi 保护；-zhi 并列副动词。

[13] egvigvazho：让……打。egvi 打；-gva 使动态；-zho 继续体。

[14] layizhi：拉着。layi 拉；-zhi 并列副动词。

[15] kieliezho：说。kielie 说；-zho 继续体。

[16] khidene：上去。khi 上；-dene 分离副动词。

[17] liaoyizhi：撩起来。liaoyi 撩；-zhi 并列副动词。

[18] chayizho：插着。chayi 插；-zho 继续体。

[19] uzhezhi：看着。uzhe 看；-zhi 并列副动词。

88. Shire Bandiinlani Naihu Gieku
（爱护课桌凳）

Kewai hodunde, giedun xieshinla egvinduzhi naduzho. Hhanife
课外 活动 几个 学生 打闹 玩 哈尼佛

nie heiya qiaochuni barei Maneni funjiezho, Mane shire jiere
一把 扫帚 拿着 把麻乃 追着 麻乃 桌子 上

jiaolin jiaolin holuzho. Shierbu nie ga bandiinni qila Iliasini
跳着 跳着 跑着 什尔布 一个 小 凳子 提着 伊俩斯

jiere bundazhi echigvawo. Hhela jiaoshide turani onghonogvazho.
身上 扔 过去了 他们 教室里 尘土飞扬

bandiinni ye qida olugvazho. Xiexiao tagvase, pusedu xieshinla
把板凳 一 坏 弄成 学校 放学时 其他的 学生

khareiwo, Welime benzhan Hharuni ghuala feilie bandiinni
回家了 外力麦 班长 哈如尼 俩人 留下 把板凳

gaodagvazho Welime bandiinni fuyizho, Hharuni nie khadene
弄好 外力麦 把板凳 扶起来 哈如尼 一个 手里

chuichuini bareizho, nie khadene ghadasun bareizho, ingie
锤子 拿着 一个 手里 钉子 拿着 然后

ghadazho. Hharuni nie mejiedase chuichuighala khane
钉钉子 哈如尼 一 不小心 用锤子 把手

zayiwo. Hharuni otukuni ese gonji ghadazho, niecha shi
砸了 哈如尼 把疼痛 没有 管 钉钉子 一会儿

bandiinni ghada gaodagvawo. Khuaichudu Shierbu xiexiaode irese,
把板凳 钉 好了 后天 什尔布 学校里 来了

uchugvudu hhe qida olugvasen bandiinni gaodazho. Hhe
昨天 他 坏 弄成 板凳 好了 他

qienban xieshinlani nie uzhe zhonmugie saowo, hheni khuinase
全班 学生 一 看 静静地 坐下来 那个 之后

Shierbu shire bandiinlani naihu giekuni suruwo.
什尔布 桌子 板凳 爱护 学会了

爱护课桌凳

在课外活动时，有几个同学在追逐打闹。哈尼佛拿着一把笤帚在追麻乃，麻乃在课桌上跳来跳去，什尔布提着一个小凳子向伊俩斯摔去。他们弄得教室里尘土飞扬，凳子也被弄坏了。放学后，其他同学回家了，班长外力麦和哈如尼留下来修凳子。外力麦扶着凳子，哈如尼一手握着铁锤，一手捏着钉子，用力钉凳子。哈如尼一不小心把锤子砸到自己手上，但他不顾疼痛，用力钉钉子，终于把凳子修好了。第二天，什尔布来到学校，发现昨天被他弄坏的凳子已经修好了。他看了看全班同学，悄悄地坐到凳子上。从此，他学会了爱护课桌凳。

【注释】

[1] hodunde：活动；-de 与位格。

[2] egvinduzhi：打闹。egvindu 打闹；-zhi 并列副动词。

[3] funjiezho：追着。funjie 追；-zho 继续体。

[4] holuzho：跑着。holu 跑；-zho 继续体。

[5] bandiinni：凳子。bandiin 凳子；-ni 领宾格。

[6] bundazhi：扔。bunda 扔；-zhi 并列副动词。

[7] echigvawo：过去了。echi 去；-gva 使动态；-wo 完成体。

[8] jiaoshide：教室里。jiaoshi 教室；-de 与位格。

[9] olugvazho：弄成。olu 成；-gva 使动态；-zho 继续体。

[10] tagvase：放学时。tagva 放学；-se 条件副动词。

[11] khareiwo：回家了。kharei 回家；-wo 完成体。

[12] gaodagvazho：弄好。gaoda 好；-gva 使动态；-zho 继续体。

[13] khadene：手里。kha 手；-dene 分离副动词。

[14] bareizho：拿着。barei 拿；-zho 继续体。

[15] ghadazho：钉钉子。ghada 钉；-zho 继续体。

[16] mejiedase：不小心。mejieda 不小心；-se 条件副动词。

[17] chuichuighala：用锤子。chuichui 锤子；-ghala 凭借格。

[18] zayiwo：砸了。zayi 砸；-wo 完成体。

[19] khuinase：之后。khuina 之后；-se 从比格。

[20] suruwo：学会了。suru 学会；-wo 完成体。

89. Shizhagvan

（老鼠）

Shizhagvan shi cunmin、 linfanni mila hherwa wo, eqiede hhela
老鼠　　 是　 聪明　　 伶俐的　 小　　 动物　　　 以前　 它们

goyene zhonjia tareizhi ijiezho. Khuina shi nie jienzha、 langan
自己　 庄稼　 耕种　 吃着　　 后来　 是 一个　 狡猾　　 懒惰的

shizhagvan goyene zhonjia ulie tareine, chanban pusedu
老鼠　　　 自己　　 庄稼　 没有 种　　 经常　 其他的

shizhagvanlani taranni ghulazhi ijiene. Hhe jienzha、 langan
老鼠们的　　 粮食　 偷着　　 吃　 那个 狡猾　　 懒惰

shizhagvan ijieku pusedu shizhagvanlase olon gao wo. Pusedu
老鼠　　 吃的　 其他的　 老鼠　　 多　 好　 其他的

shizhagvanla man hheni banfani suruwo, ye nie niesene
老鼠　　 都　 它的　 办法　　 学会了　 也　 一个 跟一个

ghulazhi ijiele qiyiwo. Hhelani ghazha man honji gholuwo.
偷着　　 吃　 开始了 它们的　 庄稼　 都　 荒地　 成了

Man ghulazhi ijiezhi udu dawazho. Hhelade ghulazhi ijieku
全部 偷着　　 吃　 日子 过着　　 它们　 偷着　 吃的

widase, ju kunnugvunni ghulazhi qiyiwo, ijieku puse
没有时 志 把人们的　　 偷了　　 开始了　 吃的　 又

gaodawo. Kunla shizhagvanni hanshilieku banfa olon sumulawo
好了　 人们　 把老鼠　　　 制服的　　 办法　 很多　 想了

jianaoghala bareiku, yeghala naoyigva …… gugu miawu、 mogvei ……
用铁夹　　 抓的　 用药　 毒　　　　 猫头鹰　　 蛇……

enela man kunde banjizhi shizhagvanni bareizho. Shizhagvan
这些　 都　 给人们 帮着　　 把老鼠　　 抓　　 老鼠

ashigvalade duidou gholuwo.
大家　　　 对头　 成了

老　鼠

　　老鼠是一种聪明、伶俐的小动物，很早以前，它们自己种粮食吃。后来，有一只狡猾、懒惰的老鼠自己不种田，老偷吃别的老鼠的食物。它吃得比别的种田的老鼠好得多。别的老鼠学它的样子，也开始互相偷吃。它们的田地都荒了，都以偷东西过生活。它们没东西可偷了，就开始偷人们的食物，吃得更好了。人们想了好多办法对付老鼠：用铁夹抓，用药物毒……猫头鹰、蛇它们都来帮助人们捉老鼠，老鼠成了大家的敌人。

【注释】

[1] tareizhi：耕种。tarei 耕种；-zhi 并列副动词。

[2] ijiezho：吃着。ijie 吃；-zho 继续体。

[3] shizhagvanlani：老鼠们的。shizhagvanla 老鼠们；-ni 领宾格。

[4] ghulazhi：偷着。ghula 偷；-zhi 并列副动词。

[5] ijieku：吃的。ijie 吃；-ku 将来时形动词。

[6] suruwo：学会了。suru 学会；-wo 完成体。

[7] ijiele：吃。ijie 吃；-le 目的副动词。

[8] qiyiwo：开始了。qiyi 开始；-wo 完成体。

[9] gholuwo：成了。gholu 变成；-wo 完成体。

[10] dawazho：过着。dawa 过；-zho 继续体。

[11] widase：没有时。wida 没有；-se 条件副动词。

[12] hanshilieku：制服的。hanshilie 制服；-ku 将来时形动词。

[13] sumulawo：想了。sumula 想；-wo 完成体。

[14] jianaoghala：用铁夹。jianao 铁夹；-ghala 凭借格。

[15] yeghala：用药。ye 药；-ghala 凭借格。

[16] banjizhi：帮着。banji 帮着；-zhi 并列副动词。

[17] bareizho：抓。barei 抓；-zho 继续体。

[18] ashigvalade：大家。ashigvala 大家；-de 与位格。

90. Sumu Nadu
（玩弹弓）

Niudude　Younusi　Resuli　ghuala　mutun　jierese　sumu　chacha
一天　　尤奴斯　热素力　俩人　树　从上面　弹弓　木叉

chizhile　echiwo.　Chizhizhi　baozhedene　khudogvoghala　pienjizhi
砍　　去了　　砍着　　下来之后　　用刀子　　削

gaodagvawo.　Ingiedene　chacha　jiere　xianpini　banla　sumu　giewo.
好了　　然后　　木叉　上面　橡皮筋　绑上　弹弓　做了

Ghuala　mutun　jierededu　bunzhuni　egvile　echiwo.　Resuli　khaghala
俩人　树　上面的　把鸟　打　去了　热素力　用手

zhalazho,　he　dan　jiere　nie　bunzhu wo.　Younusi　nie　sumu
指着　那个　墙　上面　一个　鸟　尤奴斯　一个　弹弓

egvise,　nie　oqiao laojigani　magvalani　egvi　baogvawo.
打　一个　老大爷的　帽子　打　下来了

Oqiao laojigani　hokurudene　shoxinni　uzhezhi　ulie　olune,　laojiga
老大爷　生气的　脸　看着　不成　老大爷

fiinjiezhi　teiyaghala　egvine　giezho.　Younusi　Resuli　ghuala　holuzhi
追着　用树枝　打　打算　尤奴斯　热素力　俩人　跑着

pudurawo.
飞快地

玩　弹　弓

有一天，尤奴斯和热素力一起上树砍做弹弓的木叉，砍下来以后，用小刀削好了，在木叉上拴好橡皮，就做成弹弓了。他们俩去打树上的鸟。热素力用手指着说："那边墙头上有一只鸟。"尤奴斯用弹弓打去，结果把一位老大爷的帽子给打掉了。老大爷气得脸色非常难看，想用木条打他们，他们俩飞快地跑了。

【注释】

[1] jierese：从上面。jiere 上面；-se 从比格。

[2] chizhile：砍。chizhi 砍；-le 目的副动词。

[3] echiwo：去了。echi 去；-wo 完成体。

[4] baozhedene：下来之后。baozhe 下来；-dene 分离副动词。

[5] bunzhuni：把鸟。bunzhu 鸟；-ni 领宾格。

[6] egvile：打。egvi 打；-le 目的副动词。

[7] khaghala：用手。kha 手；-ghala 凭借格。

[8] zhalazho：指着。zhala 指；-zho 继续体。

[9] magvalani：帽子。magvala 帽子；-ni 领宾格。

[10] baogvawo：下来了。bao 下；-gva 使动态；-wo 完成体。

[11] hokurudene：生气的。hokuru 生气；-dene 分离副动词。

[12] uzhezhi：看着。uzhe 看；-zhi 并列副动词。

[13] funjiezhi：追着。funjie 追；-zhi 并列副动词。

[14] teiyaghala：用树枝。teiya 树枝；-ghala 凭借格。

[15] holuzhi：跑着。holu 跑；-zhi 并列副动词。

[16] pudurawo：飞快地。pudura 快；-wo 完成体。

91. Susan
（酥馓）

Mini	ajien	dafalane	giezho.	Ingiese	bijienni	giede	susan	giene
我的	姐姐	出嫁	打算	于是	我们的	家里	酥馓	要做

giezho.	aratanmi	jiaotuni.	Nanban	jiere	baozhegva	shuntu
打算	妈妈	发好的面	案板	上	放下	碱面

orogvazho.	Shuntu	orogvazhi	gaodagvasenu	ezegven	tosun	jienjizho,
放	碱面	放	好了之后	一些	清油	沾了

ingie	rouyizhi	mientaragvazho.	Jiaotuni	nie	gieda	nie	giedaji
然后	揉	使……光滑	发好的面	一	块	一	块

gholugvavo.	Ingie	dundani	nie	nudun	chouragva	izhi	nieqizhi
成了	然后	在中间	一	洞	打穿	一只	捏

fududagvazho.	Chugu	jiere	taoyigva	tosun	tughonde	orogvawo.
使……变长	筷子	上	套住	清油	锅里	放入

Lianzhon	ochagvase	boluwo.	Ijiese	andatu	no wo.
两圈	转时	熟了	吃起来	美味	很是

酥　馓

　　我姐姐要出嫁了，我家准备炸酥馓。妈妈她们把发好的面取到案板上，放上碱面，又在面里倒二清油，把面揉好后，分成了好多块，每块从中间戳个洞，然后用手搓，再把搓长的面盘用筷子夹住放进油锅里炸，来回翻两次就熟了。酥馓吃起来真香！

【注释】

[1] dafalane：已嫁。dafala 出嫁；-ne 未完成体。

[2] bijienni：我们的。bijien 我们；-ni 领宾格。

[3] orogvazho：放。oro 进；-gva 使动态；-zho 继续体。

［4］gaodagvasenu：好了之后。gaoda 好；-gva 使动态；-senu 让步副动词。

［5］jienjizho：沾了。jienji 沾；-zho 继续体。

［6］rouyizhi：揉。rouyi 揉；-zhi 并列副动词。

［7］mientaragvazho：使……光滑。mientara 光滑；-gva 使动态；-zho 继续体。

［8］gholugvawo：成了。gholu 变成；-gva 使动态；-wo 完成体。

［9］chouragva：打穿。choura 穿；-gva 使动态。

［10］fududagvazho：使……变长。fududa 变长；-gva 使动态；-zho 继续体。

［11］tughonde：锅里。tughon 锅；-de 与位格。

［12］ochagvase：转时。ocha 转；-gva 使动态；-se 条件副动词。

［13］boluwo：熟了。bolu 熟；-wo 完成体。

［14］ijiese：吃起来。ijie 吃；-se 条件副动词。

92. Tegha Suzi
（鸡嗉子）

Yousufutayi gieni muji tegha hhareilan zhunzhugva daruzhi
尤素夫　　　家里的　母鸡　十几个　　小鸡　　孵化

khizhewo. Yousufu enezegven maorunrunji ga zhunzhugvalani
出来了　　尤素夫　这些　　毛茸茸的　小　　鸡仔们

yagvani xihen giene. Yousufu onshizhi kharei irese, ezegven
非常　　喜欢　　尤素夫　放学　回　　来　　一些

uyeni ga tegha zhunzhugvalade qiezhele echiwo, hhe ga tegha
食物　小　鸡　给鸡崽子　　　喂　　去了　他　小　鸡

ijiekuni、 ochikuni lixide uzhezho. Niudude hhe puse
吃的　　　喝的　　细心地　看着　　一天　　他　又

zhunzhugvalade qiezhele echiwo, hhe miinzhali ga tegha
给鸡崽子们　　喂　　去了　他　忽然　　小　鸡

ezegven shazini ijiekuni chanlawo. Hhe jindazhi holu echi
一些　　沙子　吃的　　看见了　他　急忙　跑　过去

anadene kieliene: "Ga tegha ezegven shazini ijiewo, hhela ko
给妈妈　说：　　小　鸡　一些　　沙子　吃了　它们　胜

qida oluse matu giene?" Anani nie xinie kieliene: "Ga
坏　变得　怎么　做　　他妈妈　一　笑　　说　　小

teghade shidun wiwo, hhela uyeni yenjizhi suzidene baogvase,
鸡　　牙齿　没有　它们　食物　咽到　　嗉子里　下去时

puse ezegven shazi yenjizhi baogvane, shazighala uyeni xiaohua
又　一些　沙子　吃　下去　用沙子　　把食物　消化

giegvane." Yousufu anane kielienni chenliesenu cai tegha
用来……　尤素夫　妈妈的　话　　听了后　　才　鸡

yan giezhi shazi ijiekuni mejiewo. Eneni khuinase Yousufu tegha
为什么　沙子　吃的　　知道了　这　之后　尤素夫　鸡

qiezheku xienzide uyede shazi hoyigvazho.
喂的　　时候　食物中　沙子　混

鸡 嗉 子

尤素夫家的母鸡孵出了十多只小鸡，尤素夫非常喜爱这些毛茸茸的小动物。尤素夫放学回家后，就拿着食物去喂小鸡，并且细心观察小鸡是怎样吃东西，怎样喝水的。有一天，尤素夫给小鸡喂食物，忽然发现有几只小鸡吃了些沙子。他急忙跑去告诉妈妈："我们家的小鸡吃了些沙子，它们胀坏了怎么办？"妈妈笑着告诉尤素夫："小鸡没有牙齿，它们把食物吞到肚子里，还得找些沙子吞下去帮助消化。"尤素夫听了妈妈的话后，才懂得小鸡吃沙子的原因。从此以后，尤素夫喂小鸡时在食物里放些沙子。

【注释】

[1] daruzhi：孵化。daru 孵化；-zhi 并列副动词。

[2] khizhewo：出来了。khizhe 出来；-wo 完成体。

[3] irese：来。ire 来；-se 条件副动词。

[4] echiwo：去了。echi 去；-wo 完成体。

[5] ijiekuni：吃的。ijie 吃；-ku 将来时形动词；-ni 领宾格。

[6] uzhezho：看着。uzhe 看；-zho 继续体。

[7] qiezhele：喂。qiezhe 喂；-le 目的副动词。

[8] chanlawo：看见了。chanla 看见；-wo 完成体。

[9] jindazhi：急忙。jinda 急忙；-zhi 并列副动词。

[10] kieliene：说。kielie 说；-ne 未完成体。

[11] teghade：鸡。tegha 鸡；-de 与位格。

[12] yenjizhi：咽到。yenji 咽；-zhi 并列副动词。

[13] suzidene：嗉子里。suzi 嗉子；-dene 分离副动词。

[14] shazighala：用沙子。shazi 沙子；-ghala 凭借格。

[15] chenliesenu：听了后。chenlie 听；-senu 让步副动词。

[16] mejiewo：知道了。mejie 知道；-wo 完成体。

[17] khuinase：之后。khuina 之后；-se 从比格。

[18] uyede：食物中。uye 食物；-de 与位格。

93. Tonghorei Yazi Ghuala
（大雁和鸭子）

Tonghorei yazi ghuala shi qin gayijiaowo, ene ghuala gholɔde
大雁　　鸭子俩　是　亲　兄弟　　这　俩　　远处

toreile ene giezho. Kaichun giese tonghorei yazide kieliene:
旅行　要去　打算　　到了春天　大雁　　对鸭子　说

"Gayijiao manu ghuala yawuye ba!" Yazi ghadanedeku ghurani
兄弟　我们　俩　　走　吧　　鸭子　外面的　　　雨

nie uzhesenu kieliene: "Ene shi yan udu wo, sagveizhi nie
一　看后　　说　　这　是　什么　天气啊　等到　一

gao udu puse yawuye ." Tonghorei goyene musireizhi
好　天气　再　走　　　大雁　　自己　飞

yawulawo. Khalun chade tonghorei yazide kieliene: "Gayijiao
走了　　　夏天　　大雁　　对鸭子　说　　　兄弟

manugvur ece yawuye ba!" Yazi asiman jieredu naranni nie
我们　　现在　走吧　　鸭子　天空　上面的　太阳　一

uzhesenu kieliene: "Ai! Bi kolierukuse ayine, gouji liandasenu
看后　　说　　哎　我　流汗　　　害怕着　稍微　凉了

puse yawuye ba!" Tonghorei asiman jiere musirei khireiwo.
再　走吧　　大雁　　天空　上面　飞　　上去了

qiuqiende tonghorei yazide kieliene: " Gayijiao, ene fa yawukude
秋天　　大雁　　对鸭子　说　　兄弟　　这　次　走的

kuru wo ba?" Yazi kieliene: "Ai! Kai bosizhi irewo, liansousou wo,
到了吧　鸭子　说　唉　风　起来　来了　凉飕飕的

giedudu taidene puse kielie ye ba!" Tonghorei goyene melie
几天　迟了　再　说吧　　大雁　　自己　前面

musirei yawulawo. Unchade, tonghorei yazide kieliene: "Gayijiao,
飞　走了　　冬天里　大雁　　对鸭子　说　　兄弟

ghujigvan yawu ye ya! Puse nie hon dawa echine!" Yazi
赶紧　走吧　　不然　一　年　走　过去了　鸭子

chasunni nie uzhesenu kieliene: "Imutu kuiqien udude chi
把雪　　一　　看后　　说　　这样　冷的　天气　你

echise goyene echi ba!" Tonghorei gholode musirei echiwo.
去的话　自己　去吧　　大雁　　远处　飞　　去了

Hhenni khuainase, yazi puse undude musirei dane. Tonghorei
那个　　之后　　鸭子再　高的　飞　　不行　大雁

ye musireise ye undu dawo, echisen oron olon no wo.
越　飞　　越　高了　　去的　地方　多得很

大雁和鸭子

　　大雁和鸭子本是亲兄弟，它俩都有一个理想：到各地去旅行。春天，大雁对鸭子说："兄弟，咱们出发吧。"鸭子望着外面的雨，说："这是什么天气呀，等天气好了再走吧。"大雁飞走了。夏天，大雁对鸭子说："兄弟，咱们启程吧。"鸭子指着天上的太阳，摇摇头说："哎，我怕流汗，等凉爽些再走也不迟。"大雁飞上了蓝天。秋天，大雁对鸭子说："兄弟，这会儿总该启程了吧？"鸭子缩缩脖子说："哎，秋风起了，凉丝丝的，过些时候再说吧。"大雁鼓鼓翅膀，飞向前方。冬天，大雁又对鸭子说："兄弟，应该立即出发了！要不，一年就过去啦！"鸭子望着大雪说："这么冷，你要去，就自己去吧！"大雁飞向远方。从此，鸭子再也飞不起来了。大雁越飞越高，去了很多地方。

【注释】

[1] gayijiaowo：兄弟。gayijiao 兄弟；-wo 完成体。

[2] echine：要去。echi 去；-ne 未完成体。

[3] kieliene：说。kielie 说；-ne 未完成体。

[4] ghadanedeku：外面的。ghadane 外面；-de 与位格；-ku 将来时形动词

[5] uzhesenu：看后。uzhe 看；-senu 让步副动词。

[6] sagveizhi：等到。sagvei 等；-zhi 并列副动词。

[7] musireizhi：飞。musirei 飞；-zhi 并列副动词。

[8] yawulawo：走了。yawula 走；-wo 完成体。

[9] kolierukuse：流汗。kolieru 流汗；-ku 将来时形动词；-se 条件副动词。

[10] ayine：害怕着。ayi 害怕；-ne 未完成体。

［11］liandaseru：凉了。lianda 变凉；-senu 让步副动词。

［12］khireiwo：上去了。khirei 上去；-wo 完成体。

［13］baidene：过了。bai 过；-dene 分离副动词。

［14］unchade：冬天里。uncha 冬天；-de 与位格。

［15］chasunni：把雪。chasun 雪；-ni 领宾格。

［16］khuinase：之后。khuina 之后；-se 从比格。

［17］echisen：去的。echi 去；-sen 过去时形动词。

94. Tuma Xi
（拔萝卜）

Nie kixie ghazhade nie fugie tuma osizho. Niedude nie laojiga
一　　块　　地里　　一个　大的　萝卜　长着　　一天　　一个　老爷爷

tuma xili echiwo, xizhi khizhegva dazho. Ene laojiga nieneigiene
萝卜　拔　去了　　拔着　使……出不来　　这个　老爷爷　把老伴

waradazho: "Nieneigie, made banjizhi tuma xile ire." Nieneigieni
叫道　　"老伴　　给我　帮忙　　萝卜　拔　来" 他老伴

iredene laojigane khuinase bareidene ghuala xizh khizhegva dawo.
来后　　老伴的　　从后面　　抓住后　　俩人　　拔着　出不来
Puse nogveine waradazhi ire banjizhi xigvazho, ye xizhi
又把　　狗　　　叫　　过来　帮忙　　拔　　还是　拔

khizhegva dawo. Zui khuina moer、 houerne waradazhi ire banjizhi
出不来　　　最　后面　猫　　猴子　　叫　　　过来　帮忙

xigvazho, ene nie fugie tumani xizhi khizhewo. Enela man
拔　　　这个　一　大的　萝卜　拔　　出来了　　他们　　都

bayasizhi qienliezhi giedene echiwo.
高兴地　　抬着　　　家里　　去了

拔 萝 卜

　　一块地里长着一个大萝卜。有一天，一位老爷爷去拔萝卜，却拔不出来。这位老爷爷喊他的老伴儿："老伴儿，来帮我拔萝卜！"老伴儿从老爷爷背后抓住，两人一起拔，也没能拔出来。老爷爷又叫来狗帮着拔萝卜，还是没有拔出来。最后，又叫来猫和猴一起拔萝卜，终于拔出来了。他们高高兴兴地抬着大萝卜回家了。

【注释】

[1] ghazhade：地里。ghazha 地；-de 与位格。

［2］echiwo：去了。echi 去；-wo 完成体。

［3］waradazho：叫道。warada 喊；-zho 继续体。

［4］banjizhi：帮忙。banji 帮忙；-zhi 并列副动词。

［5］iredene：来后。ire 来；-dene 分离副动词。

［6］khuinase：从后面。Khuina 后面；-se 从比格。

［7］bareidene　抓住后。barei 抓住；-dene 分离副动词。

［8］xigvazho：拔。xi 拔；-gva 使动态；-zho 继续体。

［9］khizhewo　出来了。khizhe 出来；-wo 完成体。

［10］bayasizhi：高兴地。bayasi 高兴；-zhi 并列副动词。

［11］qienliezhi：抬着。qienlie 抬；-zhi 并列副动词。

［12］echiwo：去了。echi 去；-wo 完成体。

95. Usu Jiaoyi
（浇水）

Ersa   xiexiaose   iredene   shubaone   jiewo.   Holuzhi   ghudouse   usu
尔萨   从学校   来后   把书包   放下   跑到   井里   水

dayile   echiwo.   Gatunzighala   usuni   qiladene   ghoronne   ga
打水   去了   用小水桶   把水   提到   院子里   小

mutunde   jiaoyile   qiyiwo.   Ersa   niudu   niuduji   mutunde   usu
树   浇水   开始了   尔萨   一天   一天的   给树   水

jiaoyizho.   Mutun   niudu   niuduji   fugiedawo.   Ersa   ye   niudu
浇着   树   一天   一天的   长大了   尔萨   也   一天

niuduji   fugieda wo.
一天的   长大了

浇　　水

　　尔萨放学回到家中，放下书包，赶忙到井边去打水。他用小水桶提着水，给院子里的小树浇水。尔萨每天给小树浇水，小树一天天长大了。尔萨也一天天长大了。

【注释】

[1] xiexiaose：从学校。xiexiao 学校；-se 从比格。

[2] iredene：来后。ire 来；-dene 分离副动词。

[3] shubaone：把书包。shubao 书包；-ne 未完成体。

[4] holuzhi：跑到。holu 跑；-zhi 并列副动词。

[5] ghudouse：井里。ghudou 井；-se 从比格。

[6] echiwo：去了。echi 去；-wo 完成体。

[7] gatunzighala：用小水桶。gatunzi 小水桶；-ghala 凭借格。

[8] qiladene：提到。qila 提；-dene 分离副动词。

[9] qiyiwo：开始了。qiyi 开始；-wo 完成体。

[10] jiaoyizho：浇着。jiaoyi 浇水；-zho 继续体。

[11] fugiedawo：长大了。fugieda 长大；-wo 完成体。

96. Xiaoshun
（孝顺）

Ayemi nasun bashi oluwo. Nudunni madazhi chanla dane. Bi
我爷爷 岁数 八十 成了 眼睛 花了 看不见 我

ayedene nienjinziyini khugvowo. Ayemi bayasi wo. Nieneimi ye
给爷爷 把眼镜子 送了 我爷爷 高兴了 我奶奶 也

bashi oluwo. Qierun usunla man chighatuwo. Bi nieneidene
八十 成了 头 头发 都 白了 我 给奶奶

bandiin khugvowo. Nieneimi bayasizhi xiniewo. Adami、anami
凳子 送去了 我奶奶 高兴地 笑了 爸爸 妈妈

ghuala mini kuayizho：“Fugiesilade xiaoshun shi nie hir
俩人 把我 夸奖 给长辈 孝顺 是 一个 好

kewonwo！”
孩子

孝　顺

我的爷爷八十岁了，眼睛花了。我给爷爷送去眼镜，爷爷很高兴。我的奶奶也八十岁了，头发全白了。我给奶奶送去凳子，奶奶高兴地笑了。爸爸和妈妈齐声夸我："孝顺长辈是一个好孩子！"

【注释】

[1] oluwo：处了。olu 变成；-wo 完成体。

[2] madazhi：花了。mada 眼花；-zhi 并列副动词。

[3] ayedene：给爷爷。aye 爷爷；-dene 分离副动词。

[4] khugvowo：送去了。khugvo 送；-wo 完成体。

[5] chighatuwo：白了。chighatu 白；-wo 完成体。

〔6〕bayasizhi：高兴地。bayasi 高兴；-zhi 并列副动词。

〔7〕xiniewo：笑了。xinie 笑；-wo 完成体。

〔8〕kuayizho：夸奖。kuayi 夸奖；-zho 继续体。

〔9〕kewonwo：孩子。kewon 孩子；-wo 完成体。

97. Xien Bilaku
（比尾巴）

Kienni   xien   fuduwo?
谁的   尾巴   长

Kienni   xien   okhowo?
谁的   尾巴   短

Kienni   xien   nie   isanni   xianli?
谁的   尾巴   一把   雨伞   好像

Houni   xien   fudu wo.
猴子的   尾巴   长

Taoleini   xien   okho wo.
兔子的   尾巴   短

Jilimaoni   xien   nie   isanni   xianli.
松鼠的   尾巴   一把   雨伞   好像

Kienni   xien   wongouwo?
谁的   尾巴   弯

Kienni   xien   pientaziwo?
谁的   尾巴   扁

Kienni   xien   chu   saigvanwo?
谁的   尾巴   最   好看

Giegvunni   xien   wongou wo.
公鸡的   尾巴   弯

Yazini   xien   pientazi wo.
鸭子的   尾巴   扁

Kunqieni   xien   chu   saigvan wo.
孔雀的   尾巴   最   好看

比 尾 巴

谁的尾巴长？

谁的尾巴短？

谁的尾巴好像一把伞？

猴子的尾巴长。

兔子的尾巴短。

松鼠的尾巴好像一把伞。

谁的尾巴弯？

谁的尾巴扁？

谁的尾巴最好看？

公鸡的尾巴弯。

鸭子的尾巴扁。

孔雀的尾巴最好看。

【注释】

[1] fuduwo：长。fudu 长；-wo 完成体。

[2] okhowo：短。okho 短；-wo 完成体。

[3] isanni：雨伞。isan 雨伞；-ni 领宾格。

[4] taoleini：兔子的。taolei 兔子；-ni 领宾格。

[5] wongouwo：弯。wongou 弯；-wo 完成体。

[6] pientaziwo：扁。pientazi 扁；-wo 完成体。

[7] saigvanwo：好看。saigvan 好看；-wo 完成体。

98. Xigua Ijie
（吃西瓜）

Nie   jini   udude,   adami   ghua   xigua   agizhi   irewo.   Xiguani
一个   有集市的   日子   爸爸   两个   西瓜   买   来了   把西瓜

ijiene   giezhi   khizhile   qiyiwo.   Nieni   khizhi   kaigvase   ranzini
要吃   打算   切   开始了   一个   切   开   瓜瓤

chighangvanji wo. Puse   nieni   khizhi   kaigvase   ranzini   hupulagvanji wɔ.
白白的   另外   一个   切   开   瓜瓤   红红的

Ijiese   andatu   hinwo. Adami   bi   jiaojiaomi   ghualade   hulan   ranzitu
吃起来   好吃极了   爸爸   我   弟弟   俩人   红的   瓜瓤

guani   ogizhi   ijiegvazho,   goyene   chighan   ranzitu   guani   ijiezhɔ.
瓜   给了   让…… 吃   自己   白的   瓜瓤   瓜   吃着

Ingiese   bi   ye   nie   yazi   chaghan ranzitu   guani   barei   ijiele   qiyiwo.
于是   我   也   一   片   白的   瓜瓤   瓜   拿起来   吃   开始了

Ijiezhi   andatu   wiwo   man   bi   ijiezhi agiwo.   Adami   anami   ghua a
吃着   好吃   没有   全部   我   吃   完了   爸爸   妈妈   俩人

mini   nie   uzhe   xiniewo.
把我   一   看   笑了

吃 西 瓜

一天，爸爸从集市上买来了两个西瓜。爸爸开始切西瓜，切了一个，瓜瓤白白的，没有熟，又切了第二个，瓜瓤红红的，吃起来真香！爸爸自己拿了一片白瓤的瓜吃起来，让我和弟弟吃红瓤的瓜。我也拿了一片白瓤的瓜吃起来，一点儿也不好吃，但我还是吃完了。爸爸和妈妈看了我一眼，都笑了。

【注释】

[1] agizhi：买。agi 买；-zhi 并列副动词。

〔2〕irewo：来了。ire 来；-wo 完成体。

〔3〕khizhile：切。khizhi 切；-le 目的副动词。

〔4〕qiyiwo：开始了。qiyi 开始；-wo 完成体。

〔5〕kaigvase：开。kai 开；-gva 使动态；-se 条件副动词。

〔6〕ghualade：俩人。ghuala 俩；-de 与位格。

〔7〕ijiegvazho：让……吃。ijie 吃；-gva 使动态；-zho 继续体。

〔8〕ijiele：吃。ijie 吃；-le 目的副动词。

〔9〕xiniewo：笑了。xinie 笑；-wo 完成体。

99. Zenebe
（则乃白）

Zenebe shi inienjini xieshin wo, eqie magva bosizhese goye
则乃白 是 一年级 学生 早上 起来后 自己

jien、 medunre musizho. Musizhi baluse gonzheliene jienjizhi
衣服 裤子 穿 穿 完了 把被子 叠

gaodagva wo, zhintouni gonzhelie jiere taiwo. Ingie shidunne
好了 把枕头 被子 上面 放 然后 牙齿

shuayizhi nu wagvale qiyiwo. Xiexiaode echise laoshini
刷 脸 洗 开始了 学校里 去时 老师

chanlase "laoshi chi gao wo nu" giezhi asane. Zenebe tagvazhi
看见了 老师 你 好 这样 问候 则乃白 放学

giede echise fugie kunlade salan giene. Heifanni ijiezhi
之后 回去时 大的 人 色俩目 做 晚饭 吃

baluse, anadene banjizhi tughon、 igva wagvazho. Gieni
完时 给妈妈 帮忙 锅 碗 洗 家里的

wilielani giezhi baragva cai jiaqin zoniene giele qiyiwo.
事情 做 完了 才 家庭 作业 做 开始了

Ashigvala man Zenebe shi nie hin oqin wo giezhi kieliene.
大家 都 则乃白 是 一个 好 女孩 这么 说

则 乃 白

则乃白是一年级的学生，早上起床后，她自己穿好了衣服和裤子，又叠好被子，把枕头放到被子上。然后，她又刷牙、洗脸。到学校后，见了老师，她都会说："老师好！"放学回家后，见了大人，她说色俩目问候。吃完饭，她帮妈妈洗锅、洗碗。干完家务活后，她才开始做家庭作业。大家都说则乃白是个懂事的孩子。

【注释】

[1] bosizhese：起来后。bosizhe 起来；-se 条件副动词。

[2] musizho：穿。musi 穿；-zho 继续体。

[3] gonzheliene：把被子。gonzhelie 被子；-ne 未完成体。

[4] jienjizhi：叠。jienji 叠；-zhi 并列副动词。

[5] shuayizhi：刷。shuayi 刷；-zhi 并列副动词。

[6] wagvale：洗。wagva 洗；-le 目的副动词。

[7] qiyiwo：开始了。qiyi 开始；-wo 完成体。

[8] echise：去时。echi 去；-se 条件副动词。

[9] chanlase：看见了。chanla 看见；-se 条件副动词。

[10] asane：问候。asa 问；-ne 未完成体。

[11] ijiezhi：吃。ijie 吃；-zhi 并列副动词。

[12] baluse：完时。balu 完；-se 条件副动词。

[13] anadene：给妈妈。ana 妈妈；-dene 分离副动词。

[14] kieliene：说。kielie 说；-ne 未完成体。

100. Zhagvasun Barei
（捕鱼）

Bijienni agvin shida nie ga moronwo. Moronde ga
我们的 对子 旁边 一个 小 河 河里 小

zhagvasun clon no wo. Bi、 Shemusu、 Hhabi ghurala moronse
鱼 多得很 我 舍木苏 哈比 三人 河里

zhagvasun bareile echiwo. Bi ojiemende baidene
鱼 捕鱼 去了 我 上游 站着

zhagvasunni ayigvazho. Hhe ghuala xiramende shajinghala
把鱼 使……惊吓 他们 俩人 下游 用纱巾

bareizho. Ezegven bareidene bijien qila khareiwo. Bi
捕 一些 捕后 我们 提 回家了 我

giedun zhagvasunne ga pinzide qiezhezho.
几个 鱼 小 瓶子里 养着

捕　　鱼

我们村子旁边有一条小河。河里有很多小鱼。我、舍木苏、哈比三个人去捕鱼。我站在上游赶鱼，他俩站在下游用纱巾捕鱼。捕了许多鱼后，我们提着鱼回家了。我把自己的几条鱼养在小瓶子里。

【注释】

[1] moronwɔ：河。moron 河；-wo 完成体。

[2] bareile：捕鱼。barei 抓；-le 目的副动词。

[3] echiwo：去了。echi 去；-wo 完成体。

[4] baidene：站着。bai 站；-dene 分离副动词。

[5] ayigvazho：使……惊吓。ayi 害怕；-gva 使动态；-zho 继续体。

[6] shajinghala：用纱巾。shajin 纱巾；-ghala 凭借格

[7] bareizho：捕。barei 捕；-zho 继续体。

[8] bareidene：捕后。barei 抓；-dene 分离副动词。

[9] khareiwo：回家了。kharei 回去；-wo 完成体。

[10] pinzide：瓶子里。pinzi 瓶子；-de 与位格。

[11] qiezhezho：养着。qiezhe 养；-zho 继续体。

101. Zhanghei Irewo
（狼来了）

Ali chanban ulade ghoni adulazho. Niedudeni Ali ghoni
阿里 经常　山里　羊　　放牧　　一天　　　阿里　羊

adulazhi yama gieku widase, zhanghei irewo, aminni nie
放牧　　 什么 做的　没有时　狼　　 来了　 命　 一

jiuyile ire giezhi waradazhi naduzho. Agvinni fugie
救　　 来 这样　喊道　　 玩　　 村里的　大的

kunla sonosidene man qigvan、tomoji bareidene zhangheini
人们　听到后　　都　铁锹　 榔头　　拿着　　　把狼

egvile irese, zhanghei wiwo. Ghonila man osun ijiezho,
打　　来了　 狼　　　没有　羊　 都　草　 吃着

Ali bayasizhi jiaolizho. Niedudeni puse waradazho:
阿里 高兴地　 跳着　　　一天　　　又　 喊到

"Zhanghei irewo! Zhanghei irewo! Aminni nie jiuyile
　狼　　 来了　 狼　　　来了　 命　 一　 救

ire." Agvinni kunla puse egvile irewo. Irese zhanghei
来　 村里的 人们　又　 打　　来了　 来时　狼

wiwo. Ali puse bayasizhi jiaolizho. Niudude zhanghei
没有　阿里 又　 高兴地　 跳着　　 一天　　狼

zhingiejia irewo. Fugie kunla Ali waradasenni sonosizho,
真的　　　 来了　 大的　人　 阿里 喊的　　　 听了

simulase Ali waradazhi naduzho giezhi ese gonjiwo.
想　　　 阿里 喊着　　 玩着　　认为 没有 管

Zhanghei ghoniyi man zhao alawo.
狼　　　 把羊　都　 咬　死了

狼 来 了

    阿里经常到山上去放羊。有一天，阿里去放羊，觉得很无聊，就喊："救命啊！狼来了！"村里的人们听见了，大家拿着铁锨、榔头来打狼时，发现并没有狼，羊在吃草，阿里高兴地大笑起来。又一天，阿里又喊："狼来了，狼来了，救命啊！"村里的人们又来打狼，还是没有狼，阿里又高兴地大笑起来。又一天，狼真的来了，村里的人们都听见了阿里的喊叫声，但认为阿里又在撒谎，没有理睬他。狼把羊咬死了。

【注释】

[1] ulade：山里。ula 山；-de 与位格。

[2] adulazho：放牧。adula 放牧；-zho 继续体。

[3] widase：没有时。wida 没有；-se 条件副动词。

[4] irewo：来了。ire 来；-wo 完成体。

[5] jiuyile：救。jiuyi 救；-le 目的副动词。

[6] waradazhi：喊道。warada 喊；-zhi 并列副动词。

[7] naduzho：玩。nadu 玩；-zho 继续体。

[8] sonosidene：听到后。sonosi 听到；-dene 分离副动词。

[9] bareidene：拿着。barei 拿；-dene 分离副动词。

[10] egvile：打。egvi 打；-le 目的副动词。

[11] ijiezho：吃着。ijie 吃；-zho 继续体。

[12] bayasizhi：高兴地。bayasi 高兴；-zhi 并列副动词。

[13] jiaolizho：跳着。jiaoli 跳；-zho 继续体。

[14] waradasenni：喊的。warada 喊；-sen 过去时形动词；-ni 领宾格。

[15] simulase：想。simula 想；-se 条件副动词。

[16] gonjiwo：管。gonji 管；-wo 完成体。

[17] alawo：死了。ala 死；-wo 完成体。

U0583447

本书由国家自然科学基金青年基金项目"新兴研究领域辨识及其形成过程的计量研究"
（项目批准号：71603040）资助出版

Measurement of
Emerging Research Field Identification
Theory, Indicators and Examples

新兴研究领域识别计量
理论·指标·实例

郭涵宁◎著

科学出版社

北　京

图书在版编目（CIP）数据

新兴研究领域识别计量：理论·指标·实例/郭涵宁著.
—北京：科学出版社，2017.10
ISBN 978-7-03-055067-5

Ⅰ.①新… Ⅱ.①郭… Ⅲ.①计量学 Ⅳ.①TB9

中国版本图书馆CIP数据核字（2017）第267071号

责任编辑：邹 聪 陈会迎/责任校对：何艳萍
责任印制：张欣秀/封面设计：有道文化
编辑部电话：010-64035853
E-mail：houjunlin@mail.sciencep.com

科 学 出 版 社 出版
北京东黄城根北街16号
邮政编码：100717
http://www.sciencep.com

北京虎彩文化传播有限公司 印刷
科学出版社发行 各地新华书店经销
*
2017年10月第 一 版 开本：720×1000 B5
2018年 2 月第二次印刷 印张：10 1/2 插页：6
字数：200 000
定价：68.00元
（如有印装质量问题，我社负责调换）

序　言

　　"一本好书，至少应满足两项标准，一曰高复制性；二曰回答大哉之问。"这是我的一位博学多才的老友陶在朴先生曾经发表的高见①。

　　用这个好书标准来衡量，我认为青年学者郭涵宁的这本专著《新兴研究领域识别计量：理论·指标·实例》，应当是科学计量学领域的一本好书。

　　为了证明这个结论，阐发这本书的学术价值，我想引入著名的英国进化生物学家道金斯（Richard Dawkins）在其名著《自私的基因》中所创造的术语 'meme'（读 "觅母"，[mi：m]，而不是 "米米"）②，并加以充分说明。这也是陶先生首先向我引荐的③。Meme的译名至今海峡两岸尚未统一，一般译为 "文化基因" 或 "知识基因"④。我个人倾向于在科学技术领域，采用 "知识基因" 的译法，而在非科学文化领域，译为 "文化基因"。其实，早在1984年我国科学计量学家赵红州和蒋国华就提出过类似知识基因的 "知识单元" 概念，并认为，"任何一种科学创造过程，都是先把结晶的知识单元游离出来，然后再在全新的思维势场上重新结晶的过程。这种过程不是简单的重复，而是在重组中产生全新的知识系统，全新的知识单元"⑤。对此，我后来做了发挥：所谓知识单元（knowledge unit），是

---

①　陶在朴.生态包袱与生态足迹［M］.北京：经济科学出版社，2003：1-3.

②　Dawkins R.The Selfish Gene［M］.London：Oxford University Press,1976.

③　陶在朴.文化基因与自杀［A］// 陶在朴.理论生死学［C］.台北：五南出版社,1999：75-99.

④　除了意译为 "文化基因" "知识基因" 外，还有多种音译：模因，幂姆，縻母，敏因，密母，记因，谜米，觅母等。

⑤　赵红州，蒋国华.知识单元与指数规律［J］.科学学与科学技术管理,1984，（9）：39-41.

人类知识领域一般用以表征其特定内容的概念及陈述、语词及词组、术语及定律等可计量的基本单位。知识单元的涵盖非常广泛——科学、技术、人文等不同学科门类的知识，著作、文章、专利等不同形态的知识，储存于文献、网络、信息等不同媒介中的知识，以及蕴含在个人、组织、共同体等活动主体中的知识。这些知识领域在特定的范围内，会发生知识单元的离散和重组、演进和升华、衍生和转化，形成一个从简单到复杂、从低级到高级的上升过程。在一定条件下，某个关键的知识单元可能扮演"知识基因"的角色，决定着特定领域知识的进化与突变①。

道金斯指出，meme 不同于基因（gene），gene 借由精子或卵子，由一个人体跳到另一个人体而得以复制遗传，然而人类的生物基因每传一代会因从父母各获一半而减半，我们伟大祖先的基因会在一代代的重组中呈几何级数递减而消失；而 meme 是一个表达文化传播的单位，或一个文化复制的单位，旋律、观念、口号、流行服装、建筑式样，都是 meme，它借由模仿，从一个头脑传到另一个头脑，会在一代代复制传递中永久保存。牛顿的"万有引力"、达尔文的"物竞天择"、爱因斯坦的"相对时空"等知识基因，分别通过他们的经典著作在世界上广泛传播，从上一代传到下一代；牛顿、达尔文、爱因斯坦的基因（gene）已不复存在，但他们的知识基因（meme）却不断复制、不断传播，扩散到当今世界。道金斯杜撰的"meme"不胫而走，超越生物学界，跨界传播，引起社会各界的强烈反响。著名学者詹姆斯·格莱克（James Gleick）在其名作《信息简史》中评论道：道金斯的 meme 是一个最难忘的发明，远比其"自私的基因"更有影响力②。不过，中国学术界对"自私的基因"与"meme"观念的反应迟滞，直到20多年后才在中国大陆③和中国台湾④引起广泛关注和迅速传播。

上面不惜笔墨做了较长篇幅的充分铺垫，现在该是序言的主角登台亮相了。从知识基因的视角来看，涵宁的《新兴研究领域识别计量：理

① 刘则渊.知识计量学及其可视化技术的应用研究［A］//刘则渊.跨越学术分水岭［C］.北京：人民出版社,2012:167.文中知识基因夹注了英文"knowledge gene"，欠妥；应当是"knowledge meme"。
② Gleick J. The Information: A History, a Theory, a Flood［M］. New York:Pantheon Books, 2011: 269.
③ 道金斯 R.自私的基因［M］.卢允中，张岱云，王兵译.长春：吉林人民出版社,1998.
④ 道金斯 R.自私的基因［M］.赵淑妙译.台北：天下文化公司,1998.

论·指标·实例》一书可谓饱含知识基因理念的一部力作。这里不妨从三个层面来考察和剖析这本书与传承知识基因息息不离的关系。

　　首先，从新兴研究领域这一研究对象与主题层面上看，研究领域及新兴研究领域并不是这本书提出的新概念，但"新兴研究领域"是一个内容涵盖宽泛的研究范围，可以囊括和体现刚刚萌发、初露端倪的新观念、新方法、新方向、新发现，乃至潜在的新学科，就成为富有创意的研究选题了。正是层出不穷的新兴研究领域不断地创生与涌现，构成现代科学突飞猛进、迅速发展的内在动因。显然，新兴研究领域就具有知识基因离散、重组和更新的特质了。因此，如何探测和选择新兴研究领域，无论是对国家、地方科技部门，还是对科研机构、科学家个人，都具有重要而深远的战略意义；当然，用什么计量指标来识别新兴研究领域，对于科学学与科学计量学界来说，便是一个值得高度重视、责无旁贷担当的重要选题。也就是说，新兴研究领域的识别计量是一个值得探索和回答的"大哉之问"。正如科学学奠基人贝尔纳（J. D. Bernal）所说："课题的形成和选择，无论是作为外部的经济技术要求，抑或作为科学本身的要求，都是研究工作中最复杂的一个阶段。一般来说，提出课题比解决课题更困难。如果再加上人力和设备都有一定的局限，则产生的课题之多，是无法一下子全都解决的。所以评价和选择课题，便成了研究战略的起点。"[①]这本书将新兴研究领域作为研究选题和对象，不仅本身把握了研究战略的起点，而且为科技界制定研究战略提供了启示。

　　其次，从新兴研究领域识别计量的理论层面来看，这本书借助科学知识增长研究的文献共被引知识图谱，展现出高被引代表性论著，为新兴研究领域识别计量提供了理论基础。这就是在科学界颇具影响力的四大理论：科学计量学之父普赖斯（D. J. Price）的科学前沿理论、科学哲学家库恩（T. S. Kuhn）的科学发展模式理论、跨学科科学家门纳德（Henry W. Menard）的科学增长变化理论和信息可视化专家陈超美的研究前沿识别及可视化理论。特别富有意味的是，四位代表人物的代表作之所以成为高影响力、高被引文献，就在于各自的核心观念：普赖斯可计量的"研究前

① 贝尔纳 J D. 科学研究的战略［A］// 赵洁珍. 科学学译文集［C］. 北京：科学出版社，1981：25-38.

沿"，库恩的"科学范式"，门纳德基于引文细分的"引文年龄"等，以及陈超美关于知识基础之上的"前沿识别"，都是频繁复制、不断传承的"知识基因"，并且成为新兴研究领域辨识的理论支柱。尤为可贵的是，该书作者并未止步于此，而是对游离于四大理论的知识基因进行了综合与重组，构建成新兴研究领域由萌芽、形成到成熟全过程的理论框架。

最后，从新兴研究领域识别的计量指标层面上看，该书作者依据四大理论，按新兴研究领域形成过程中的主客体关系，设计了新近科学家、核心概念、重要文献、学科交叉和同行认可等五个环节、七项科学指标，对新兴研究领域的识别进行测度。这些科学指标直接、间接涉及文献引文分析。大家知道，科学学和科学计量学属于二阶主题及二阶科学，以作为一阶主题的科学文献为研究对象[1]。而现代科学文献——以科学引文索引（Science Citation Index，SCI）为代表的文献数据库，是基于贯穿文献之间的观念联系的一项重大发现[2]。引文即参考文献，是现代科学文本及其区别于非科学文本的主要特征，由此导致文献引文分析成为科学计量学的主流方法。科学文献之间的观念联系、引文关系，是一种基于知识单元的知识流动，本质上是知识基因的复制、传播和重组。由于现代科学文献的这一特质，无论是引文为主的科学计量学，还是悄然兴起的补充计量学（altmetrics），以及基于使用数据的计量分析，都无法回避不同领域"知识基因"的复制与变异现象。因此，对该书所论新兴研究领域关注和有兴趣的读者，阅读该书就会发现：四个研究领域实例分析表明，七项指标所表征的知识基因尽管性质、形态不同，但在作为新兴研究领域从萌发到成熟的过程中，这些不同性质与形态的知识基因复制与传播、重组与变异呈现出惊人的类似规律性。这样就为科技界和科学家确立科学研究战略、辨别与选择新兴研究领域起到一定的引领和导向作用。

以上是我对涵宁的这本书主要内容所做的理论解读，从中我们看到知识基因理论视野下的新兴研究领域识别计量著作。

---

① 普赖斯 D J D. 科学的科学［A］∥戈德史密斯 M，马凯 A. 科学的科学［C］. 赵红州，蒋国华译. 北京：科学出版社，1985：234.

② Garfield E. Citation Indices for Science, a new dimension in documentation through the association of ideas［J］. Science, 1955, 122: 109-110.

　　涵宁的这本书，是以她的博士学位论文为基础的。这篇博士学位论文荣获 2014 年辽宁省优秀博士学位论文提名奖和大连理工大学优秀博士学位论文奖，而我也因此获得优秀指导教师奖。当然我为此而自豪，更期待它早日出版问世。但是，涵宁并不满足于此。她在走上工作岗位后，尽管教学活动与工作事务繁忙，仍然对"新兴研究领域识别"问题坚持不懈地继续探索，获得了国家自然科学青年基金项目的资助。现在，涵宁根据基金项目的主题与内容，围绕新兴研究领域的识别计量问题，对时过四年的数据进行了必要的更新并重新绘制了图表，从而对因数据更新而发生的个别计量结果变化做了重新解读，同时对全文的结构编排做了适度的调整，对章节标题做了新颖的表述，面貌可谓焕然一新。就新兴研究领域及其识别的理论基础、计量指标所特有"知识基因"得到彰显和弘扬，一部理论、方法、指标相统一的新兴研究领域识别计量著作呈现在读者面前。

　　新兴研究领域的辨识，是一个涵盖科学门类广泛、极富学术魅力，并且大有作为的学术天地。目前存在两种相互依存的研究路径：一是选择可能属于新兴研究领域的若干案例开展如何识别的计量分析；二是从新兴研究领域的发生、发展过程探索其从萌芽到成熟的规律性。涵宁的这本书在这两方面都进行了有益的探讨。现在有必要从自然科学、技术科学、社会科学及交叉科学各部门，选择更多学科领域的案例开展计量研究。例如，学术界至今仍然颇有兴趣与争议的"宇宙起源""意识起源"等领域；又如唯一以物质尺度命名的"纳米科学"在物质科学和生命科学产生的新兴领域，有着怎样不同的特征与规律？似乎还可以从貌似新兴领域的伪科学、反科学案例进行辨识计量分析。这本书提到了普赖斯分析过的"N 射线"领域和作为反例的"冷聚变"领域。科学史上不时沉渣泛起的"心灵学"，如今又掺进宗教、科学，与佛学、"量子纠缠"之类纠缠起来，似有卷土重来之势，颇值得辨识分析一番。新兴研究领域正、反两方面的诸多案例分析，也有助于深入认识与揭示新兴研究领域形成的规律。无疑，掌握新兴研究领域形成的基本规律，当一个新概念、新现象、新发现、新方法突然出现或意外降临时，会指导我们辨别它们是否可能成长为一个值得关注的新兴领域。

　　实现中华民族伟大复兴的科技强国之梦，不仅需要我们善于识别新兴研究领域，更需要我们敢于开拓新兴研究领域。我们期待涵宁在新兴研究领域识别计量这片希望的学术田野里，继续耕耘播种，获得新的丰收。同时也欢迎广大青年学者投身到这片广阔的知识天地，学会识别并开拓出属于自己的新兴研究领域。青年朋友们，这里不会辜负你们的努力，一分耕耘就有一分收获，因为你们的年轻伙伴涵宁在该书中业已阐明，新兴研究领域是年轻人的用武之地。

刘则渊

2017年6月15日于大连新新园

　　科学知识的增长及动态发展使得新兴研究领域如雨后春笋般涌现，新兴研究领域已经成为越来越多科研工作人员、图书情报工作者，基金及科技政策机构，乃至国家政府所关注的焦点与热点问题。因此，如何在科学高度动态发展和快速增长的大背景下，有效地识别出新兴研究领域，也就成为一个关键所在。这需要我们透过各种现象来深入探究新兴研究领域的本质。例如，到底什么是新兴研究领域？它的本质特征是什么？这些本质特征之间有何关联？新兴研究领域是如何创生和发展的？是否可以从中探寻出新兴研究领域动态形成过程的一般机制？

　　有关新兴研究领域发生与发展机制的探讨研究一般有两种：一种为定量分析，如指标测度，采用数学模型进行模拟；另一种为定性探讨，即透过科学发展过程中所呈现出来的各种现象来进行本质性的归纳与探究。定量分析可以为科学的动态演化过程与其现象表征提供客观的数据支持，而定性的探讨则可以为表征的数据提供更加深入的机制性解释。本书将主要研究问题定位在两个方面：一是如何通过多元科学指标来识别新兴研究领域？二是这些科学指标之间存在怎样的时序结构关系？

　　为了探寻以上两个问题的答案，本书将从多元的视角来探寻新兴研究领域的特征及其动态演化的时序特点。首先，多角度探讨关于研究领域的界定及近似概念的辨别，并对相关研究进行回溯，这些对于厘清新兴研究领域的本质具有重要的作用。其次，本书还将介绍德瑞克·普赖斯、托马斯·库恩、亨利·门纳德和陈超美的主要研究理论，因为他们的思想对于本书的理论建构具有重要的启发。再次，本书还将展示几个实例研究，以验证书中所提出的用于识别新兴研究领域的理论和科学指标的测量能力及其有效性。最后，本书还将总结出新兴研究领域从创生到成熟的时序动态模式，以此来揭示新兴研究领域辨识及形成过程的一般机制。

本书认为，一个科学研究领域在其创生和发展的过程中，可以在不同层面呈现出不同的特征，这些层面可以包括科学家个体、研究主题、文献、学科领域、基金资助等，这些都是一个研究领域从新兴到发展的重要元素。与此同时，本书还认为这些元素之间是互相联系的，如果我们能够有效找到它们之间的这种内在联系，特别是在时间线上的联系，就能够更好地洞察和理解新兴研究领域的本质，及其发生和发展的机制，并以此为未来的科学研究进行服务。

本书为两种读者而写：对新兴研究领域感兴趣，并想要全面了解新兴研究领域特征及其发生和发展过程机制的研究人员；需要对专业领域内的新兴研究进行识别和探测，并进一步更好地把握研究前沿的学生、研究人员和科技政策制定者们。本书希望可以为这些读者提供一个不同的视角来审视新兴研究领域，以促进他们对新兴研究领域本质的洞察，以及对其专业领域内新兴研究的探索和理解。

本书的写作主要是基于笔者在博士研究生学习期间的主要研究成果，研究与写作的完成要感谢许多人的支持与指导。尤其要感谢大连理工大学的刘则渊教授与美国印第安纳大学的 Katy Börner 教授多年来的指导和帮助，他们的帮助对于形成和修改本书的手稿有着重要的作用。还要感谢天津大学的陈士俊教授和大连理工大学的陈悦教授给予本书的肯定与修改意见。此外，本书的完成离不开大连理工大学电信学部的丛丰裕教授及其实验室成员胡国强和王小宇所给予的帮助，他们无私地提供了本书写作所需要的全部数据处理的硬件支持。还要感谢美国印第安纳大学布鲁明顿分校图书馆与信息科学学院的同事 Micah、Joseph、Patrick、孙煜垠等所提供的软件与技术支持。书中可能存在的所有疏漏或不足均由笔者负责。

郭涵宁

2017 年 5 月 17 日

于大连理工大学

目　录

① 透过新兴研究的镜头看世界

　　科学与技术始终是推动世界不断变化与发展的动力，早在 50 万年以前，人类的祖先为了更好地生存和生活，就已经开始懂得使用天然木头和石块作为生存与生活的工具，紧接着人工打制的石器、骨器也相继开始出现，并开始使用天然火，这也是原始技术的萌芽。随着人类的不断进化，对自身的不断突破，才有了人类认知的不断提升、科学的不断进步和技术的不断变革。在人类社会发展这本漫长的历史画册中，正是那些不断翻新的科学理论和伟大的技术发明充当了摄影师的镜头，为我们拍下了人类历史长河中无数伟大而又令人震撼的画面。当我们翻到画册的最近一页，你会看到我们现在所生活的世界中，新科学与新技术百花齐放，各相争鸣。科学与技术的不断发展使得新兴的研究层出不穷，而新兴研究的魅力就在于，我们永远不知道这本画册的下一页会呈现出怎样的图景。透过新兴研究的镜头，我们可以看到科学与技术的快速发展，人们生活方式的惊人转变，以及历史的车轮如何推动整个世界的变迁。

　　新兴研究领域的出现是科学知识增长的直接结果。一方面，科学知识的增长使得科学家对物质层次的认识不断深化，进而催生了新兴研究领域的产生。例如，物理学研究领域总是从宏观物质层次向微观物质层次深入，这就导致宏观物理研究领域向微观物理的原子物理、核物理、粒子物理等新兴研究领域发展；再如生物学研究领域从生物个体探讨不断向细胞、生物大分子更深层次的新兴研究领域发展，当认识深入分子－原子的纳米尺度，就出现了以空间尺度命名的纳米科学与纳米技术新兴研究领域。另一方面，不同知识领域的交叉渗透导致新兴研究领域的涌现。例如，物理学与化学之间的知识交叉使物理化学的新兴研究领域出现，物理、化学的知识与方法向生物学领域的渗透，引起生物物理学、生物化学等新兴研究领域的出现。当代自然科学和社会科学两大知识领域的交叉渗透，使得环境科学、城市科学等大交叉科学、综合科学涌现。

在科学知识快速增长，新兴研究领域不断涌现的今天，以劳动力和资本为中心的增长策略已经逐渐呈现出其局限性，而当今世界经济的发展也已经转移到一个新的范式——以知识和技术为核心的知识经济发展范式[1]。2004 年，Moon[2] 在他的报告中列举了几个数据来说明科学增长在现代社会中的地位，在过去人类发展 2000 年的历史中，大约有 60% 的科学技术领域的重要发现与成就发生在最近的 100 年里。在过去的 20 年中，有 80% 的发现与成就是发生在 20 世纪的，统计表明科学与技术正呈现指数性增长。普赖斯也认为科学发展的重要特征之一便是其惊人的速度[3]。现如今，各个领域的科学家都热衷于对各种新兴研究领域进行深入探索，他们实时追踪领域前沿，不断深入地研究和攻克本领域中的各种新问题与新难题。

科学知识的创造与扩散是现代科学的主要特征，科学知识可以在相当短的时间内发生引人注目的增长。科学，在广义上可以被界定为关于自然世界的系统知识。历史的发展证明，科学极大地丰富和改善了人类的生活。科学的发展，尤其是新科学领域的出现和发展，已经帮助了成千上万的人们摆脱了疾病、饥荒和穷困。例如，青霉素的发现、高产制种技术的发展及电的广泛分布都证明了科学在 21 世纪对社会财富的贡献[4]。近年来，人工智能、纳米技术、生物信息、量子计算、3D 打印、大数据挖掘等科学与技术领域所取得的成果也在不同程度上影响并改变着我们的生活和世界。因此，在科学技术发展迅速的今天，对于新兴科学与技术领域的关注，已经不仅仅是科学家的工作，其他各行各业的人出于对科学技术的利用，也逐渐开始关注科学的发展——基金机构可以通过组织各种形式的研讨会、项目规划及基金奖项来掌握科学领域的研究现状与新兴领域的出现；产业机构可以通过开发和利用有发展前景的研究领域来提高自身的竞争优势；图书管理人员需要通过创建新的图书分类与特殊收藏来捕捉新兴起的科学研究领域；大部分的公众对于了解尖端的科学技术及其对日常生活的影响也同样有着普遍的兴趣。

与科学的急剧增长，尤其是新兴科学领域的大量涌现这种全球化趋势相呼应，各国政府也相继建立本国的科技发展与创新计划。我国《国家中长期科学和技术发展规划纲要（2006—2020年)》（简称《纲要》）中指出，"纵观全球，许多国家都把强化科技创新作为国家战略，把科技投资作为战略性投资，大幅度增加科技投入，并超前部署和发展前沿技术及战略产业，实施重大科技计划，着力增强国家创新能力和国际竞争力"。《纲要》还指出，在我国，"培育新兴产业，催生新的增长点，引领未来发展，必须依靠科技在一些新兴领域和前沿领域实现重点突破"。

2011年年初，美国白宫发表了"美国创新战略报告"，目的在于保持美国在创新能力等各方面的竞争力。欧盟委员会也将创新政策作为刺激经济增长的重要部分。2009年，为了从根本上摆脱金融危机的影响，日本政府推出了许多有利于新科学与技术发展的经济政策和产业政策，其中包括促进科学技术研发等政策[5]。韩国2002年至2006年向包括信息技术、生物技术和纳米技术在内的新兴科学领域投入了大约13万亿韩元来支持新兴科学领域的研究。

2016年，中国科学技术部印发的《"十三五"国家社会发展科技创新规划》中提到，"全球新一轮科技革命和产业革命蓄势待发，世界各国政府高度重视社会发展领域科技创新，将其作为创新战略部署和公共财政投入的重点。依据经济合作与发展组织（OECD）编制的政府研发统计数据，美国环境和健康领域占政府研发非国防预算拨款的57%，英国为33%"。

从国际层面来看，新兴领域已经成为各个国家之间科学技术与经济实力竞争的核心区域。新科学与新技术的发展存在着许多不确定性，发现与发展新的领域或者新的技术需要经过慎重的决策，相关研究也必须考虑到国际与国内的发展趋势。

　　在学术领域，"创新"一直是许多专家、学者所追求的研究目标之一，因此对新兴科学领域的研究与关注，一直是学术界的热门话题。图 1.1 是笔者在 Web of Science 数据库所收录的文献中检索主题词（包括标题、关键词和摘要）含有"新兴科学领域"（"emerging field*" or "emergent field*" or "emerging area*" or "emergent area*" or "emerging research area*" or "emerging scientific field*" or "emerging research field*" or "emerging scientific area*" or "emergent research area*" or "emergent scientific field*" or "emergent research field*" or "emergent scientific area*"）的文献数量年度分布。从图 1.1 中可以清楚地看到，新兴科学领域的研究是学者们一直关注并且热衷的问题。从 20 世纪 90 年代开始，有关新兴科学领域的研究呈急剧增长态势，1990 年发表 5 篇，2011 年文献数量达到 683 篇，2015 年发表文献已达 1133 篇。这反映出对新兴科学领域的研究已经成为各个学术领域的热点。

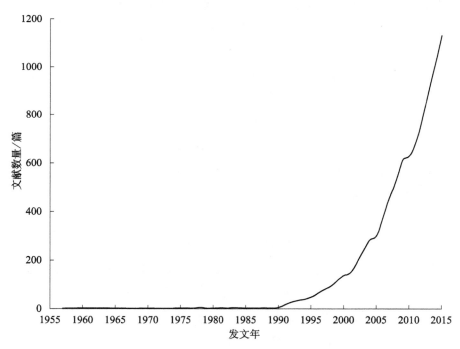

图 1.1　新兴科学领域相关英文研究文献数量的增长趋势

资料来源：Web of Science，http://www. webofknowledge.com

自 20 世纪中期以来，由于科学知识的快速增长，现代科学发展的一个重要趋势与特征便是科学知识之间的高度综合与交叉，自然科学和社会科学之间的传统壁垒已经被打破，因跨学科研究而产生的边缘学科、交叉学科，在现代科学知识体系中占据着十分特殊又极为重要的地位[6]。当进一步对从 Web of Science 数据库中搜集的数据进行学科分类分析之后，我们发现新兴科学领域的学术研究已经十分广泛。图 1.2 显示的是新兴科学领域研究在科学地图[7]上 13 个学科领域中的分布情况。新兴科学领域的研究分布十分广泛，涉及科学地图中的所有学科，尤其在生物、脑科学、医药及信息技术等领域分布相对密集。由此可见，新兴科学的研究已经成为各个学科领域的重要选题。同时，对新兴科学领域本身的元研究也涉及多种不同学科领域，如社会学、科学计量学、信息计量学、历史科学、运筹学、科学信息传播学、科学规划学等。

创新是当今时代的主题，创新能力也是考量一个国家综合实力的指标之一。识别新兴科学领域的研究工作对于把握科学发展趋势，掌握未来科学竞争的前沿具有重要意义。

在科学技术飞速发展的今天，一个国家的创新实力直接体现为对新技术的抢占与新领域的开拓。因此，世界上任何一个国家都比以往任何时候更加重视科学与技术的创新、新兴科学领域的部署及对新出现的研究前沿的敏锐把握。根据本国科学技术与政治经济的现实及发展需要，来制定知识战略与创新战略具有十分重要的意义。由于相关科研活动需要大量的科技资金投入，并且会对科学技术乃至经济与社会产生连锁反应，如何制定创新政策，如何确定科研资金投入方向与比例，以及启动哪些科研项目是十分重要的。为此，许多科学技术政策制定者做出了大量的努力。在发展初期及时辨识新兴科学领域，甚至提前预测新兴科学领域，可以为国家制定和完善相关创新政策和科学技术发展战略提供重要的参考依据。

识别新兴科学领域在科学研究中的作用同样也在日益增加，它有利于帮助科研人员及时地识别出本领域中最新的研究方向。新兴科学领域如雨后春笋般地出现，使得迅速了解并且科学准确地把握最新的研究方向成为各个科学技术领域内的专家进行科学研究工作中关注的焦点，也是科学

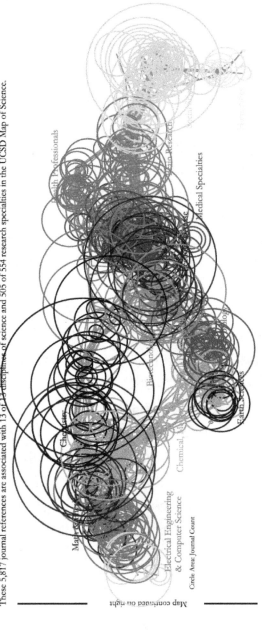

图 1.2 新兴科学研究领域的学科分布（文后附彩图）

研究工作的重要环节。一方面，科研人员只有了解并掌握了自己所在学科专业内的最新研究方向，才能够为政府和基金机构在制定科技政策及规划科研项目中提供研究依据与参考；另一方面，及时辨识新兴研究领域，有助于科研人员密切跟踪国际学术研究热点，始终在国际学术研究界处于前沿，并占有一席之地。

新兴科学领域的确定及相关科学技术政策制定的传统方法一般是咨询各领域的专家、学者[8]，由他们根据自己现有的知识及对国际同行研究的了解来归纳与确定。然而根据新兴科学领域的特点，从定量的角度对科学技术信息尤其是科学技术文献的分析与可视化，可以为国家层面的创新政策制定、科技资金的投入方向提供定量的、相对准确的及直观的数量依据，同时也可以对传统的基于专家咨询的结果进行进一步检验。

科学的发展具有动态变化的特点，科学知识体系的分类也在不断地变化。伴随着科学知识的急速增长、学科内部的不断分化，学科之间的交叉与融合直接导致了大量新兴科学领域的出现。从宏观方面来看，在这种科学知识高度融合与分化的科学发展趋势下，对大量涌现的新兴科学领域进行探测与辨识，有利于与国际学科的发展方向及前沿接轨，并不断调整、充实与完善现存的学科分类体系和结构。从微观方面看，识别某一学科中的新兴科学领域，有助于及时地将其纳入该学科体系中，丰富和发展该学科的理论研究，并且可以根据学科发展现状，重新整合现存的研究领域及新兴的研究领域，以保证该学科体系的开放和完整。

② 探本溯源：对新兴研究领域的再认识

2.1 研究领域与学科的关系

在考察"新兴研究领域"的概念之前，这里首先需要界定一下"研究领域"的概念。为了区别起见，我们要分别考察"学科"与"研究领域"的概念。由于学术界并没有一个公认的"学科"与"研究领域"的严格界限，很多研究将这两个词等同使用[9-12]，也有的研究自然地将其归属到"学科"的范畴内[13-16]。

有关"学科"的概念林林总总，《辞海》将其定义为"学术的分类，即一定科学领域或一门科学的分支"。《新华词典》将其解释为"按照学术的性质而分成的科学门类"，如自然科学中的物理学，社会科学中的历史学、法学等。《中华人民共和国国家标准·学科分类与代码》定义"学科"为"相对独立的知识体系"。王续琨认为"学科是具有特定研究对象的科学知识分支体系"[17]。沙姆韦和梅瑟－达维多认为学科是某一个研究范围，它的建立应当是"基于普遍接受的方法和真理"，且学科之间有着严格的界限[18]。根据库恩的范式理论，Jennex 和 Croasdell 总结了一个学科需要具备共同的研究问题、专业期刊的建立、已被接受的知识主体、专业协会的成立、专业术语与本体及学位授予权[19]。尽管表述不同，但是从以上这些定义我们可以看出，它们有一个共同的关键词——"体系"，"学科"的概念更加强调系统性与归属性。有研究认为将某一领域学科化的目的就在于将知识系统化和专门化[20]。

然而关于"研究领域"，目前学术界并没有一个明确的概念界定。有关"学科"与"研究领域"的关系探讨则集中体现在高等教育学的研究中。有研究认为，"研究领域"与"学科"相比，是更低一层的一个研究阶段，而将"研究领域"学科化则是一个知识体系或者理论体系的最高阶段，也是进行知识探讨的最终目的[21]。有的学者却认为二者之间不存在层级上的高低区别，刘海峰在论证高等教育研究是学科还是领域的研究中总结了"学科"与"研究领域"的一个重要区别，即是否具有渗透性，他同时提到了贝克尔的观点，即"学科"的边界通常不可渗透，各知识要素内部紧密相连，知识范围具有稳定性和整合性，而"研究领域"的边界却是可渗透的，由于其学术群体的分布广泛而松散，它的知识范围开放且不稳定[22]。

本书并不赞同"学科"是知识发展的最终目的这一观点，作者认为它只是知识发展过程中体系化及制度化的产物，随着科学知识的不断增长，任何一门学科都不是孤立或者封闭的体系，学科之间的交叉、渗透及融合已经成为现代科学发展的重要趋势，这使得各学科之间的所谓"边界"已经越来越模糊，从而产生了许多交叉学科与边缘学科。在现代科学中，交叉学科与边缘学科是大量存在的，而现代科学的高度融合与交叉趋势使得交叉学科与边缘学科的数量不断显著增长。因此，很多学者在对学科发展的不断反思过程中，对以学科和学科体系的形成作为知识发展的过程动力与最终目的的研究观点提出了质疑，他们认为任何一项科学研究都是围绕一个或者几个科学问题而展开的，现代科学也不再追求严密的学科体系，而倡寻以科学问题为中心的研究范式，"学科"与"研究领域"之间，只代表了不同研究者在认同上的差异[21]。

基于以上综述与分析，本书认为"研究领域"是一个围绕着某一科学问题而展开的一系列科学研究的总和。

2.2 研究领域的界定方法

目前已经有很多研究者提出各种方法来识别新兴研究领域 [1, 23]，如识别它们的成熟度 [24, 25] 及发展速度 [26, 27] 等。然而，在进行识别研究之前，首要的也是最难的任务就是如何来界定研究领域。随着科学的不断增长，一个新的研究领域常常分化出不同的研究方向，又或者由于领域间的交叉和渗透而产生新的研究领域。目前，学界并没有一套规范而又系统的学术词汇来对其进行界定。在科学计量学界，"研究领域"的界定方法是一个永恒的话题，一般来说，"研究领域"之间的界限是非常模糊的，需要利用一些方法来进行人为的界定。

目前，从科学计量学的角度出发，对"研究领域"进行界定的方法有很多种。宏观层面的研究往往倾向选择一组专业期刊来进行界定，然而这种方式却存在一定的模糊性。为了减少用于界定的数据的"噪声"，微观层面的研究则倾向于使用一组文献来进行界定以提高结果的准确度和可靠度。目前，最常用的界定"研究领域"的信息检索方式则是主题词查询法 [28]。

很多科学计量学家针对"研究领域"的界定进行了一系列的理论和实践探讨。Small[29] 认为"研究领域"应该由一系列文献或其他文献计量的单位如期刊、作者、关键词等组成，用它们来界定一个研究主题和一个拥有共同研究兴趣的科学共同体，Small 的这个定义包含了研究内容方面和社会方面的两个因素。早期社会学领域的研究强调科学研究领域应该由参与元素之间正式和非正式的联系来构成，尽管这些纽带关系并不足以用来界定一个"研究领域" [30]。Zitt 和 Bassecoulard [31] 认为界定一个复杂的"研究领域"（如纳米科学、基因组学或者信息通信等），往往需要利用很多方法，例如，利用一系列专业期刊、一组研究作者、相关研究领域的机构网站等，或者基于研究领域专业术语的主题词检索，有时也会使用引文流动分析法和专家咨询作为补充。Lewison [32] 认为"研究领域"的界定一般使用两种方法：一种是利用一组专业期刊；另一种则是在所有期刊中搜索题目中包含指定主题词的论文的集合。

尽管界定研究领域的方法有很多种，但是没有任何一种方式可以囊括一个领域的所有研究工作，然而这些方法所提供的结果仍然可以为学术研究提供一个合理的借鉴，并以此来进行下一步的分析和研究工作。基于本书给出的"研究领域"的概念，即一个围绕着某一科学问题而展开的一系列科学研究的总和，本书倾向于使用主题词搜索法来界定一个"研究领域"，而该方法在学术研究中也已经被很多学者采用[33-36]。

2.3 什么是新兴研究领域

"新兴研究领域"概念界定的重点在"新兴"二字上。《辞海》中，"新"的意思是"初次出现的"，与"旧"相对。"兴"的意思则是"起""兴盛"。因此，通过字面意思，我们可以将"新兴研究领域"（emerging research field）解释为初次出现并处于蓬勃发展状态的研究领域。通过对关键词检索出来的文献进行内容分析后发现，有关新兴研究领域的概念目前为止并没有一个正式或统一的概念。门纳德（Menard）在对科学增长和变化的探讨中，将新领域或者说年轻的领域划分为快速增长和慢速增长两个方面，他认为慢速增长是相对比较少见的情况[37]。一个新的科学问题的提出，势必要获得其他学者的关注，对于一个慢速增长的年轻领域来说，它所获得的关注无论从数量上还是速度上都是相对较低的，因此本书定义"新兴研究领域"为一个在科学共同体内获得公认的，年轻并且呈迅速增长态势的有关科学或者技术问题的研究领域。

2.4 新兴研究领域与研究前沿

学者们对于"研究前沿"的本质探讨、定量界定与跟踪都做了大量的研究。普赖斯（Price）认为在科学论文的引文网络中，对于一篇指定的引文，研究前沿是由被频繁引用的新近发表的论文所组成的一个动态聚类，而这些相关的新近文章有 30 ～ 40 篇[38]，普赖斯所提出的"研究前沿"的概念突出体现在引文的最近行为，代表了一个学科研究领域的思想现状。Small 和 Griffith 认为"研究前沿"体现为引文的共引聚类，这些聚类代表着那些活跃的研究领域，他们集合了引文聚类中所有文章题目中出现频次最高的词以形成词集，这些聚类的本质就是由这些词集所标注的被引文献[39]。Braam 等定义"研究前沿"为被集中关注的一系列相关问题和概念[40]，他们同样运用文献共被引的分析方法来确定引文聚类，运用词集相似度分析来确定不同聚类的不同研究主题。Persson 认为引用相同文献的文章形成了"研究前沿"[41]。Morris 等将经常被一组固定的、与时间无关的基本书章引用的一组文章经耦合而成的聚类定义为"研究前沿"，同时他们还运用时间线的可视化方法绘制出了"研究前沿"图谱[42]。陈超美在总结前人对"研究前沿"的研究基础之上提出，"研究前沿"体现为正在兴起的理论趋势和新主题的涌现，并运用从题目和摘要中提取出那些出现频率突然增加的专业术语来对研究前沿进行标注[33]。

以上有关"研究前沿"的文献综述表明，"研究前沿"往往是基于某一具体的研究领域或者学科领域来说的，一个研究领域或学科领域中的"研究前沿"可以随着时间的推移而不断变化，二者之间呈现从属关系，即一个研究领域在某一特定时间段内，可以存在不同的"研究前沿"。从时间的层面来说，研究前沿的"新"的本质只是相对于其所出现的特定时间段而言的，基于上述所给出的"新兴研究领域"的概念，"新兴研究领域"中的"新"则体现为时间维度上的"当下"。

2.5　新兴研究领域与会聚技术

"会聚技术"（converging technology）是当代各门技术科学及其前沿技术交叉融合的一个崭新的表现形式。这个概念的提出源自 2001 年 12 月美国商务部、美国国家科学基金会（National Science Foundation,NSF）和美国国家科学技术委员会纳米科学工程与技术分委会在华盛顿联合举行的一次会议，有官、产、学、研等各界人士参加，会议的报告集《提升人类能力的会聚技术》认为会聚技术是指纳米科学与技术、生物技术与生物医学（包括基因工程）、信息技术（包括高级计算和通信）、认知科学（包括认知神经科学）等 21 世纪迅速发展的四大科技领域的协同与融合，其英文表达为"NANO-BIO-INFO-COGNO"，缩写为 NBIC。会聚技术提出的一个基本原则就是要打破各领域之间原有的界限，使各项技术之间实现紧密的融合[43,44]。此后，国内外许多学者对其进行了大量的相关研究[45-50]。

会聚技术与新兴研究领域既有相同点，也有不同点。首先，在学科之间高度综合与交叉融合是现代科学发展的主要趋势这一大背景下，二者的相同之处体现为都具有高度的学科交叉性。其次，从研究范围来看，会聚技术概念的提出主要体现为纳米、生物、信息三大技术领域与认知科学思想的融合，而新兴研究领域与其最大的区别就在于，后者拥有更宽泛的研究边界，研究范围并不仅仅局限于上述四个领域，它可以是自然科学领域，也可以是人文社会科学领域。尽管如此，会聚技术的提出仍然给了我们一个重要的启示，即将自然科学的其他研究领域，乃至人文社会科学加入到会聚技术中，将更有利于人类的发展，实现更广义的会聚技术，从而产生更多新的知识领域[44,47]。

2.6　本章小结

在科学知识飞速增长的今天，"新兴研究领域"已经成为一个高频词汇。然而，关于究竟什么是新兴研究领域、如何界定新兴研究领域等问题，目前还没有研究给出更为明确的回答。然而这对于明确本书的研究对象有十分重要的意义。为了明确这一概念，本章首先对"研究领域"和"学科"两个学术界常常混用的概念进行了区分，并回顾了有关界定"研究领域"的定量方法。基于本书给出的"研究领域"的概念，即"一个围绕着某一科学问题而展开的一系列科学研究的总和"，本书更倾向于使用主题词搜索法来界定一个"研究领域"。

在科学技术如雨后春笋般涌现的今天，很多与新兴研究相关的专业术语和学术词汇也大量涌现，如研究前沿、会聚技术等，本书在这一部分也对这些概念的相同点和不同点进行了论述，这有助于进一步明确本书所要阐明的研究对象。

本章通过对"研究领域"与"学科"概念的区分，对"新兴研究领域"及其相关概念的阐述，对针对研究领域的界定方法的明确，以及对新兴研究领域辨识的研究工作的回溯，对"新兴研究领域"进行了再认识。

③ 温故知新：回溯性研究

3.1 基于文献计量学指标的研究

在文献计量学的早期研究中，有很多简单的计量指标都被用来识别科学增长点，如期刊数量的增长、相对于年龄的论文被引次数、自引率、引文网络的连通性等[51]。

对于一个新的研究领域或者正在快速发展的研究领域来说，它更容易快速地吸引该领域内科学研究者的注意力，这些科研人员发表新的研究论文，并且引用该领域在形成初期的一些原始论文，都导致了该研究领域的迅速扩张。因此，一个研究领域内有越多的新近论文或者当前发表的论文被高频引用，就说明该领域会在未来有越大快速成长的可能。所以，很多时序性或基于时间的文献计量学指标都可以被用来识别新兴研究领域及其趋势，即使它们被创建的初衷并不是出于这个原因，如普赖斯指数（Price index）[52]、引文半衰期（median citation age）[53]和即年指标（immediacy index）[54]。

普赖斯指数与引文半衰期都被用来衡量文献老化速度，前者是指某一研究领域内，发表年限不超过 5 年的文献的引文数量占被引文献总量的百分比，后者指已发表的文献中有一半已经不使用的时间，二者呈负相关性[55]，一个研究领域内文献的普赖斯指数越高，引文半衰期越小，此时我们可以判断该领域是一个年轻的研究领域。同样地，即年指标也可以被用来反映论文的被引速度，即年指标值越大，说明论文的被引速度越快，该领域的发展速度也越快。在此基础上，Small[29] 通过运用现时指标（currency index），即高被引论文的平均年龄来反映一个领域的发展速度。他的研究表明，具有高现时性的聚类（这里代表一个研究领域）会比具有低现时性的聚类在随后的时间段中发展得更快。

Leydesdorf[56] 认为，在科学政策的研究中，及时追踪新的快速增长的研究领域的新兴发展趋势是十分重要的。他运用期刊共被引分析探讨了以文献为基础的科学指标，通过一系列实证研究发现，新期刊可以被看作一个结构性指标来显示一组新的期刊分类的兴起。

Klavans 等 [57] 研究了用于识别"热科学"（hot science）的科学指标，他们请美国国家科学基金会和美国国立卫生研究院的专家为 713 个研究问题判断哪些属于热（hot）研究、冷（cold）研究和平均（average）研究，结果显示，年龄即一个研究问题所持续的时间是最重要的指标。

以上研究都是基于文献数据的研究，而 Rassenfosse 等 [58] 则以专利数据作为研究对象，将具有优先权的专利数量作为识别新兴技术的一个科学指标。

3.2 基于主题词探测的研究

许多识别新兴主题趋势的研究都使用了 Kleinberg 的突变检测算法（burst detection algorithm）[59]，该算法最初是通过识别重要主题词来实现邮件的自动分类而设计的，Kleinberg 使用了概率自动机，即一个词的突变状态与该词的出现频次相关，并且它的状态转换与该词在出现次数发生显著变化的时间点相关。对于一个既定的具有时间标识的数据文本，如一组包含摘要和发表时间的论文数据，该算法可以识别出摘要中那些出现频率发生突然增长的研究主题词，并且为这些突现的主题词输出一个列表，该列表包含这些词开始发生突变的年份（starting year）、突变结束的年份（ending year）及突变强度（burst strength），这里的突变强度表示词频的变化。

Mane 和 Börner[60] 以《美国科学院院报》（*Proceedings of the National Academy of Sciences，PNAS*）在 1982 年至 2001 年间发表的所有数据作为研究样本，这些数据主要包含了有关生物医药研究领域及其他研究领域的数据，他们的研究提取出研究样本中前 10% 的高被引论文，利用突变检测算法来探测突现词，并在这些突现词中间提取出 50 个同时具有高频特征的主题词，对这些高频突现词进行共词分析并用可视化手段展现出该刊的研究主题变化趋势。

Chen[33] 同样利用该算法来辨认用于代表研究前沿的专业术语，在他开发的用于追踪科技前沿的可视化软件 CiteSpace 中，研究前沿的标签便是由从题目、摘要、关键词和文献记录的标识符中提取出的突变专业术语（burst term）而确定的。

Ord 等 [61] 也利用突变词检测来识别出动物行为研究领域的新兴研究主题，并分析了该领域在时间维度上的研究兴趣的演变。

Takahashi 等 [62] 将 Kleinberg 的突变检测算法和可识别大规模文档集的主题模型［如潜在狄利克雷分配模型（latent Dirichlet allocation，LDA）和动态主题模型（dynamic topic models，DTM）］相结合，来识别突现主题，他们的研究结果显示运用该方法来探测突现主题的准确率超过 83%。

除了 Kleinberg 的突变检测算法以外，还有其他的一些研究通过文本发掘的方法来发现新兴的研究主题。Pottenger 和 Yang[63] 将人工神经网络分类和文本挖掘方法相结合来区别出不同的新兴主题，并比较了不同网络之间各自所产生的作用。

当然还有很多研究运用了不同的研究放在新兴研究领域的主题词层面展开分析，如 Zhang 等运用了"主题词聚集"（term clumping）[64]、Yan 将共词分析和主题模型的方法相结合对新兴主题的新颖性进行辨识[65]、Ohniwa 等运用共词分析方法将 MeSH 主题词进行聚类来进行研究 [66] 等。

3.3 基于引文的研究

Small 和 Upham[67] 通过对新兴领域有机薄膜电晶体的案例研究表明，引文网络的结构属性可以用来阐释某一研究领域的新兴、发展及衰亡的过程。根据文献共被引聚类的线性示意图，他们研究了在这些聚类的整合与分化过程中，新研究领域是如何形成与出现的。

东京大学工程创新研究所的 Kajikawa 等 [68] 利用引文网络分析方法研究了生物量和生物燃料研究领域的现有结构，并对该领域的引文网络进行拓扑聚类，分级群聚的结果反映了该领域内的新兴技术与研究前沿。由于快速发展的研究领域通常具有高论文产出速率的特点，他们通过分析各个聚类的平均发表年份来识别出那些快速发展的研究领域，结果表明生物柴油和制氢技术是发展最快的两个子领域。

运用同样的方法，Kajikawa 等还研究并探测出了燃料电池与太阳能电池是能源领域中的两个新兴领域 [69]，同时他们还对这两个子领域进行了文献聚类分析，并提取出每个聚类的研究内容，并通过论文平均发表年份的曲线分析了各个研究聚类不同的增长趋势。来自同一机构的 Shibata 等用了同样的方法做了类似的研究 [70, 71]，并用该方法研究了如何预测某一研究领域内未来的核心文献 [72]。

Leydesdorff 和 Schank[73] 以《认知科学》（*Cognitive Science*）、《社会网络》（*Social Network*）和《纳米技术》（*Nanotechnology*）三本期刊为研究样本，用中介中心性（betweenness centrality）作为测量学科交叉度的指数，他们还研究了一个新研究领域的兴起过程中，其期刊引用模式的动态变化。例如《纳米技术》期刊起初所引用的其他期刊大都来自物理学领域，之后化学领域也开始更多地关注纳米方面的研究，此时，《纳米技术》期刊成为物理与化学两个领域有关纳米研究的桥梁期刊。之后许多新的有关纳米技术研究的期刊纷纷开始创建，《纳米快报》（*Nano Letters*）的出版使得该期刊成为物理学与物理化学领域有关纳米研究的重要期刊。与此同时，《科学》（*Science*）期刊也开始参与到纳米领域的期刊引用关系中，此时，《纳米技术》失去了它原有的桥梁期刊的地位，这体现为它的中介中心性开始逐渐降低。

Chen 等 [74] 将作为时间属性的引文突变和作为结构属性的中介中心性两个指标相结合，来分析科学研究的转化和知识的传播。结果表明，那些潜在的高影响力的科学发现必然具有较高的引文突变值与中介中心性。反之，具有较高引文突现值与中介中心性的科学研究是一个潜在的并且会发展成为具有高影响力的科学发现。

Boyack 等 [75] 提出了一个基于研究问题层面的科学模型，该模型的背后仍然是引文理论的支撑，他们的研究使用了 Scopus 数据库的引文数据，运用引文分析的方法，将所有的施引文献和被引文献数据分成不同的引文聚类，如果临近的两个聚类拥有超过 30% 的相同参考文献，那么它们将会被联系在一起，每一个小聚类被称作"微共同体"（micro-community），它们代表了不同的研究问题（research problem），而重合的部分则代表了主要文献集或者由它们所代表的研究问题随着时间而变化的过程，他们把过程分为孤立（isolate）、产生—停止（birth-stasis）、产生—分化（birth-split）、停滞—消亡（stasis-death）、停滞—停滞（stasis-stasis）、停滞—分化（stasis-split）、融合—消亡（merge-death）、融合—停滞（merge-stasis）、融合—分化（merge-split）九种类型。研究还将纳米技术中的石墨烯和太阳能电池作为研究对象，运用实例分析演示了这两个研究领域中新兴研究主题的发展变化过程。

Fujita 等 [76] 对比研究了不同类型的引文网络在探测新兴研究前沿中的作用，研究认为目前的研究工作都是单独运用有向引文网络、文献共被引网络和文献耦合网络等来进行研究。然而他们的研究认为混合引文网络，如有向引用和共被引共存的引文网络同样可以用于识别新兴的研究前沿。研究通过测度各种引文网络中文献聚类的能见度、聚类规模、发展速度和拓扑相关性，评价了不同引文网络在探测新兴研究前沿中各自所能发挥的作用大小。

大部分的引文分析视角研究的对象都为文献数据，还有一些研究的对象则为专利数据。例如，Kuusi 和 Meyer[77] 利用文献耦合的方法对纳米领域的专利进行了分析，他们认为该方法对于识别技术突破具有重要的作用。Érdi 等 [78] 运用专利共被引的方法识别技术分支，并预测专利共被引网络聚类结构的时序变化，以预测新兴技术的出现。

以上分析表明，在引文分析视角层面与其他研究视角不同，除了文献数据之外，有很多研究将焦点放到了专利研究层面。

3.4 基于混合计量标识的研究

Lucio-Arias 和 Leydesdorff [79] 探究了科学发现中知识的兴起及其在科学交流中的分化影响。他们以期刊、关键词及引文为研究对象，运用网络分析的方法阐释了科学知识的兴起过程。研究表明，该分析方法有助于理解新的领域兴起过程中（这里可以看作新的期刊创建）的期刊互引模式变化、研究兴趣在时间上的语义变化，以及新产生的知识为未来的研究所奠定的基础。

Scharnhorst 和 Garfield[80] 提出并运用历史图谱方法（historiography）和领域迁移（field mobility）[81] 的方法来追溯默顿（Robert K.Merton）的代表作《十七世纪英格兰的科学、技术与社会》[82] 的影响力，这两种方法主要是基于作者和文本。他们对默顿的该部代表作的引文图谱进行了研究，结果揭示了科学技术研究领域在 19 世纪 70 年代的兴起。他们的研究还表明，研究一个领域的源头论文或者追踪一个学者的学术发展轨迹，可以用来追溯科学知识的兴起与传播。

Bettencourt 等 [83] 通过对科学合作网络最大成分的各个网络属性的统计分析，如节点数量、连线数量、网络直径等，研究了八个研究领域的兴起与发展变化的过程。

Leydesdorff 和 Rafols[84] 通过运用可视化的方法，分析了小干扰 RNA（siRNA）和纳米晶体太阳能电池（nano crystalline solar cells，NCSC）两个研究领域的地理扩散（即地域合作网络）和认知扩散（学科共现网络），以及这两个新兴技术领域的创新轨迹。他们的研究显示，小干扰 RNA 研究领域已经进入到一个商业化和全球化的阶段，其学术研究轨迹正逐渐饱和，然而纳米晶体太阳能电池研究领域还没有进入到这样一个成熟的发展阶段，该领域仍处于一个比较慢的发展节奏阶段。

Liu 等 [85] 通过研究知识网络包括引文网络和关键词网络的动态演化，

识别了新兴研究趋势的形成，并探测了某一知识领域中新兴趋势的演化过程。

同时还有研究整合了文献计量学与统计学的科学指标进行研究。例如，Ávila-Robinson 和 Miyazaki[86, 87]根据科学知识基础变化率和变化方向分析了其发展变化的动态特征，并整合运用了文献计量学指标、社会网络分析和多尺度统计方法对科学文献及其引文进行了实证分析，研究提供了一个有效的定量分析框架来辨别技术的兴起。

3.5 基于数理模型的研究

在识别新兴研究领域及其趋势的研究探索中，许多研究者还使用了数量模型来研究科学思想是如何在科学共同体中传播的，以及科学研究领域是如何随着时间而发展的。在很久之前，就有学者提出，人与人之间的科学思想传播和流行病发生的模式相类似，Goffman 和 Newill[88]在 1964 年的研究中提出用流行病的理论来研究科学思想的传播及探究科学研究领域是如何随着时间而发展的，在此基础上他们还利用该模型研究了数理逻辑学科的增长过程，并预见了该学科中个别研究领域的兴起和衰落[89]。

Goffman 还做了一系列关于运用流行病的数理模型（epidemic model）来探索科学知识传播和预测科学发现的研究，其中《运用数学方法研究科学思想的传播：柱状细胞的研究历史》（*Mathematical approach to the spread of scientific ideas: The history of mast cell research*）[90]和《预测科学发现的数学方法》（*Mathematical approach to the prediction of scientific discovery*）[91]两篇论文的被引次数最高。这两篇论文分别为科学知识的增长模式提供了定量的解释模型，论证了如何使用流行病数理模型来研究一个科学领域如何从兴起发展到现有的状态，同时还用该模型推断了它们未来的发展趋势与方向。Garfield[92]也同样利用了科学知识的流行病模型来解释科学信息的传播与发展。

然而，流行病与科学知识的发生和传播模式之间毕竟存在着重要的不同，即知识是被渴望获得的，科学知识的获得往往需要广泛的教育，而且许多软性或者硬性的媒介，如会议、院校、博士生培养项目等，也需要被建立用以促进科研人员之间的交流，而流行病则并不如此，它是人们被动获得的。近年来，在疾病传染过程中人与人之间的接触特征是经常被关注的，因此对于科学发展的研究来说，一种新的数理模型，即人口传染模型理论被用来研究科学领域随时间发展而产生的变化趋势[93]。

Bettencourt[34, 94]的研究表明，流行病理论发展出来的各种人口传染模型（population contagion model）可以用来有效地描述新兴领域的时间演化过程及科学交流的动态过程，同时论文数量与新作者数量之间的相似律研究可以用来反映科学生产力的增长或下降。

Sun 等[95]认为，尽管科学学科的产生和消退对科学与社会十分重要，然而并没有研究提出一个定量的模型来验证科学学科的兴起究竟是发生在科学共同体的形成之前还是之后。他们的研究提出了一个基于 Agent 的定量模型，以科学的社会动态即科学家之间的社会互动为研究基础，来模拟科学的动态演化过程，研究发现该社会理论可以为学科、作者及文献之间的关系提供解释，这些结果也为科学动态变化在科学学科的产生、演化和衰退的过程中所起到的重要作用提供了强有力的定量支持。他们认为，未来科学学研究应当偏重测度科学发现、技术发展和其他外部突发事件在一门新学科的兴起中所起到的作用。

Xie 和 Raghavan[96] 提出了一个随机游走模型，该模型可以用于定量分析研究技术的兴起及研究论文的影响力，运用该方法可以在早期阶段就识别出一个研究领域中重要的科学或者技术文献。

3.6　本章小结

新兴研究领域被公认为是科学技术发展的重要方向，因此它成为很多国家和地区学者的主要研究兴趣。本章回顾了很多新兴研究领域辨识相关的研究文献，这些研究都为新兴研究领域的辨识提供了详细的论述与说明，也为新兴研究领域的辨识工作打下了坚实的研究基础。

本章通过对新兴研究领域辨识相关的研究文献进行回顾和梳理后发现，已有新兴研究领域识别研究对科学指标的运用不够系统，研究方向显得较为零散。例如，大部分研究文献只集中在研究领域的某个方面，如作者、引文、关键词及期刊，来考察研究领域的兴起与发展情况，个别研究将其中两两结合进行考察。另外，由于考量指标的缺乏，目前还没有研究对各个用于识别新兴研究领域的指标进行比较分析，因而不能够清晰地表现一个新兴研究领域所具有的各方面特征，也无法考证各个科学指标之间的关系。然而，利用多元科学指标从不同的视角来识别新兴研究领域，在一定意义上可以弥补以上研究的不足。

目前无论在科学哲学领域，还是科学计量学领域，关于新兴研究领域的研究都是在已经发生科学危机的情况下，在较短的时间内对某一研究领域的新兴或者衰落进行判断，如在科学前沿中可能存在新兴研究领域[38]，从引文网络的结构洞中推断潜在的科学研究[74]，抑或根据学科交叉点来判断可能产生出的新兴研究领域[97]等，大部分研究都是具有推断性或者预见性的，目前还没有比较确切的关于新兴研究领域的预测研究出现。因此，本书所探讨的新兴研究领域的辨识或判断，不同于也不涉及如何预测新兴研究领域或开创新兴研究领域，二者属于两类不同的研究范畴，因此本书并没有探讨科学家或新作者为什么及如何进入一个新兴的研究领域，但研究所设计的诸多科学指标对于一个新兴研究领域的预见或开创，具有一定的启示或借鉴作用。

4 格物致知：新兴研究领域从创生到成熟的理论建构

4.1 新兴研究领域的形成基础：科学知识增长

识别新兴研究领域这项工作本身是与了解科学发展规律紧密相关的，新兴研究领域的出现与形成是科学知识不断产出与增长的直接结果，因此研究新兴研究领域本身，首先需要理解科学活动的本质。这里我们从科学的社会学、科学哲学及科学计量学等视角着重考察与科学知识增长相关的重要理论，并以此作为识别新兴研究领域的理论基础。

在 Web of Science 数据库中以"scientific growth"（科学增长）作为主题词进行检索，基于文献共被引理论，并借助 Sci^2 科学学工具包（science of science tool）[98]，我们绘制出"科学知识增长"的主要研究领域分布，如图 4.1 所示。通过对网络中各节点，尤其是关键节点（中介中心性大于等于 50 000 的节点）的内容分析，大致归纳出有关科学知识的增长研究

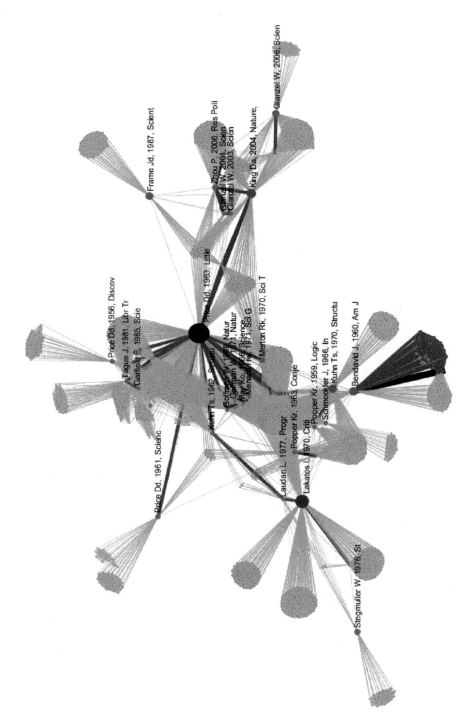

图 4.1　基于文献共被引网络的"科学知识增长"主要研究领域分布

主要是在哲学、社会学、历史学与科学计量学的视角下进行的，这些研究也形成了科学知识增长研究的知识基础。

首先，科学知识增长研究主要体现在哲学、历史学与社会学思考层面。

"截至 1970 年前后，关于科学知识的增长和变迁模式问题一直属于哲学领域。"[99] 关于科学知识的增长这一哲学议题，科学哲学家们主要是将现代逻辑应用到科学研究中，从历史的角度来研究科学的发展变化。结合图 4.1，我们可以发现其中主要的研究有卡尔·波普尔（Karl Popper）的《科学发现的逻辑》[100, 101] 和《猜想与反驳：科学知识的增长》[102, 103]、托马斯·库恩的《科学革命的结构》[104-106]、伊姆雷·拉卡托斯（Imre Lakatos）等的《批判与知识的增长》[107, 108]、拉里·劳丹（Larry Laudan）的《进步及其问题——科学增长理论刍议》[109, 110]、施太格缪勒（Wolfgang Stegmüller）等的《结构与理论动力学》[111] 等。这些研究挑战了那些已被广泛接受的关于科学知识与科学合理性的发展观点。波普尔和库恩都认为科学的增长并不是简单地通过积累而建立起新的真理的过程[112]，但是二者对于科学知识的增长模式的观点是不同的，波普尔持证伪主义观点，他认为旧理论可以通过猜想与反驳，不断清除错误的过程，而被新理论代替；库恩则认为新的科学学科是通过旧范式所产生的危机而形成的，科学革命的过程可以被归纳为：前科学→常规科学→危机→科学革命→新常规科学→新危机。拉卡托斯从他的"科学研究纲领方法论"出发，采用科学研究纲领进步与退步的问题转换，论述了客观评价科学成长的问题，淘汰退步的研究纲领，保留进步的[107]。劳丹则认为科学知识的进步与增长总是始于问题的解决，科学的进步就是"把未解决的问题和反常问题变为已解决的问题"[109]。

著名科学社会学家本-大卫（Joseph Ben-David）于 1960 年发表的《医学中的角色与创新》[113]，以医学学科为分析对象，为科学中的思想创新提供了解释模型[114]。他的另一篇经典之作——《十九世纪医学的科学产出率和学术组织》[115] 也于同年发表，该篇文章旨在描述和解释从 1800 年至第一次世界大战期间德国、法国、英国及美国医学产出率起伏变化的不同，并指出这种不同可以解释这些国家中各个学术系统之间不同的竞争程度[114]。

默顿的博士学位论文《十七世纪英格兰的科学、技术与社会》[82, 116]，是其成名的代表作。他广泛采用数学统计方法，通过对英国 17 世纪期刊等大量文献的统计，定量分析了当时英国上层社会尤其是知识界对职业、科学和技术的兴趣转移，说明当时英国科学的社会结构随着科学兴趣的转移而发生的变化。这部代表作成为连接科学社会学和科学计量学的桥梁，他也因此于 1995 年获得科学计量学的最高奖项——普赖斯奖。

其次，科学知识增长的研究还体现在定量测度方面。

"科学计量学之父"普赖斯强调了科学知识增长与文献集之间的关系。他的两部著作《巴比伦以来的科学》（Science since Babylon）[117, 118] 和《小科学，大科学》（Little Science，Big Science）[119]，以及《科学的指数增长》（The exponential curve of science）[120] 和《科学论文的网络》（Networks of scientific papers）[38] 两篇文章都广泛运用定量方法来分析科学的发展，研究对科学文献的指数增长规律与逻辑增长规律、普赖斯定律、科学合著现象、大科学现象等都做了详尽的阐述和深入的分析[121]。普赖斯的研究表明，几个世纪以来文献总量一直保持着指数增长的态势，并且可能会以目前年均 7% 的增长率持续发展下去[38]。从图 4.1 中可以看出，普赖斯于 1963 年发表的《小科学，大科学》是科学知识增长研究领域的最关键的节点。Garfield[122] 对《小科学，大科学》的影响进行了定量分析，他发现该书从 1963 年发表开始至 1983 年，在图书馆与信息科学领域的期刊中被引次数就达到了 215 次，同时所有引用该著作的论文来自 80 多个学科领域，这是普赖斯最著名也是被引次数最高的著作，它也成为科学计量学的奠基之作。普赖斯在该书中指出，"小科学"与"大科学"的基本特征都是呈指数性的迅速发展，其速度高于人口和经济的增长，以致每 10 ～ 15 年就要翻一番。

May[123] 研究了数学文献的定量增长，发现自 1868 年至 20 世纪 60 年代，数学文献持续以平均每年 2.5% 的复合增长率增长，而与指数曲线拟合度的偏差都是由于战争、经济的萧条及恢复所产生的。该研究利用数学文献证实了由普赖斯发现的科学文献指数增长规律，但是增长率却少于普赖斯及其他研究者所指出的 7% 的增长率的一半，他指出这种偏差应该是由没有将研究所使用的时间段之前的所有文献考虑在内所造成的。

Tague 等[124] 回顾了各种不同的关于科学知识增长测度的方法与模型，运用《化学文摘》（Chemical Abstracts）（1907 ～ 1979 年和 1960～ 1979 年）、《科学文摘》（Science Abstracts）（1960 ～ 1979 年）和《生物文摘》（Biological Abstracts）（1960 ～ 1979 年）的数据探讨了文献的累积增长，发现 1960 ～ 1979 年的《科学文摘》所收录的文献呈线性增长，而 1907 ～ 1979 年的《化学文摘》所涵盖的文献呈指数增长。

图 4.1 表明，门纳德的著作《科学：增长与变化》（Science：Growth and Change）[37] 也是科学知识增长研究的重要节点。他的研究表明，科学的增长可以通过对科学论文的年均增长测度及科学家的数量来测度，他敏锐地观察到了不同科学研究领域的增长速度与模式。通过对学科领域科学活动的统计分析，他还追溯了物理学和生物学领域的蛰伏期、成长期及衰退期。门纳德还区分了三种不同的科学研究领域：第一种是稳定的研究领域，表现为以非常慢的速率呈线性或者指数增长；第二种是增长领域，该种领域表现为以非常快的速率呈指数增长；第三种为循环领域，表现为稳定和增长交替进行。

值得注意的是，在科学增长的定量测度研究中，关于国家层面的科学增长研究也是许多学者所关注的。David A. King[125] 于 2004 年在《自然》（Nature）上发表了一篇关于国家科学影响力的研究论文。他新颖地将经济测度［国内生产总值（gross domestic product，GDP）、科研支出等］与文献计量测度（论文发表数量、引文、博士研究生占人口比例、全职科研人员数量等）相联系，提出了一系列的测度指标，并比较了 31 个国家的科学研究数量与质量方面的增长差异。Davidson Frame 和 Narin[126] 研究了 1973 ～ 1984 年间中国科学研究的增长状况，研究表明，受到"文化大革命"的影响，1973 年的中国仅有一篇论文被 SCI 数据库收录，然而在政策放松之后，中国的科学研究论文开始呈指数增长。至 1982 年，距离

"文化大革命"结束仅 6 年之后，中国在国际上发表的科学论文就达到了 932 篇，在 1983 年和 1984 年，这种指数增长呈稳定趋势，中国产出的科学论文维持在 1000 篇左右。Zhou 和 Leydesdorff[127] 的研究表明，从论文产出量占国际论文总量的份额来看，中国正在扮演一个科学大国的角色，同时中国论文的引文率也呈指数增长趋势发展。他们还使用了一些其他的指标来测度中国科学论文的影响力，如引文比例和高被引论文数量都显示了中国科学研究的增长状态。他们的研究还发现，在纳米科技领域，中国已经成长为仅次于美国的第二科学研究大国。Glänzel 等 [128] 研究了巴西科学研究的增长状况，他通过对巴西论文发表情况及其引文类型的趋势分析和巴西国内论文发表情况的研究，试图为拉美地区内国际科学合作与各国的研究概况及引文影响之间的关系找到一个统计上的数量证据。研究发现，尽管巴西与拉美其他国家之间存在很多相似性，并且有着很强的合作纽带，但巴西在该地区仍然具有独特的科学研究特色，并且正在发展成为拉美地区最具大科学研究潜力的国家。与之相对应地，Glänzel 等 [129] 还研究了瑞典在神经科学领域内研究能力的下降，该研究将瑞典的引文数据分解为院校、系别及科学研究人员个体三个层面，通过非常深入的引文分析和一系列的引文指标测度，研究发现了瑞典在神经科学领域内相对引文影响力的逐步下降。

新兴研究领域的产生和发展是科学知识增长的直接结果。从对科学知识增长的文献共被引网络图谱的分析可以看出，学术界关于科学知识增长的研究主要是从三个视角展开探讨：一是科学计量学视角下的科学知识增长研究，以普赖斯的科学前沿理论研究为代表；二是有关科学哲学和科学史的宏观探讨，以库恩的科学发展模式研究为代表；三是微观层面的定量研究，以门纳德的科学增长变化研究为代表。随着现代科学技术的不断发展和分析数据规模的激增，科学知识增长和新兴领域识别的研究也开始大量使用计算机技术来进行研究，进而出现了将基础理论、定量方法与计算机技术相结合的研究范式，其中以陈超美的研究前沿的识别理论及可视化研究为代表。下面的研究就将以这四个代表人物的研究思想为支撑，介绍识别新兴研究领域的理论基础。

4.2 新兴研究领域识别计量的四大理论基础

4.2.1 普赖斯的科学前沿理论

鉴于本书所使用的"新兴研究领域"的概念，以及对其他相关概念的界定，这里我们将科学前沿与新兴研究领域视为等同的概念，它们的共同特征体现在研究的领先性、开拓性与创造性。

众所周知，一篇文献在撰写过程中势必需要参考其他的相关文献，因此每一篇完整的科学论文都包括参考文献。在科学文献的体系中，每个文献并不是孤立存在的，而是相互联系的，这种联系突出地表现在文献的互引行为。事实上，科学论文的引文网络包含着丰富的文献交流、学科联系及科学发展的有益信息。通过对这些信息的分析与勾勒，不仅可以追溯科学发展的历史，更可以探测科学发展的趋势。

普赖斯的科学前沿理论集中体现在《科学论文的网络》[38]一文中，该文是关于引文网络及其属性的早期研究。他在研究中尝试根据每篇已经发表的论文和与其有直接关联的其他论文之间的连接关系来勾画出科学论文的网络。他认为要想勾画出这样一个网络，一篇论文被其他论文在脚注或参考文献中标明引用所产生的特殊关系是需要被考虑的。这种科学论文的网络不仅能够提供有关论文自身的很多信息，也能够呈现出引文的实际面貌。普赖斯认为"参考文献的范式表示科学研究前沿的本质"[130]，他还对新发表的论文与其参考文献之间的关系进行了详细的研究及阐述。在这篇论文中，普赖斯第一次提出和界定了"研究前沿"的概念，他发现在科学论文之间所形成的引文网络结构中，只有极少数论文被新发表的论文较多地引用，这表明被引频次甚高的这一小部分论文可以被视为学科的新生长点，从而成为热门的科学前沿。普赖斯的该项研究开启了以引文分析和网络分析为基础的科学计量学新方向，同时提出了通过绘制科学引文网络图谱来探测科学前沿的可能性。

普赖斯通过对 1961 年这一年中所有被引论文发表时间分布的分析，发现了一个非常有趣的现象，即发表未超过 15 年的论文，其引文率远远

高于每篇每年被引 1 次的标准值（图 4.2）。根据图 4.2，普赖斯指出发表
15 年的论文每年每篇被引不足标准值的 2 倍；已发表 5 年的论文每年每
篇被引达到标准值的 4 倍；而已发表 2.5 年的论文，其引文率最高，达到
年篇均被引标准值的 6 倍；由于最近发表的论文还没有来得及被关注，引
文率再次回落，这也进一步表明了"研究前沿"的存在。同时，普赖斯通
过对 1860 年至 1960 年各年度发表的论文在 1961 年被引频次与各年度发
表的论文在 1961 年被引篇数的比值分布分析发现，和以前发表的被引论
文相比，近期发表的被引论文占全部可被引论文的比例要大得多，即高被
引论文的发表时间要比低被引论文的发表时间晚得多，最高频被引论文同
样也是最新发表论文。基于以上论证，普赖斯认为"研究前沿"是基于新
近研究成果的，因此引文网络也变得十分紧密。他考察了发生在 1904 年
左右的 N 射线（N-rays）的假象，将这一领域的 200 篇论文按照年代顺序

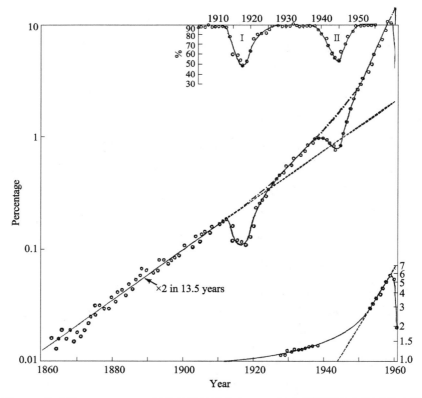

图 4.2　发表于 1862 ~ 1961 年各年度的论文占 1961 年全部被引论文的百分比 [38]

排列，通逼建立一个引文矩阵来标出研究前沿的界限（图 4.3），该界限的包容数量是一篇引文发表前的大约 50 篇文章。另外，图中前 12 篇论文对应的高密度圆点所表明的紧密联结是一个新领域开端的典型特征。

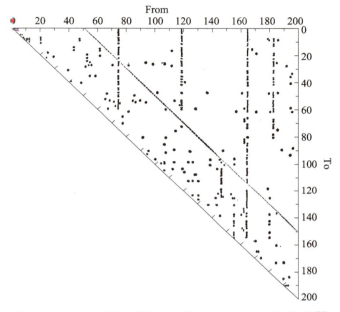

图 4.3　有关 N 射线主题的 200 篇论文之间相互引用情况[38]

同时，普赖斯还观察到，在针对研究前沿主题的分类中，存在大量无法分类的文章。大多数论文通过引文而紧密地联系在一起，而这种联系绝不是线性或者单行的，而是划分成不同的片状结构或者条形带，这种条形带代表了已经定义的不同学科。依据这种由引文关系而形成的条形带，可以得到科学文献分布的地图。通过研究各个文献在地图上的位置及其重要程度，可以说明不同期刊、作者、论文的交迭及其相对重要性。

综上所述，普赖斯的科学前沿理论研究主要拓展了对参考文献的分析，它标志了研究前沿的本质。对于本书识别新兴研究领域的工作，普赖斯的研究提供了两个重要的启发：第一，研究前沿建立在近期研究工作的基础之上，被新近发表论文高频引用的那一小部分论文可以被视作学科的生长点，而高被引论文的发表时间要比低被引论文的发表时间晚得多，最高频被引论文同样也是最新发表论文。第二，一篇有创见的论文引用参考文献，是对参考文献集中知识单元的吸收、组合与升华；多视角共引分析知识图谱，是对共引文献中各个知识单元的游离与重组，并在重组中形成新的知识网络、创造新的知识单元。各个知识单元的学科差异性越大，知识单元重组的创造性越大，基于文献的发现就越重大。参考文献的学科差异性标志最新论文的创造性[131]。

4.2.2　库恩的科学发展模式理论

科学知识的增长主要有三种模式[132]。最被普遍接受的模式为从先前的科学思想中逻辑演变出来的新的科学思想以一种累积的方式增长。科学理论的假设通过实证研究的方式被验证，只有成立和不成立两种结果，不存在模棱两可的情况，因此在科学假设被验证的范围内，科学家之间的意见不存在分歧。很多关于科学方法本质的辨识讨论都是基于该科学增长模式的。

第二种模式为新的科学思想不仅可能起源于最近的科学发展，还会来源于该研究领域在发展过程中出现的先前的研究成果。这个模式反映了在贯穿一个文化领域的整个历史过程中，存在一种随机选择性。普赖斯认为这种高度无结构性的增长是人文科学的一个显著特征。

科学知识的增长的第一种模式强调了累积增长的连续性，第二个则强调了增长的中断可能。此外，还有一种增长模式包含了持续累积增长时期并伴随增长的中断时期，该模式的主要代表便是库恩的科学发展模式理论，在库恩的定义中，累积增长时期是常规科学时期，该累积增长的中断可以用危机或者科学革命来解释。

库恩的《科学革命的结构》[105, 106]是科学史与科学哲学研究领域的经典著作，也是 20 世纪学术史上最有影响的著作之一，引导了科学哲学界的一场认识论的大变革。他第一次提出在科学共同体的范围内，以科学范式的形成、积累和变革为核心的科学革命结构的发展模式。在该书中，他以科学发展的实际历史过程为基础，分析科学的动态变化过程，认为科学发展有着复杂的结构，是由特定的科学共同体所取得和遵从的科学范式

（paradigm）不断更替所形成的科学革命作为核心而展开的。其模式如图 4.4 所示。

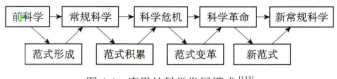

图 4.4　库恩的科学发展模式[133]

库恩把科学发展看成科学革命的历史过程，可以简单地归纳为四个阶段。

第一个阶段为前科学（pre-science）时期，这是科学在未形成统一范式之前所处的时期，这个阶段的主要表现形式为科学家之间对所发现的科学现象及主要假设的竞争。

第二个阶段为常规科学（normal science）时期，它是指严格根据一种或多种已有科学成就所进行的科学研究时期，某一科学共同体承认这些成就就是一定时期内进一步开展活动的基础。科学范式形成之后则进入常规科学时期，人们在科学共同体中按范式解题，是范式的积累期。常规科学的两个特点是已有的科学成就足以空前地吸引一批坚定的拥护者，为重新组合起来的科学工作者留下各种有待解决的问题。

第三个阶段为反常和危机（anomaly and crisis）的出现，以及科学革命（scientific revolution）的发生时期。在这个阶段，科学理论和实证研究出现异常，而且不能在现有的范式内得到解决，当新的理论或者发现出现的时候，危机才会得到解决，从而导致了科学革命的发生，在这里一套较陈旧的范式全部或局部被一套新的不相容的范式所代替。

第四个阶段为新常规科学时期（new normal science），即迈入新范式的时期。

在科学革命的推动下，整个科学发展过程就这样周而复始地进行着。目前，该模式已经得到科学界的普遍认同。

库恩认为科学革命的发生始于反常和科学发现的涌现，以及危机和科学理论的涌现。常规科学追求的目标是科学知识稳步扩大和精确化，并不在于事实或者理论的新颖。然而科学研究却不断地揭示出意料之外的新现象，科学家们也一再地提出崭新的理论。反常和科学发现的涌现基于与范式不一致的反常事实。在一定时期内，一些新的事实被不断发现或重复发现，从而形成了新发现的涌现。危机和科学理论的涌现则基于大量新的事实对范式所构成的冲击，当现有范式无法解释新事实时，便造成科学危机，导致理论发明对发现加以解释，对新事实给以说明，形成新理论的涌现与竞争，引起范式变革，加深危机。在这个过程中，先有发现，即出现新的事实，后有发明，即出现新的理论。基于库恩的危机与反常的涌现理论，本书认为新兴的研究形成于危机与反常的涌现。当危机与反常一旦发生，学科研究领域的范围将发生变动，或者产生出新的研究领域。此时，各个学派和越来越多的科学家纷纷撰写论文参加讨论，形成一个众说纷纭、百家争鸣的局面。虽然这个时期的科学论文数量并不大，但是一个年轻的、快速增长的研究领域，即新兴研究领域，正在酝酿形成。

同时库恩还观察到，"达到一个新范式的这些基本发明的人们几乎总是很年轻的，或者对于他们改变范式的领域来说是很新的。而且，也许那问题不需要加以明确，因为，很明显，这些人很少把以前的实践提交给常规科学的传统规则，而是特别想要看出那些规则已不再使用了，并设下另一套可以代替它们的规则" [104]。库恩的这段表述表明科学革命也是通过对新科学家的吸纳而发生的。

综上所述，库恩的理论主要阐述了在科学共同体的范围内，以科学范式的形成、积累和变革为核心的科学革命结构的发展模式，这一理论为本书识别新兴研究领域提供了以下重要启示。首先，反常和科学发现的涌现，以及危机和科学理论的涌现，是导致科学革命发生的最直接原因，即科学进入到一个新的研究范式阶段，在该阶段，科学家们围绕着这些新涌现的核心概念进行新的研究。其次，达到新范式阶段的人们总是很年轻的，或者对于该范式的研究领域来说是新的，即科学革命的发生要依赖于新科学家的介入，正是由这些科学家在研究过程中的意外发现或提出的新想法，才导致了反常与危机的涌现。

4.2.3 门纳德的科学增长变化理论

在以文献计量学为基础的关于科学增长变化的研究探讨中，还有另一位科学家在此领域内做了大量的具有实际意义的研究工作，他就是美国科学家门纳德。门纳德是美国的一位著名地理学家，他在该领域的研究范围十分广泛，包括了沉积学、地貌学、构造地质学、地球物理学和地理统计学，其中最大贡献要数对板块构造论的推广，在此之前该理论在科学界是不被广泛接受的。

同时他也致力于其他领域的科学研究，尤其是科学历史学。他曾经是历史学系的学生，对过去几百年间美国和英国的科学历史事件十分感兴趣，他发表的著作既有自然科学领域的，也有社会科学领域的。作为一名严谨的科学研究者，他发表的很多有关历史学和社会学的文章都被许多著名的科学历史学家所认可。其中，1971 年哈佛大学出版社出版的《科学：增长与变化》（Science：Growth and Change）[37] 是他在该领域的研究的集中体现，这本著作得到了广泛的好评与推荐。其中，《科学》杂志审稿人 Albritton 专门在《科学》上发表了一篇有关该著作的书评[134]，他认为《科学：增长与变化》"像是一个引人入胜的并且具有预知性的科学博览会，并运用最好的研究方式将其展现出来"。门纳德在该书中研究了美国的科学发展，研究数据大部分基于他在地理学领域的工作。他着重从文献层面，尤其是通过对引文进行的一系列定量研究来探讨科学的增长和变化的类型。

在文献层面，他的研究主要集中在对引文的关注。他对大量不同研究领域的数据进行了引文分析，用了较大的篇幅来分析引文和科学增长的密切关系，并用图表将其直观地显示出来。

首先，他认为在一个快速增长的研究领域中，论文的被引概率非常大。此外，简单地统计论文年增长数量并不能代表一个研究领域的增长，而引文数量的变化和一个研究领域的增长率相关。一个增长缓慢的研究领域虽然有着相当大的论文数量，但是论文的年增长量对于总体数量的增长并没有太大贡献，一篇论文发表十年以后，其被引概率仅为 16%；而在一个快速增长的研究领域中，一篇论文的被引概率却高达 79%，是慢速增长领域论文被引概率的 5 倍。同时他还得到了与普赖斯一致的研究结果，即新近发表的论文更容易被频繁引用，科学家们对现时论文的关注要远远大于对过去论文的关注。

其次，他的研究表明引文年龄的分布和某一研究领域的增长密切相关。引文年龄和论文数量相比，前者可以更为精确地衡量增长变化，后者却存在大量的重复问题与由学科分类所产生的微小变化，而引文年龄却不存在这些问题。门纳德通过对海洋地质学（marine geology）与核天体物理学（nuclear astrophysics）两个研究领域的论文增长及引文在时间轴上对比与变化的观察，研究了快速增长领域的引文年龄特征。在海洋地质学领域中，引文年龄的衰减和该领域内论文的增长呈鲜明的平行关系，而核天体物理学领域中的论文增长与引文衰减时间之间也呈现出紧密的相关性。对于慢速的增长领域，门纳德则运用了古脊椎动物学（vertebrate paleontology）与冰川地质学（glacial geology）两个领域的数据，通过对这两个领域的论文产出与引文在时间轴上的对比研究，总结出慢速增长的领域非常显著地倾向于引用非常旧的文献。门纳德通过对引文年龄研究的总结，认为科学家们是非常尽责与勤奋的，他们总是大量地引用现存的文献而并不考虑这些文献的年龄。慢速增长领域之所以总是会选择老旧的文献，是因为该领域的研究问题被很少的人所关注，可能在前人已经做完的研究之后很长一段时间内，都没有人再在该问题上做新的研究。一个古脊椎动物研究者可能在一年之内研究很多新的物种，但是如果他此后再也没有任何新的发现，那么他的同事或者后来者都将很少或几乎不再注意他的研究。因此，对于一个慢速增长的领域来说，该领域内的论文很少被引用，可能有一些论文从未被引用过。与之相应地，在快速增长的研究领域中，大部分文献的引文年龄分布都是最近的，这是因为大部分的相关研究论文都是新近发表的，而不是因为科学家们不成比例地引用新近文献。

另外，在科学家个体层面，门纳德把科学家数量的增长看作影响科学增长及科学声望的重要方面。他通过具体的研究数据阐述了不同的科学领域有着不同的发展规模和增长轨迹，而这些都直接影响着新进科学家的学术发展生涯。门纳德举例说明一个已经建立的慢速发展的科学领域可能有 200 个科学家，发表了 27 000 篇文章，而年轻的科学家进入该领域则会经历一段很长的"学徒时期"，大概需要用 20～40 年发表 57 篇论文的速度来达到中年科学家的学术地位。然而，对于一个年轻的并且快速增长的科学领域来说，可能只有 10 个科学家在该领域里进行科学研究，并且只发表了 190 篇文章，但是在这样一个领域里，年轻的科研人员只需要用 38 天的时间读完现有的文献，然后就开始进行对该领域具有贡献性的独立研究，这里的年轻科学家指的是年龄在二三十岁范围内的科研人员。他们只需要在发表几篇论文之后，便可以成为该领域内重要的研究力量，并且在这里有着大量的工作机会、获得荣誉的机会、非常快的升迁速度及具有发展前景的学术生涯等。

门纳德还考察了影响科学增长的其他因素，如学术团体的作用、科学项目基金资助的作用、大学的教育尤其是博士研究生的教育在科学增长中的作用，以及美国政府层面的科学研究组织机构及科学家在社会中的地位和作用，其中重点考察了科学项目基金资助方面的作用。门纳德认为科学研究的基金资助与科学产出是紧密相关的，一个研究领域若能够获得更多的资助，科学家们才能够一直"无限制"地进行更多及更深入的科研工作，因此基金资助的影响是显而易见的。门纳德考察了 1900 年至 1970 年前后，美国政府在研究与发展方面的联邦支出和科学论文数量之间的关系，纵观这 70 年的时间段，二者之间基本呈现同步增长的关系，在生物与物理这种基础研究领域，论文产出与基金资助之间的这种正相关关系更加明显。然而有一点需要说明的是，在对比基础研究领域中基金资助曲线与论文产出的曲线斜率时，门纳德发现在 20 世纪 50 年代末期至 60 年代初期这段时间内，论文产出的速度放慢了，但是联邦资金投入却在持续上升。因此，门纳德认为基金资助对论文的产出是有帮助的，但是资助数量与强度的持续增加并不能保持科学同比例地增长。同时，在这部分的研究中，门纳德还阐释了新的研究想法与新研究工具之间的关系。他举了两个研究实例进行说明，魏格纳（Wegener）和钱伯林（Chamberlai）分别于 1915 年和 1923 年提出了"大陆漂移说"和地球起源的"星子假说"，但是由于当时研究设备的缺乏，这两项研究都被搁置，这种情况在地质学领域表现得尤为明显。门纳德认为如果条件相同的话，在一个研究领域中会发生的情况，也就有可能发生在其他的领域中。

综上所述，门纳德主要运用微观定量的方法，对科学的增长及变化进行了全面的分析，他的研究成果对于本书识别新兴研究领域的工作提供了以下重要的借鉴：第一，门纳德的研究表明正是年轻科学家带动了一个新的研究领域的快速成长；第二，在一个年轻并且快速增长的研究领域中，其引文年龄的分布都是最近的，因为大部分的相关研究都是最近发表的；第三，不仅是一个研究领域的规模，该领域的快速增长也决定了每篇论文的引文数量，因为相对于慢速增长的领域来说，在一个年轻并且快速增长的领域中，新近发表的论文更容易被频繁引用；第四，一个研究领域获得基金项目资助的能力也与该领域的增长有着密切的关系。

4.2.4 陈超美的研究前沿识别及可视化理论

以往有关科学发展与增长理论的传统研究主要集中在科学哲学、文献计量学的范围内，研究手段也囿于传统的计量工具与方法，大多限于简单的曲线描绘、表格罗列等。但是随着科学文献信息量的急剧增长，学科之间不断交叉与重叠，学科间的研究界限也不断模糊，传统的研究方法开始面临巨大的挑战。与此同时，一些从事信息科学和计算机科学研究的专业人士也开始涉足科学计量学领域，一些计算机技术手段如数据挖掘、信息可视化等方法和工具开始被逐渐采用。其中，美国德雷克塞尔大学（Drexel University）的陈超美博士开发的用于探测科学文献中新趋势与新动态的识别与可视化软件 CiteSpace 及其背后的理论是一个标志性研究。他创造性地把信息可视化技术和科学计量学结合起来，把对科学前沿的知识计量推进到以科学知识图谱为辅助研究方法的新阶段。

在吸收库恩的科学发展模式理论的基础之上，陈超美认为科学文献中的新兴趋势和主题的突然变化是由内部和外部两方面原因所造成的。内因包括某一学科中的新发现和科学重大突破，而外因则是指那些可能引发科学家从新的角度去研究问题的事件的发生。识别和理解由这些事件而引发的学科发展的新趋势和突变，能够极大地提高科学家适时应对这些变化的能力。他所定义"研究前沿"的核心体现为正在兴起的理论趋势和新主题的涌现，共被引文献和引用这些文献的术语的混合网络是"研究前沿"的外在表现，同时他运用那些出现频率突然增加的从题目和摘要中提取出来的主题词来为"研究前沿"进行标识。图 4.5 显示了 CiteSpace 的概念模型，这也是陈超美识别科学发展新兴趋势理论的核心体现。他认为，如果把"研究前沿"定义为一个研究领域的发展状况，那么研究前沿的引文就形成了相应的知识基础，从一个研究前沿到知识基础的时间映射可以被概念化地看作一个研究领域。CiteSpace 及其背后的理论就是要识别和可视化某一研究领域在时间序列上的新兴趋势和突然变化。值得注意的是，图中的红色矩形代表了在某一时段与新兴趋势和突然变化密切相关的主题词，它们被称作"研究前沿术语"，而知识基础是由出现"研究前沿术语"的文献所引用的大量文献组成的。在这里，这些"研究前沿术语"代表了一个研究领域内某些研究主题或者研究兴趣的突然增长。

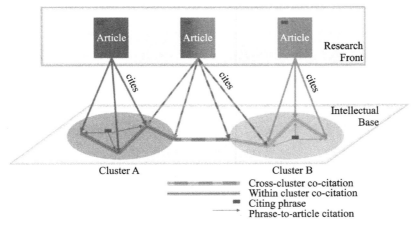

图 4.5 CiteSpace 的概念模型[33]（文后附彩图）

　　陈超美关于研究前沿识别及可视化的主要发现是研究兴趣的突然增长或者转移是一个研究前沿兴起的信号，研究前沿术语和文献的混合网络综合地表现了一个学科专业发展的动态机制，这些突然增长的前沿术语则属于聚类的信息标识，通过这些标识，研究者们可以大致判断各个聚类的主要研究内容。

综上所述，陈超美的研究前沿识别及可视化理论主要依据库恩的科学发展模式理论，结合了计算机技术对科学文献的信息进行深入的文本挖掘，通过对每篇文献题目、摘要、关键词中主题词的提取及其出现频次的突现分析来反映一个研究领域新兴理论和主题的涌现，这也为本书对于识别一个研究领域在新兴过程中新的核心概念的形成提供了理论和技术上的借鉴与启示。

4.3　新兴研究领域的基本特征

有关新兴研究领域识别的文献有很多，有的是从科学家角度进行研究[83, 95]，有的是从引文的角度进行研究[67, 85]，有的是从研究主题的角度[60, 135]进行阐释，等等。然而，这些研究都只是从某一个或者两个侧面进行专门的探讨。目前，并没有一项研究整合以上所有环节与层面，对新兴研究领域的识别进行多视角的综合探索。本书以普赖斯、库恩、门纳德及陈超美的研究为理论基础，提出识别新兴研究领域的理论建构。

普赖斯的科学前沿理论、库恩的科学发展模式理论、门纳德的科学增长变化理论及陈超美的研究前沿识别及可视化四种基本思想都表明，任何一个新兴的研究领域都由研究的主体和客体两个层面构成（图4.6）。在这里，主体主要是指科学家个体和科学家群体，当一个新兴研究领域中的"新范式"得到高度认同时，科学家个体将逐渐扩张到科学家群体，形成大的科学共同体。客体主要包括研究主题词、重要文献、学科和基金资助。主体和客体并不是相互孤立的，而是相互联系存在的。科学家个体提出表征新核心概念的研究主题词；在进行科学研究的过程中，任何一名科学家必须引证前人的研究成果，那些被科学家群体大量引用的文献从而变成该领域的重要文献；来自不同学科背景的科学家群体在研究中相互交叉融合，又产生了很多交叉研究；而科学共同体对新研究范式的认可，则会为该领域带来很多基金项目的资助，从而促使这些研究更加深入地进行，这种同行认可有时也会反映在理论的广泛应用方面。本书从主体与客体两个层面，总结出新兴研究领域的基本特征及其形成的动态过程。

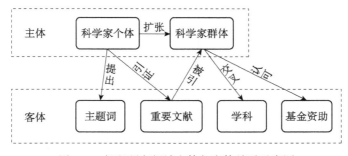

图 4.6　新兴研究领域主体与客体关系示意图

4.3.1　新兴研究领域的主、客体特征

本书认为，一个正在兴起及迅速扩大的研究领域在主体与客体两个层面一般具有以下几个方面的基本特征。

（1）新兴研究领域更倾向于对新科学家的吸纳。除了科学文献以外，科研人员也是衡量科学发展的基本指标。毫无疑问，科研人员数量的激增是导致科学文献数量迅速增长的主要原因之一。库恩与门纳德的研究都表明了一个科学研究领域的增长并不是依靠那些"老科学家"，而是通过吸引"新科学家"，尤其是年轻的科学家[37, 104]。快速增长意味着一个领域中研究的多样性和背景的强大。其中，很重要的特征体现便是，这种快速增长使得很多科学家或者工程师从一个领域自愿地转向另一个领域，并且这些新科学家的数量增长迅速。在 1933 年提出星系团中有暗物质存在的兹威基（Fritz Zwicky）就被认为是一个伟大的科学家，他快速地转入一个新兴的研究领域，并且在一年之内就有了重大发现[37]。

（2）新兴研究领域的核心概念更倾向于通过主题词的突然增长及其共现来表征。一个研究领域的科学文献是否产生和涌现新的核心概念，是判别新兴研究领域兴起的一个关键环节。新的核心概念的形成代表了"新范式"的形成，一个新兴的研究领域要在"新范式"的指导下展开一系列新的研究。在科学计量学的视角下，研究主题词的突然增长及其共现关系能够反映出这种新核心概念的形成。当这些主题词独立存在时，它们只具有其词义本身的含义，而当不同的科学家围绕着各自不同的新想法或者新兴趣，对不同的主题词频繁地同时使用时，就使得它们紧密地联系在一起，形成了对于某个领域来说具有特定含义的核心概念。主题词之间的交叉使用，也使得不同的核心概念组成了大的核心概念群，体现了一个新兴研究领域中的不同研究聚焦。随着研究的不断深入，核心概念的形成也促进了该领域不同的研究主题的兴起。

（3）新兴研究领域往往会大量引用该领域的重要文献。对于一个新兴研究领域来说，它更容易很快地吸引该领域内科学研究者的注意力。这些科研人员发表新的研究论文，并且引用该领域在形成初期的一些原始文献或者科学发现，这些都将导致该领域的迅速扩张。随着该研究领域的不断发展，会有越来越多的新文献出现，而这些文献也被该领域内新发表的文献越来越多地引用，因此一个研究领域内有越多的重要文献被频繁地引用，就说明该领域越具有在未来快速成长的可能性。在一个研究领域中，其论文的被引数量是由该领域的成长速度所决定的，而不仅仅是这个领域的发展规模。

（4）新兴研究领域的引文年龄更可能趋向年轻化。无论是普赖斯还是门纳德的研究都表明在一个新兴的研究领域内，新近发表论文的被引概率更大，因此对引文年龄的测度可以体现某一研究的新颖性。一篇已经发表的科学文献本身只是一项已经被完成的研究，然而只有当它被认同时才会产生持久的意义，即体现在后来发表论文的引用中，引文为一篇科学文献提供了质量的测度指标。在文献计量学领域中，引文也已经被大量地运用在各种不同的研究中。门纳德指出最简单的方式是将某期刊所有论文的引文计算出来，并且将它们根据年龄进行分组，平均地来看，在任何时间内的任何研究领域，其引文数量随着年龄的增长迅速地下降，这种下降是呈指数性的，大约每15年数量减半[37]。在一个新兴的研究领域中，由于该领域的研究主题总是在不断地获得更多研究者的关注，大部分的研究论文都是新近发表的，因此它们的引文年龄分布也呈现出年轻的趋势，而老的科学文献则相对少地被引用，并且它们中的部分文献具有相当短的生命周期。

（5）新兴研究领域的学科跨度通常比较大。一项新的研究并不是凭空产生的，它总是在已有研究的基础上，对其进行深入总结、归纳、分析后，从而发展而来的。从学科的角度来看，学科的渗透与融合已经成为现代科学知识体系发展的主要特点；从社会的角度来看，在学校和社会实践中，某一领域专业知识的教授与传播，总是与其他各种不同相关领域的研究工作的旁征博引分不开的；从引文的角度来看，某一新兴研究领域的最初始阶段，内部引用是很少存在的，因为对于一个新的研究主题，在其领域内部还没有很多的研究存在。因此，我们有理由认为，一个新兴研究领域的论文总是引用很多其他领域的研究，因为在一个初生的领域还不存在大量的已有研究。一个新学科的形成方式一般来说主要有三种[97]：首先是已有学科的分化，随着科学研究的深入，一门学科的研究对象逐渐发生了分化，它是研究细化与深化的结果；其次是已有研究的相互渗透与融合，任何一门学科或者一项研究都不是孤立或者封闭的，随着科学知识的增长，学科之间的渗透与综合导致了许多交叉学科的出现；最后是新的研究对象的确立，任何一门学科都有其特定的研究对象，若找到现有学科未曾专门研究过的对象，便提供了建立新学科的基础。本书认为第三种方式是蕴涵在前两种方式之内的，无论是学科的分化或者综合，都将产生新的研究对象。现代科学知识体系的进化特点主要体现在学科之间的相互渗透与融合，即使是学科分化，也不再是传统意义上的单一学科，例如，以社会作为研究对象的社会学，在100多年前刚刚形成的时候，仅仅是一个对社会作抽象论述的学科，进入20世纪以后，适应社会发展的需要，出现了分别以农村社会、城市社会作为研究对象的农村社会学、城市社会学；第二次世界大战以后，又先后出现了分别以社会中的家庭、住宅、职业、劳动等问题为研究对象的家庭社会学、住宅社会学、职业社会学、劳动社会学等分支学科，这些分化出来的分支学科因为有了新的研究对象，势必要借助它们所在原有领域内的研究理论、方法及视角来进行新的研究，因此，现代科学知识体系中的学科分化不可避免地体现为融合式分化，而不是单一式分化[97]，任何单一学科都解决不了综合性的重大问题。

（6）新兴研究领域趋向获得更广泛的同行认可。科学研究的基金资助是某一新兴研究领域获得同行认可的一个重要体现。《国家自然科学基金"十二五"发展规划》指出，除了基础研究外，优先发展领域要针对能够体现国家战略发展需求或能够带动新技术发展的关键科学问题，要针对有利于推动新兴交叉学科发展并形成新的学科生长点的基础科学问题或关键技术基础问题[136]。纵观国家自然科学基金"十五"、"十一五"直至"十三五"发展规划，基金的遴选原则都离不开对新兴研究领域的培植和发展。新兴研究领域代表了国际前沿的研究方向，而这种遴选过程所采用的最直接也是最重要的方式就是同行评议，只有当一个在新范式下存在的新兴研究领域获得更多的同行认同时，该种新范式的研究才有可能成为主流研究。因此，本书将基金投入作为衡量新兴研究领域的一个重要指标。如果基金资助得更多，这意味着该新兴研究领域在科学共同体中获得更多的同行认同，那么该领域的发展会更加繁荣。另外，有些新兴研究领域获得同行认可的表现也可以体现为研究的广泛应用，而不是获得基金项目资助。

但归根结底，科学研究领域的迅速增长是由社会的需要及各个国家的科技战略和政策决定的，这些因素从根本上决定了一国在某一科研领域的发展规模和速度。

4.3.2　新兴研究领域的过程特征

一个研究领域从兴起到成为常规领域，这个形成的过程具有一定的时序动态变化的特征。科学研究领域始终是围绕着具体的科学问题而展开的，作为研究主体的科学家最初提出这些新想法，进而形成具体的科学问题。新想法的提出具有多方面的原因，它可以是由于研究主体提出一个更新的概念，或者现有的研究进展打破了原有的概念，又或者由于在研究过程中产生了意外发现。按照库恩的理论，这种危机的出现对旧有范式造成冲击，若要完成从旧范式到新范式的转变，还要依赖新兴科学家的出现，即"普朗克原理"或者"达尔文原理"①。[130]"达尔文在他的《物种起源》

---

① 库恩引用普朗克的《科学自传》中的话，后来被学术界称为"普朗克原理"，刘则渊在《知识图谱的若干问题思考》中，根据库恩引用达尔文更早在《物种起源》中说过类似普朗克所讲的话，认为也可以称为"达尔文原理"。至于最先提出"普朗克原理"概念的人是谁，尚不清楚，但有关"普朗克原理"的思想应当是库恩最早阐发的。库恩早在1961年的《测量在现代物理科学中的作用》一文中谈到这类观点时加了一个脚注，除了普朗克这方面的叙述外，"同一思想的一个更早的和特别灵活的版本，是由达尔文描述的，参阅《物种起源》的最后一章（见第6版，纽约，1889，2：295-296）"（库恩 T S. 必要的张力. 纪树立，等译. 福州：福建人民出版社，1981：206，脚注44）。在英文文献中，直到1978年才有集中讨论"普朗克原理"的论文（参见文献［137］）。

的结尾处，有一段极具洞察力的话：'虽然我完全相信在这一卷中提出的观点的真理性……我决没有期望使有经验的博物学家们信服，他们的心目中备有许多事实，多年以来，这一切都是从直接与我对立的观点去观察的……但是，我满怀信心地展望着未来，对于年轻的正在上升的博学家们来说，他们将有可能毫无偏见地看到这个问题的两个方面'。"[104] 普朗克则在他的《科学自传》中悲伤地表示，"一种新的科学真理并不是靠使他的反对者信服，并且使他们同情而胜利的，不如说是因为他的反对者终于死了，而在成长的新的一代是熟悉它的"[104]。这里的新兴科学家可能是刚刚成长起来的年轻科学家，也可能是从原有研究领域全新转入另一研究领域的科学家。

库恩认为，"只有通过常规科学，专业的科学共同体才能成功地首先开发旧范式潜在的应用范围和精确度，然后分离出其困难，而新范式则有可能通过研究它们而突现"[104]。而这种突现正是新兴科学家们所提出的新想法，即那些正在兴起的理论趋势的涌现。在新范式的提出阶段，其拥护者的数量或许只有少数的几个人，但是一旦这种新的想法被一再地证明是科学的、合乎逻辑的，那么这种新想法将形成新的核心概念，此时就会有更多的科学家发生转变，对于这一新的研究领域来说，就会有更多的新兴科学家加入到这个科学共同体中来，对新范式继续不断地进行探索，而这些核心概念则可以用研究主题词的突然增长来表征。

随之而来地，基于这个新研究问题的研究实验、论文、著作的数量都会加速增长。随着研究的不断深入，最初的那些原始文献与之后大量涌现的研究文献，以及之后这些新近发表文献内部会产生大量的引证关系，在这个不断施引与被引的过程中，那些对该领域产生重要影响的论文就被凸显出来，这集中体现在论文的被引次数方面。此后，更多的来自不同学科领域的科学家会信服这种新观点的丰富性，并采用这种新模式来进行更多的研究。这种学科领域之间的交叉与融合，又催生了很多新兴研究领域的大量出现。

这种新范式的研究已经被越来越多的科学家所接受，并不断繁衍，此时他们需要更多的资助，对其进行更深入的研究，或者将其投入至实际的应用中。科学共同体中的同行评议是这种资助形式最主要的评价方式，有些研究获得了科学共同体的高度认同，那么这些研究则成为主流研究，从而获得研究的资助；而有的研究则在这种科学共同体中获得十分低的认同度，甚至不被接受，那这些不能获得同行认可的研究就会变为边缘的研究，直至消失。

以上分析表明，一个研究领域的新兴过程，最直接地表现为从研究主体中来，到研究主体中去，中间经历的不同发展过程则表现为不同研究客体在内容上或者数量上的变化特征。这种研究主体即"科学知识的生产者和确认者的单位"[104]；而研究客体则表现为研究的主题词、文献、学科交叉、基金资助等。

4.4 本章小结

本章从科学增长研究理论入手，讨论和分析新兴研究领域的特征，并以此作为本书计算性和解释性的理论建构。

科学增长研究的文献共被引分析为本书的研究提供了重要的启发，特别是普赖斯的科学前沿理论、库恩的科学发展模式理论、门纳德的科学增长变化理论和陈超美的研究前沿识别及可视化理论。科学增长研究中的这四个代表性理论从不同的角度为新兴研究领域的辨识提供了理论上、实践上和技术上的启发与借鉴。这四位代表人物的研究理论的综合，为本书的研究提供了理论基础和理论框架搭建的可能。

本章在此基础之上主要从主体和客体两个层面，总结出新兴研究领域的六个基本特征及其形成过程，包括了科学家、文献、主题词、学科和基金资助几个角度。

5 指标选择：新兴研究领域识别的计量与计算

5.1 基于新兴研究领域特征的指标选择

根据上述的理论构想，本书设计了七个科学指标对应该理论构建中所阐述的新兴研究领域的六个基本特征，以此对新兴研究领域进行多视角识别。图 5.1 展示了基于新兴研究领域主、客体两个层面基本特征的多元

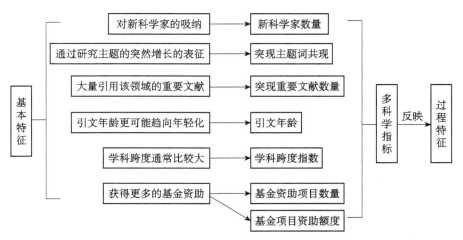

图 5.1 基于新兴研究领域主、客体特征的多元科学指标设计

科学指标设计，并通过这些科学指标反映新兴研究领域的形成过程。

由于不同科学指标所考察的对象的性质不同，本书所设计的七个科学指标一共涵盖了"科学家个体""主题词""文献""学科""同行认可"五个考察环节，从不同的视角对新兴研究领域进行综合识别。表 5.1 分别列出了这七个科学指标分别所考察的内容及考察的环节。

表 5.1　用于识别新兴研究领域的科学指标及其参考对象对比

科学指标	考察内容	考察环节
新作者数量	新进作者数量的增长情况	科学家个体
突现主题词共现	核心概念的形成	主题词
突现重要文献数量	同时为施引和被引文献研究论文的被引用情况	文献
引文年龄	文献的新颖度	文献
学科跨度指数	学科交叉度	学科
基金资助项目数量	领域获得基金资助项目的数量	同行认可
基金项目资助额度	领域获得基金资助项目的能力	同行认可

指标 1：新作者数量（number of new author）。在科学家个体这一环节上考察某一研究领域内部新作者数量的变化趋势，新兴研究领域中的新作者数量往往会趋向于逐渐增加。

指标 2：突现主题词共现（co-occurrence of bursting topic words）。在主题词环节重点分析突现主题词共现网络，来考察某一新兴研究领域新的核心概念的形成，这种核心概念的形成可以用突现主题词来表征。

指标 3：突现重要文献数量（number of bursting key references）。通过在文献环节考察某一领域内重要文献的突现情况，以及这些突现重要文献的数量变化，来判断该领域是否属于快速增长的领域，新兴研究领域内总是趋向于大量引用该领域内的重要文献。

指标 4：引文年龄（citation age）。在文献环节，通过计算文献的年龄来判断某一研究领域内的文献新颖性，新兴研究领域中论文的引文年龄往往趋向于年轻化。

指标 5：学科跨度指数（interdisciplinarity）。通过对文献的学科多样性的计算，来考察在学科环节，某一研究领域的学科交叉度。新兴研究领域的学科跨度或者交叉性比较强。对该指标的测度并不是表示一个研究领域已经成长为某门学科或多门学科，而是指一个新兴研究领域，乃至任何新兴的知识领域，往往涉及诸多学科的知识，各门学科知识之间的交叉与融合是现代科学发展的一个非常重要的趋势。

指标 6：基金资助项目数量（number of awards）。在同行认可这一环节考察某一研究领域获得基金资助项目数量的情况，新兴研究领域通常会获得广泛的同行认可，以及更多数量的基金资助项目。

指标 7：基金项目资助额度（amount of awards）。在同行认可的环节，考察某一研究领域获得基金项目资助的能力，新兴研究领域往往会获得更高额度的基金项目资助。

5.2 新兴研究领域识别指标的计算方法

对应于新兴研究领域六个基本特征的七项科学指标的具体含义和计算方法如下。

1. 新作者数量

为了考察某一研究领域的"新作者数量"，在指定样本数据中，我们识别出所有作者在该数据集中发表第一篇论文的年份 i，以此作为该作者在该领域内研究的最早年份。假设在指定年份 i 中，有 N 名作者第一次在该领域内（即该数据集）发表论文，即作为该年度的新作者数量 N_i。该指标测度通过运用 Sci^2 科学学工具包中的数据库 SQL 查询来实现。

2. 突现主题词共现

"突现主题词共现"这一指标的实现一共分为两步，本书首先运用 Sci^2 科学学工具包内嵌的 Kleinberg 的突现检测算法到每篇文献的题目、摘要及关键词中发掘那些出现频次突然增加的主题词，探测结果将产生突现主题词列表，其中包括"突现值""突现长度""突现年份""结束年份"。这里突现值是指某一主题词在其突现时间段内出现频次的权重，体现了该主题词的出现频次突然增加的强度；突现长度是指某一突现主题词所持续的突现时间；突现年份是指某一突现主题词开始突现的年份；结束年份是指某一突现主题词突现结束的年份。

由于突现检测算法只能够探测到某一时间段内单个词的突现，无法体现这些主题词之间的联系，在该指标测度的第二步，对突现主题词在它们共同突现的时间段内进行共词分析。

共词分析（co-word analysis）是一种根据词和词之间的共现关系而进行内容分析的方法，它可以被用来识别同一数据样本中的所有主题词之间联系的强度，经常共同出现的主题词之间的贡献强度阈值更高，而从不共现的主题词之间的贡献强度阈值为 0。

本书认为高强度的突现词可以用来揭示主要的研究兴趣的增长和变化，运用共词分析来研究突现主题词共现（co-occurrence of bursting topic words）网络，来考察突现词之间的共现关系，以此作为在主题词环节，识别新兴研究领域中新的核心概念形成的一个科学指标。

3. 突现重要文献数量

首先从研究数据中识别出同时为施引和被引文献的研究论文，这些文献我们称之为重要文献，运用 Kleinberg 的突变检测算法，探测这些重要文献被引频次的突现情况。与突现主题词探测相同，探测结果将给出突现重要文献列表，包括体现文献突现权重的突现值，突现持续时间的突现长度，以及突现年份和结束年份，通过统计突现重要文献在时间序列上的数量变化，来考察某研究领域内重要文献的被引情况及其变化趋势。

4. 引文年龄

假定有 N 篇文献数据集，其中第 i（$1 \leqslant i \leqslant N$）篇文献有 M_i 个参考文献。若第 i 篇文献的发表年份为 A，第 i 篇文献的第 j（$1 \leqslant j \leqslant M_i$）个参考文献的发表年份为 B，则该篇文献的引文年龄为 K_{ij}，见式（5.1）。

$$K_{ij}=A-B \tag{5.1}$$

在给定年份中，将数据集中所有文献的最小引文年龄相加并除以该年份中所有文献的数量，所得结果即为某研究领域在该年份中的平均最小引文年龄 $\mathrm{Aver}_{\min}$，见式（5.2）。

$$\mathrm{Aver}_{\min} = \frac{\sum_{i=1}^{N}\left(\min_{1 \leqslant j \leqslant M_i}(K_{i1},K_{i2},\cdots,K_{ij},\cdots,K_{iM_i})\right)}{N} \tag{5.2}$$

在给定年份中，将数据集中所有文献的最大引文年龄相加并除以该年份中所有文献的数量，所得结果即为某研究领域在该年份中的平均最大引文年龄$\text{Aver}_{\max}$，见式（5.3）。

$$\text{Aver}_{\max} = \frac{\sum_{i=1}^{N}\left(\max_{1 \leqslant j \leqslant M_i}(K_{i1}, K_{i2}, \cdots, K_{ij}, \cdots, K_{iM_i})\right)}{N} \quad （5.3）$$

在给定年份中，将数据集中所有文献的平均引文年龄相加并除以该年份中所有文献的数量，所得结果即为某研究领域在该年份中的平均平均引文年龄$\text{Aver}_{\text{aver}}$，见式（5.4）。

$$\text{Aver}_{\text{aver}} = \frac{\sum_{i=1}^{N}\left(\sum_{j=1}^{M_i} K_{ij}/M_i\right)}{N} \quad （5.4）$$

5. 学科跨度指数

众所周知，一个新的研究领域中的论文总是倾向引用多个研究领域的论文，因为在一个领域开始形成的最初期，还不存在任何研究论文。因此，被引文献的学科间距离差异即学科跨度指数（interdisciplinarity）可以被看作用来识别新兴研究领域的一个结构性指标。

为了测度某一领域的学科交叉值，我们使用 UCSD 科学地图[7]作为基础地图（base map）。在 UCSD 科学地图中，一个学科被定义为一组期刊的聚类，该地图主要运用汤森路透（Thomson Reuter）的 Web of Science 数据库和 Scopus 数据库的文献数据，以此来弥补各自数据库本身存在的不足，通过计算参考文献及主题词之间的相似性，将 16 000 多个期刊聚类成 554 个学科，并且给出了各个学科之间的相似度。在 UCSD 科学地图上，每个点代表了一个学科，连线主要展示了各个学科之间的关系。尽管最初该地图主要通过球体的形式展现出来，由于这里运用墨卡托投影（Mercator projection）来展示该球状地图，该科学地图的左右两边是彼此相连的，见图 5.2。

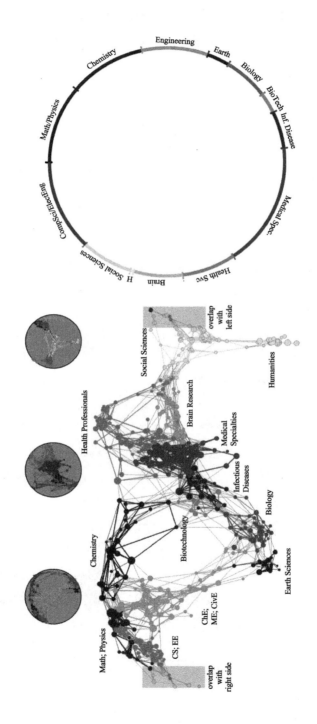

图 5.2 UCSD 科学地图：二维墨卡托投影（左）、三维球面图（上）和一维圆形图（右）[138]（文后附彩图）

学科跨度指数的计算方法见式（5.5），这里我们使用 "Rao-Stirling" 差异性[139, 140] D 来表示每一篇文献的学科跨度指数，第一个学科在地图中出现的概率（p_i）乘以第二个学科（p_j）在地图中出现的概率，再乘以两个学科之间的距离（d_{ij}），最后进行加和所得的值即为该篇文献的学科跨度指数。

$$D = \sum_{ij(i \neq j)} p_i \cdot p_j \cdot d_{ij} \qquad (5.5)$$

Porter 和 Rafols[141] 同样使用 "Rao-Stirling" 差异性来度量六个研究领域从 1975 年到 2005 年的学科交叉程度的变化，同时提供了基于 ISI 学科分类的可视化结果。本书与 Porter 和 Rafols 不同的是，使用 UCSD 科学地图作为基础地图，该地图不仅涵盖了 ISI 数据库的文献数据，同时还包括了 Scopus 数据库的所有文献数据，其数据涵盖量远远大于仅以 ISI 数据为基础的学科分类图，可以使更多的文献数据被覆盖到计算的范围内。

为了得到某一研究领域所有文献的学科跨度指数的年度分布曲线图，我们用平均学科跨度指数 Aver_D 来作为综合衡量每个研究领域年度学科跨度指数的大小，即用每一年所有文献的学科跨度指数的总和除以该年份被有效匹配到 UCSD 地图上的所有文献的数量所得到的值来表示。在这里需要指出的是，每篇文献的学科跨度指数需要首先被标准化为 0 ~ 1 之间。

由于 UCSD 科学地图是球体形状，这里使用大圆距离（great circle）来计算两个学科之间的距离 d_{ij}。大圆是球面上半径等于球体半径的圆弧，而大圆线是连接球面上两点最短的路径所在的曲线。

这里需要指出的是，有许多参考文献不能够与 UCSD 科学地图上的期刊相匹配，如果一篇论文中有少于 50% 的参考文献被匹配到 UCSD 地图上，那么该篇论文将被排除在研究数据之外。一般来说，越旧的论文越有可能被排除，因为越老旧文献的期刊就有越小的可能性被涵盖在科学地图上，同时最新的参考文献也有类似的情况，因为这些施引期刊还没有来得及被涵盖。

6. 基金资助项目数量

该指标用来计算在时间序列中，某一研究领域内获得基金资助项目数量的变化情况。该新兴研究领域获得的基金资助项目数量越多，表明该研究越有可能成为主流研究，在科学共同体中所获得的同行认可度越高。

7. 基金项目资助额度

该指标用来计算在时间序列中，某一研究领域内获得基金项目资助额度的大小，与"基金资助项目数量"指标相同，该新兴研究领域的基金项目资助额度越大，表明该研究的同行认可度越高，反之则越低。

5.3　本章小结

本书的研究方法以定量分析为主、定性分析为辅，对某些定量的结果运用信息可视化技术绘制科学知识图谱，将相关的定量结果通过直观的方式展现出来，有助于对其进行深入的诠释。同时运用比较分析的方法对定量结果进行对比，从中总结结果的共性与差异。运用的具体定量方法有：①科学计量研究方法，包括作者分析、引文分析、词频分析、基金计量；②社会网络分析；③突现检测算法；④科学知识图谱方法。这部分内容将在第 6 章进行介绍。

结合以上提到的研究方法，本章对应第 4 章总结出的新兴研究领域的六个基本特征，分别在"科学家个体""主题词""文献""学科""同行认可"这五个环节设计了"新作者数量""突现主题词共现""突现重要文献数量""引文年龄""学科跨度指数""基金资助项目数量""基金项目资助额度"七个科学指标，来综合辨识新兴研究领域，同时还详细给出了每个指标所考察的对象和特征，以及详细的计算说明。这些科学指标为新兴研究领域的辨识提供了定量的测度视角与计算依据。

6 欲善其事：新兴研究领域识别的方法与工具

6.1 采用的方法

6.1.1 科学计量学方法

科学计量学（scientometrics）是以科学本身作为研究对象所进行的研究，这一概念是由 1968 年苏联学者纳利莫夫（V. V. Nalimov）和穆利钦科（Z. M. Mulchenko）首次提出并由此而发展起来的。庞景安[142]在对科学计量学的概念进行综述研究时发现，随着时间的推移，人们对这一概念的认识在不断加深，从最初的"研究分析作为情报过程的科学的定量方法"，到被认为是对科学管理和评价的有效手段，之后又更多地关心科学计量学在描述科学发展过程，揭示科学发展规律，以及探求科学进步机制的功能层面上的重要作用。在综合贝克和加菲尔德的观点的基础之上，庞景安认为科学计量学可以被界定为"博采各种数量技术，定量地研究科学技术进步的发展规律和内在机制"[142]。

传统的科学计量研究方法包括文献数量统计、作者数量统计、引文分析、词频分析、内容分析等，而这些方法所针对的研究对象主要集中在文献层面，随着现代科学的不断发展，科学计量学的研究对象已经不再局限在文献这一层面，包括基金项目、技术专利等方面的研究对象也已经被纳入到科学计量学的研究范畴中，形成了基金计量和专利计量的研究方法。基于本书的研究目的，在此主要运用的科学计量方法包括作者分析、词频分析、共词分析、引文分析及基金分析。

作者分析（author analysis）是科学计量研究中对科研主体进行分析的一项基本工作，洛特卡（Lotka）是从事这方面研究比较早的学者，他从文献著者与其撰写的论文的关系中，首先发现了二者在数量上呈"平方反比"的关系，从而创立了著名的洛特卡定律（Lotka's Law）[143]。通过对作者数量的计量可以得到很多重要的分布，如按发表论文数量的作者分布，某一领域内作者数量的时间分布、论文合著人数的分布、论文数量按照合著人数的时间分布等。本书的作者分析是指对科学家的个体分析（individual analysis），即"新作者数量"的统计及时间分布。

词频分析（word frequency analysis）主要是通过对主题词在科学文献中出现频次的统计，可以找到某一作者，或者某一科学共同体，乃至某一研究领域的研究兴趣及其研究主题随着时间的变化。本书将结合突现检测算法，通过探测主题词在出现频次上的突然增长来探求某一研究领域的新的研究兴趣的突然增长。

共词分析（word co-occurrence analysis）研究的是主题词之间的关系，可以通过它们在科学文献中同时出现的频次来表达，共现频次越高，表明两个词之间的关系越密切，分析大量文献中共同出现的关键词之间的关联强度，可以反映出某一研究领域的研究主题的结构变化。这里所指的主题词是从科学论文的题目、摘要或关键词中提取出来的。本书通过对突现主题词之间的共现分析，来探测和识别某一新兴研究领域核心概念的形成。

引文分析（citation analysis）是科学计量研究中应用最普遍、涉及学科领域最广的科学计量方法[142]，它主要是对科学论文、作者、期刊等各种分析对象的施引与被引关系进行分析，以便解释其中的数量特征与内在规律。利用引文分析，可以开展很多方面的计量研究，如引文量的统计分析、引文的时间分布、科学家的被引分析等。由于一篇科学论文包含了大量的信息，引文分析的对象不再局限在论文和作者本身，如论文的发表年份、科学期刊、所属学科、研究机构乃至国家等都可以成为引文分析的研究对象，因此引文分析方法得到了广泛的应用。本书中的三个科学指标，即突现重要文献数量、引文年龄和学科跨度指数，都是以引文分析方法为基础来测度的。

基金分析（funding analysis）是与文献计量、专利计量、网络计量等相类似的一种科学计量研究方法，它的研究对象为基金项目。目前基金计量在西方国家并没有一个类似于文献计量的 bibliometrics、专利计量的 patentometrics、网络计量的 webometrics、科学计量的 scientometrics 等可以用于描述其本身的专有名词，但是以基金项目为对象的科学研究层出不穷。本书认为，基金分析是通过定量的方法对基金项目所含的信息元素进行收集、加工、整理与分析，以获得有价值的情报信息，能够为国家和相关机构制定科技政策提供借鉴的一种研究方法。基金计量的研究对象可以是申请基金的题目、摘要、主题词、申请人、资助时间、资助额度等。本书用该方法对基金资助项目数量与基金项目资助额度两个指标进行测度。

6.1.2 社会网络分析方法

社会网络分析（social network analysis）方法是一种注重结构关系的社会学研究方法。在社会科学研究中，社会网络分析已经成为与统计研究相伴随的一个十分重要的方法。它最初作为一种重要的方法兴起于现代社会学的研究中，随后在人类学、生物学、通信研究、经济学、地理学、信息科学、组织学、心理学和社会语言学等领域内取得了重要的进展，现在已经发展成为一个热门的研究主题[144]。最初，"社会网络"一词是由人类学家拉德克利夫－布朗（Alfred Reginald Radcliffe-Brown）的考古小组成员贝尼斯（John A. Barnes）于 1954 年首先提出并使用的[145]。Wasserman 和 Faust[146]认为"社会网络分析为界定重要的社会概念提供了一个严格的途径，并且也为独立社会行动者假想提供理论替代，为检验结构化社会关系理论提供了框架"。他们同时将图形理论、统计与概率论和代数模型作为网络分析方法的三大数学基础。Freeman[147]最初进行社会网络分析的动机是基于社会行动者之间联系的结构化直觉，它建立在系统的实证数据基础上，他的研究大量地运用了图形图像理论，并且依赖于数学和计算模型。

社会网络分析方法注重结构中的关系，如人与人之间的关系、科学共同体之间的关系、组织机构之间的关系，或国家之间的关系等，这些实体（entity）及其之间的关系（tie）便形成了社会网络，反映在图形上则是节点（node）与连线（link）之间的有机组合。在梳理学科领域的发展过程，或者探测某一领域的发展趋势的研究中，除了单一的数量统计之外，科学共同体的发展与增长、引文的联系，或者主题词之间的共现关系都显得尤为重要，而这些是传统的文献计量分析方法本身所不能提供的深一层研究，因此作者将社会网络分析作为研究方法之一引入本书中。

文献计量分析方法与社会网络分析方法相结合，产生了很多新的研究方法，如单一网络中的作者合作网络分析、共词网络分析、引文网络分析、机构合作网络分析等，混合网络中的作者到机构网络分析、施引文献到被引文献网络分析等。为了研究分析新兴研究领域新核心概念的形成及其变化趋势，本书运用共词网络分析的方法来研究突现词共现网络。

6.1.3　突现检测算法

新兴研究领域的一个主要特征为主题词的爆发，突现检测算法（burst detection algorithm）[59]可以用来探测某一研究领域内研究主题词在使用频次上的突然增长。该算法是由美国康奈尔大学的 Jon Kleinberg 开发和提供的，旨在分析在有限或者无限时间段内，文档中某些主题的突发高强度特征。与单纯统计词语出现频率方式不同，该算法采用了概率自动机原理，状态对应单个词汇出现的频率，状态转移对应该词在某一时间点附近所发生的显著变化（即"突现"）。随着时间的不断推移，从文档流（如电子邮件、新闻等）中提取出有意义的结构，最终形成一个关于具有显著变化的突变词列表及其发生的时间段。

在对科学文献的研究中，突现检测算法可以被应用到作者、引文、期刊、国家、机构、关键词，以及出现在题目、关键词中的主题词。以主题词为例，当对文献中的主题词进行突现检测时，我们可以得到每个突现主题词的突现权重（burst weight）、发生突现年份（start year）和突现结束年份（end year），并以此来分析某一研究领域内的研究兴趣的转移，或者研究的兴起、发展及消退过程。

本书中的突现主题词共现及突现重要文献数量两个指标均运用了突现检测算法，分别探测了主题词出现频次和重要文献被引频次的突然增长及其变化情况。

6.1.4 科学知识图谱方法

随着现代科学中信息技术的不断发展，科学计量学的研究已经脱离了传统的统计方法，而越来越多地运用了计算机技术进行统计、数据挖掘及可视化等研究工作，其中"科学知识图谱"（mapping knowledge domain/knowledge domain visualization）研究方法便是科学计量学与信息可视化技术相结合的产物。

描绘科学研究领域的结构和演进的科学地图描绘也叫"科学知识图谱"，它是对科学知识的一种描绘，是信息可视化方法中的一种，它利用强大的人类观觉和空间认知来帮助人们从头脑中组织，并且通过电子的方式来使用和处理庞大而复杂的信息空间。科学知识图谱运用复杂的数据分析和可视化技术，有针对性地识别某一知识领域中主要的分支领域、专家、机构、基金、出版物等。

通过从数字到直观图像的转化，科学知识图谱可以是对定量结果的图像展示，可以是对科学知识之间结构关系的静态描绘，也可以是对其发展历程的动态描绘。"人们可以依靠科学知识图谱的帮助，透视人类知识体系中各个领域的结构，构造复杂知识网络，预测科学技术知识前沿的发展态势"[121]，它涉及科学学研究、科学计量学、信息科学、应用数学及计算机科学，是这几个学科交叉的结果。

6.2 采用的工具：Sci² 科学学工具包

Sci² 科学学工具包（Science of Science Tool，又称 Sci² Tool，以下简称 Sci² 工具包），是美国印第安纳大学布鲁明顿分校图书馆与信息科学学院信息基础设施网络科学中心及信息可视化实验室开发的一个专门为科学学研究而设计的工具包。该工具包是一个模块化的工具包，支持对微观（个体）、中观（局部）及宏观（全局）三个层面的数据进行基本统计、时间、空间、主题和网络层面的分析与可视化（图6.1）。例如，在个体微观层面，研究者可以通过该软件进行科学家个体的合作网络分析、个人申请的基金项目的时序变化分析、个人职业轨迹的地理分布分析、个人研究主题的学科分布分析等。目前Sci^{2}工具包已经被积极地应用于很多行业领域的研究中，包括美国国家科学基金会、美国国立卫生研究院及美国农业部等在内的很多组织机构都使用这一工具。Sci^{2}工具包的开发基于Cyberinfrastructure Shell（CIShell），CIShell是一个基于OSGi R4规范和Equinox实现的用于整合与利用不同格式数据、算法、工具及计算资源的开源软件框架。

	Micro/Individual (1-100 records)	Meso/Local (101-10,000 records)	Macro/Global (10,000< records)
Statistical Analysis/Profiling	Individual person and their expertise profiles	Larger labs, centers, universities, research	All of NSF, all all of science.
Temporal Analysis (When)	Funding portfolio of one individual	bursts PNAS	113 Years of p Research
Geospatial Analysis (Where)	Career trajectory of one individual	Mapping a sta intellectual lan	PNAS publications
Topical Analysis (What)	B w	Kno Cher	VxOrd/Topic NIH funding
Network Analysis (With Whom?)	NSF ork of one in	C	NSF ency

图6.1 Sci^{2}工具包的分析类型与研究层面的矩阵示意图[148]（文后附彩图）

Sci^{2}工具包本身具有多种功能：可载入多种不同格式的数据集；可以输出多种数据格式；内嵌的数据库功能可进行SQL查询；可执行扩展的数据预处理，如数据清理、数据查重及去重、数据过滤等。

此外，研究者还可以通过已经集成在软件中的最有效的算法来进行各种不同类型的研究分析，包括：①科学计量学的基本分析，如合作分析、引文分析、共现分析、耦合分析以及其他基本的科学计量统计方法；②社会网络分析，包含对无权重无向、有权重无向、无权重有向和有权

重有向四种网络的基本网络属性统计，以及其他社会网络指标的计量，如
出度，入度，中介中心性，最短路径，PageRank，HITS，K 核分析，网
络的强度、密度、直径等 40 多个网络指标分析；③运用多种类型可视化
算法来进行科学知识图谱的绘制，可以分为时间序列可视化、地理位置
可视化及网络可视化。其中，网络可视化部分又包含十余种（如 GUESS、
Tree Map、DrL、Circular Hierarchy、Force Directed with Annotation 等）信
息可视化算法。

　　研究人员可以根据不同的研究内容及研究目的来选择不同的分析方法
和可视化方法。本书所使用研究数据的清洗加工、提取和查询，新作者数
量的查询、突现主题词的检测、突现主题词共现网络的生成及可视化，网
络属性的统计计算、学科跨度指数等方面的测度均与如上功能相关。

6.3 采用的研究数据

6.3.1 研究数据的选择

　　如前所述，新兴研究领域是目前科学学和科学计量学界中，学者们
普遍感兴趣的热点问题之一。本书的实例研究依据前文所界定的新兴研究
领域的概念，借鉴已有的研究成果，选取了四个新兴研究领域，即量子计
算、RNA 干扰、语义网和 h 指数及 h 类指数。目前已经有学者分别从不
同的视角对这四个新兴研究领域进行了不同程度的研究，其中有研究将量
子计算、RNA 干扰和 h 指数及 h 类指数三个领域作为研究对象纳入到科
学学与科学计量学的研究中，Bettencourt 等在作者层面对量子计算领域的
新兴程度进行了分析 [34, 83]，而针对 RNA 干扰和 h 指数两个领域的研究所
使用的数据仅仅从 PNAS 和 Scientometrics 两个期刊中提取 [149]，数据所覆
盖的范围过于狭窄，无法准确地反映这两个领域的实际整体状况。语义网
领域虽然并没有作为科学学和科学计量学的研究对象被纳入到新兴研究领
域的识别研究中，但是很多综述性的研究 [150, 151] 均表明该领域的新兴程度
值得引起新兴研究领域的识别研究的重视，所以本书也将语义网作为一个
重要的研究对象。

　　在这里，我们将这四个研究领域作为科学学与科学计量学的研究对

象，对这四个领域的数据进行重新收集，并运用多元科学指标对这四个新兴研究领域进行识别，恰好它们分属自然科学和人文社会科学两大领域，前两项属于自然科学领域，后两项属于人文社会科学研究领域。本书的这种划分并不是基于将自然科学领域和人文社会科学领域之间的差别作为研究对象的考虑，而是基于这四个领域作为新兴研究领域识别探索的研究对象，以及它们之间所存在的共性和差异。本书最后的研究结论也表明这四个新兴研究领域从创生到成熟的形成过程，其多元指标时序结构模式表现出高度的相似性与普适性，在某些指标方面会因研究领域的不同而有所差异，但这与是否属于自然科学还是人文社会科学领域无关。

6.3.2　研究数据的来源

根据研究内容，本书所使用的数据按照类型分为两部分：一部分为文献数据；另一部分为基金项目数据。

所有的文献数据均来源于汤森路透的 Web of Science 数据库[152]，该数据库收录了来自自然科学、工程技术、生物医学、社会科学、艺术与人文等领域的 10 000 多种世界权威的高影响力的学术期刊、超过 120 000 个会议论文集，文献类型涉及期刊论文（article）、会议论文（proceeding paper）、评论（review）、通信（letter）、人物传记（biographical-item）等。每项题录数据包含了多种信息，如作者、论文标题、来源期刊、摘要、作者关键词、ISI 的增补关键词、语言种类、文章类型、参考文献、被引次数、作者机构、国家等。从 Web of Science 收集的数据均为结构化数据，这为数据的处理与分析带来了极大的方便。

所有的基金项目数据均来源于 NSF 所提供的项目检索库[153]。NSF 成立于 1950 年，是美国独立的联邦机构，旨在通过对基础研究计划的资助，改进科学教育，促进国家健康、繁荣及财富的发展，加强国防，并增进国际科学合作等。据统计，截至 2012 年，NSF 平均每年提供 69 亿美元的资金支持，大约 20% 联邦政府支持的基础研究来自科研院校，对于像数学、计算机科学及社会科学等研究领域来说，NSF 是联邦政府支持的主要来源。NSF 的主要任务是识别并且资助科学及工程领域的前沿，但是这个过程却是自下而上的。NSF 紧密跟踪美国乃至全世界的科学研究，始终与研究共同体保持紧密的联系来及时识别出那些最可能产生显著进步的研究领域，选择最有学术前景的科研人员来进行研究，与不断变化的研究及调查视野保持同步。NSF 提供一个官方的国家科学基金数据库，供研究人员进行检索与查询，该数据库是一个免费开放的基金项目摘要数据库，提供 1989 年以来的所有 NSF 数据，研究者可以根据主题词、基金号或者项目申请人等检索条件进行基金检索，数据信息包含了研究摘要、主要申请人、合作申请人、研究机构、基金号、获得基金项目资助的额度、项目开始及结束日期等多项信息。

6.3.3 研究数据的处理

Web of Science 的数据也存在着不可避免的错误与不规范，如作者姓名的写法不一，大小写无法统一，题录数据中同一个主题词存在单复数，或者英文时态，或者写法的不同等问题，给研究结果的准确性带来一些噪声。因此在分析数据之前，本书先对研究数据进行了如下清洗与加工工作。

首先，本书将所有来自论文题目、ISI 关键词和作者关键词的主题词合并到原始数据中的"ID"行。

其次，进一步对"ID"行的主题词格式及"AU"行的作者格式进行标准化。

（1）使用 Sci^2 工具包自带的禁用词列表[154]，如 a，an，and 等，以及所有单独的字母及数字，剔除数据中无意义的词。

（2）去除所有的标点符号，除了"-"和"/"。

（3）缩减词与词之间的多重空格至一个空格，并去除开头和结尾的空格。

（4）将所有字母小写化。

（5）将所有的"-"和空格用"."来取代，以保留复合词。

（6）将所有"AU"行内的作者名字标准化，即将姓和名的首字母均变为大写。

经过数据预处理，本书尽最大可能保证数据中的论文、作者、作者关键词、ISI 增补关键词、参考文献均为单一（unique）结果。

之后，运用 Sci^2 工具包的 SQL 数据库查询功能，统计出每个研究领域的年度作者数量、年度参考文献数量、年度主题词（包括作者关键词、ISI 关键词及来自题目的关键词）数量，见 6.3.4 小节。

6.3.4 研究数据的收集

依据本书对研究领域的概念界定，研究运用主题词检索法对量子计算、RNA 干扰、语义网和 h 指数及 h 类指数四个研究领域的文献数据及基金项目数据进行检索。需要说明的是，在数据的时间跨度选取上，由于每个领域所产生的时间不同，每组研究数据的起始点不尽相同，但是所有数据的选择均截至 2015 年。

1. 文献数据的检索

根据本书对研究领域的界定，本书所采用的数据检索方式为主题词（topic）检索，在检索结果中剔除其余文献类型，只保留期刊论文（article）和会议论文（proceeding paper），而文献语言均选择英文（English）。

第一，量子计算研究领域的数据所采用的检索式为"quantum comput*"，时间跨度从 1985 ～ 2015 年，共检索出 11 623 篇相关论文。

图 6.2 显示出量子计算研究领域每一年的论文、作者、主题词（包括作者关键词、ISI 增补关键词及来自题目的主题词）和参考文献的数量变

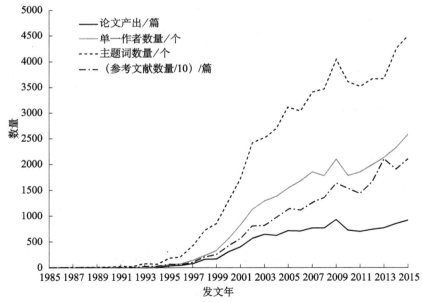

图 6.2 量子计算研究领域的论文、作者、主题词及参考文献年度分布

化，从 1985 年至 2015 年，该领域的论文、作者、主题词及参考文献均呈现快速增长的趋势，2009 年以后数量略微有所下降，但 2010 年至 2011年前后又开始回升。

第二，RNA 干扰研究领域的数据检索式为"rnai"or"rna interference"，时间跨度从 1998 年至 2015 年，共检索出 33 362 篇相关论文。

运用 Sc² 工具包的数据库查询功能，计算出 RNA 干扰研究领域每一年的论文、作者、主题词（包括作者关键词、ISI 增补关键词及来自题目的主题词）及参考文献，见图 6.3。从图 6.3 中以看出，该领域的所有统计属性均呈现不断增长的趋势。

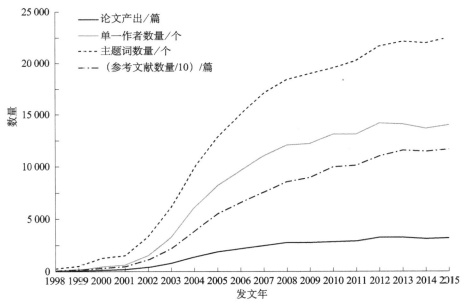

图 6.3　RNA 干扰研究领域的论文、作者、主题词及参考文献年度分布

第三，语义网研究领域数据的检索式为 semantic* or ontolog* or RDF* or OWL* or Sparql* or "Linked Open Data" or LOD* or RIF*，时间跨度从 1995 年至 2015 年，共检索出 84 096 篇相关论文。该领域研究数据所涉及的 Web of Science 学科领域分别为：

INFORMATION SCIENCE & LIBRARY SCIENCE

COMPUTER SCIENCE, ARTIFICIAL INTELLIGENCE

COMPUTER SCIENCE, CYBERNETICS

COMPUTER SCIENCE, HARDWARE & ARCHITECTURE

COMPUTER SCIENCE, INFORMATION SYSTEMS

COMPUTER SCIENCE, INTERDISCIPLINARY APPLICATIONS

COMPUTER SCIENCE, SOFTWARE ENGINEERING

COMPUTER SCIENCE, THEORY & METHODS

MEDICAL INFORMATICS

运用 Sci^2 工具包的数据库查询功能，计算出语义网研究领域的每一年的论文、作者、主题词（包括作者关键词、ISI 增补关键词及来自题目的主题词）及参考文献，见图 6.4。图 6.4 中显示，从 1998 年至 2009 年，所有统计属性均呈现急速增长的趋势，2009 年以后开始逐渐下降，但从 2011 年开始又重新增长，至 2015 年，增长后所达到的数量和 2009 年比不相上下。

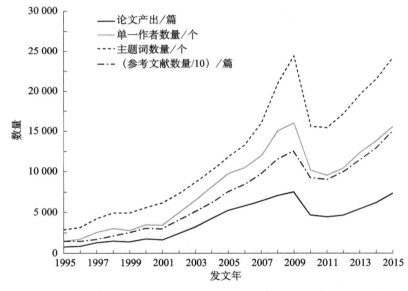

图 6.4　语义网研究领域的论文、作者、主题词及参考文献年度分布

第四，h 指数及 h 类指数研究领域的数据检索式为"index hirsch" or "index h" or "h index" or "hirsch index" or "g index" or "index g" or "r index" or "index r" or "h indices" or "indices h" or "hirsch indices" or "indices hirsch" or "g indices" or "indices g" or "AR index" or "index AR" or "h type index" or "h type indices" or "hirsch type index" or "hirsch type indices" or "A index" or "e index" or "h((2) index" or "R(2) index" or "h like indicator" or "m index" or "h_w) index" or "h(m) index" or "h(i) index" or "h(f) index"。时间跨度为 2005 年至 2015 年。为了更准确地界定该学科领域的数据，本书将 h 指数及 h 类指数界定在以下学科范围内：

INFORMATION SCIENCE LIBRARY SCIENCE

COMPUTER SCIENCE

INTERDISCIPLINARY APPLICATIONS

COMPUTER SCIENCE INFORMATION SYSTEMS

MULTIDISCIPLINARY SCIENCES

COMPUTER SCIENCE THEORY METHODS

MATHEMATICS INTERDISCIPLINARY APPLICATIONS

通过运用以上检索式和学科领域界定，共得到 1 023 篇文献，再通过对数据的题目、摘要与关键词的研读，去掉 208 篇与该领域不相关的文献，一共得到 815 篇有效文献数据。运用 Sci^2 工具包的数据库查询功能，统计出 h 指数及 h 类指数研究领域的每一年的论文、作者、主题词（包括作者关键词、ISI 增补关键词及来自题目的主题词）及参考文献，见图 6.5。

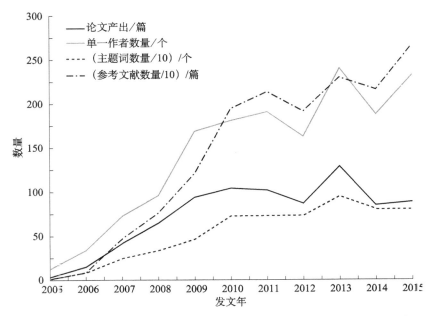

图 6.5 h 指数及 h 类指数研究领域的论文、作者、主题词及参考文献年度分布

从 2005 年 h 指数被提出开始，至 2011 年该领域的所有统计属性均快速增长。2011 年至 2015 年各统计属性呈波动性增长。

2. 基金项目数据

在美国 NSF 提供的官方数据库中对"Active Awards"（在研基金项目）和"Expired Awards"（已结题基金项目）进行主题词检索。

量子计算研究领域的基金项目检索式为"quantum comput*"，时间跨度从 1987 年至 2015 年，检索出的基金总数为 1 106 项。

RNA 干扰研究领域的检索式为"RNAi"or"RNA interference"，时间跨度从 1998 年至 2015 年，检索出的基金总数为 222 项。

语义网研究领域的检索式为"semantic web"AND（semantic* or ontolog* or RDF* or OWL* or Sparql* or "Linked Open Data" or LOD* or RIF*），时间跨度从 1998 年至 2015 年，检索出的基金总数为 201 项。

由于 h 指数及 h 类指数研究领域的研究属于小科学中的小科学，研究主题相对狭窄，在 NSF 基金数据库的检索中并没有检索到任何基金项目数据。

6.4 本章小结

本章从研究方法、工具和研究文本三个方面探讨了辨识新兴研究领域特征的实现途径。所使用的主要研究方法包括：①科学计量研究方法，如作者分析、词频分析、共词分析、引文分析及基金分析；②社会网络分析方法，本书为了研究分析新兴研究领域新兴研究主题的变化趋势，运用共词网络分析的方法来研究突现主题词共现网络；③突现检测算法，本书中的突现主题词共现及突现重要文献数量两个指标均运用了该算法，分别探测了主题词出现频次和重要文献被引频次的突然增长及其变化情况；④科学知识图谱方法，用于展示突现主题词共现网络，识别科学研究领域核心概念的形成。所有研究流程都通过科学学研究应用软件 Sci^2 工具包来实现。

最后，本章介绍了有关研究领域的选择、研究数据的检索和处理，主要说明了本书所选取的四个研究领域的选择依据，所有文献数据和基金数据的来源、检索策略、数据的基本属性统计，包括论文数量、基金数量、作者数量、参考文献数量、主题词数量的时间分布情况，以及研究数据的清洗和加工。

实例研究：量子计算和 RNA 干扰实例研究

7.1　量子计算研究领域

7.1.1　量子计算研究领域简介

量子计算（quantum computation）是一个新兴的研究领域，致力于发现新型的设备及真正量子力学状态的理论实现 [34]，并将其运用到计算的层面。其最终目标是建造一台量子计算机，它除了可以模拟经典计算机外，在一些特殊问题的处理上比经典计算机更快、更有效率。

Benioff[155] 最早用量子力学中二能阶的量子系统来仿真数字计算，描述可逆计算机。Feynman[156] 发展了 Benioff 的工作，提出了量子系统如何被用来进行计算的构想。1985 年，Deutsch[157] 证明了在原则上，任何物理过程都可以在量子计算机上被完美地模拟出来，此时的量子计算才开始具备了数学的基本形式，但是并没有上升至算法层面。20 世纪 90 年代中期，Shor [158] 提出的离散对数问题和大整数质因子分解问题的量子算法和

Grover[159] 的数据库搜索算法，以及此后 Cory 的 NMR 实验[160] 都明确地阐明了量子算法在执行计算任务中的优势，他们第一次实现了量子计算这一新的技术。这些科学发现为量子计算领域的研究开启了更为广阔的研究局面，并且改变了该领域的科研人员结构。

　　量子计算是近十多年来物理学研究中最热门的领域之一。随着研究的发展，该领域已经很自然地形成了包括量子物理学、计算机科学、材料科学和工程科学等多学科在内的交叉研究，并由此吸引了大量的科研人员到该领域的研究中[34, 161]。量子计算的最终物理实现，会导致信息科学观念和模式的重大变革，是目前最具魅力，同时也最具发展前景的研究领域之一。

7.1.2　指标计算

1. 新作者数量

　　图 7.1 展示了从 1985 年至 2015 年每年进入量子计算研究领域的新作者数量的变化。由于本书所使用的量子计算领域研究数据中，1986 年、1987 年和 1988 年这三年没有论文记录，该领域的新作者数量曲线在初期产生断层，直至 1989 年才又有新的数据产生。从图 7.1 中可以看出，自

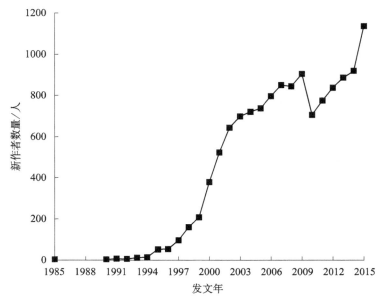

图 7.1　量子计算研究领域新作者数量年度变化

1985 年以来的 30 年时间里，量子计算领域的新作者数量总体呈现快速增长的态势，由最初 1985 年的两名新作者，逐渐发展到 2015 年的 1136 名新作者，其中 2010 年新作者人数略微有所下降，从 2009 年的 906 人下降到 706 人，而 2011 年又重新开始呈现增长趋势，直到 2015 年达到峰值，达到 1136 人。值得注意的是，时间发展到 20 世纪 90 年代中期，新作者的数量开始呈现明显加速增长的趋势，此时也正是量子计算研究从局限于探讨计算的物理本质向发展算法阶段的过渡，进入了该领域研究的中期发展阶段。

2. 突现主题词共现

突现主题词共现这一指标的测度一共分为两步：第一步运用 Sci^2 工具包，对该领域内的所有主题词进行突现探测，设置阈值，得到所有突现主题词；第二步运用共词分析方法对这些主题词在它们共同突现的时间段内进行共现分析，得到突现主题词共现网络。

首先，在突现检测功能选项中选择默认阈值，Gemma 值为 1，密度比例（density scaling）为 2，突现长度（burst length）为 1，实现状态（burst state）为 1，得到与量子计算研究领域相关的突现主题词一共 389 个，突现年份跨度为 1985～2015 年。在所有突现主题词中，最大突现值为 104.484 079 1，最小突现值为 3.486 532 27，突现长度最大值为 18，最小值为 1。表 7.1 展示的是量子计算研究领域突现值排在前 50 位的突现主题词，表 7.1 中显示了每个突现主题词的突现值、突现长度、突现年份和结束年份，其中结束年份为空的单元格代表该主题词的突现长度将一直持续。

表 7.1　量子计算研究领域突现值前 50 位的主题词

突现主题词	突现值	突现长度/年	突现年份	结束年份
quantum.computing	104.484 079 1	1	2009	2009
computation	95.440 153 92	12	1991	2002
quantum	80.942 398 02	16	1985	2000
quantum.entanglement	67.206 655 96	2	2008	2009
computers	59.936 361 69	18	1985	2002
anyons	58.501 823 26	6	2010	
computing	40.766 037 5	13	1991	2003

续表

突现主题词	突现值	突现长度/年	突现年份	结束年份
universal	36.188 595 12	8	1995	2002
topological	36.092 129 65	6	2010	
logic	36.011 037 39	17	1985	2001
nmr	35.080 261 66	6	1998	2003
fermions	34.937 188 26	4	2012	
majorana	34.783 230 44	6	2010	
nanowire	30.640 062 4	3	2013	
spectroscopy	30.428 967 17	5	1998	2002
quantum.optics	27.387 336 44	1	2009	2009
signature	27.174 482 87	3	2013	
implementation	27.095 974 71	3	1999	2001
superconductor	26.258 238 12	3	2013	
nuclear.magnetic.resonance	22.479 977 68	5	1999	2003
decoherence	22.238 656 93	8	1994	2001
josephson	21.533 866 56	7	1999	2005
majorana.fermions	20.972 027 28	3	2013	
dots	20.706 014 22	5	2000	2004
logic.gate	20.489 801 08	7	1996	2002
josephson.junctions	18.021 386 27	4	2000	2003
error.correcting.codes	17.451 464 22	8	1997	2004
charge.qubits	17.434 062 8	3	2005	2007
chaos	16.350 280 35	9	1997	2005
ions	15.512 689 51	8	1995	2002
trapped	15.200 955 53	8	1995	2002
superposition	14.926 272 12	5	2001	2005
information.theory	14.756 652 34	2	2008	2009
cluster	14.418 916 55	4	2007	2010
insulators	14.105 530 97	4	2012	
solid.state	14.102 066 33	6	2000	2005
optimization	13.142 207 77	4	2012	
non.abelian.statistics	13.009 617 31	4	2012	
quantum.gates	12.894 380 18	1	2009	2009
diamond	12.707 564 53	3	2013	
oscillations	12.707 225 68	3	2003	2005
junctions	12.550 047 84	5	1999	2003
logic.gates	12.411 558 59	7	1996	2002
josephson.junction	12.275 159 49	3	2003	2005

续表

突现主题词	突现值	突现长度/年	突现年份	结束年份
macroscopic.quantum.states	11.895 962 94	3	2003	2005
code	11.787 734 87	4	2012	
protocol	11.713 157 81	3	2013	
hybrid	11.675 850 24	3	2013	
topological.insulators	11.514 21	3	2013	
dissipation	11.475 05	11	1994	2004

突现值排在前三位的分别是"quantum.computing"（量子计算）、"computation"（计算）和"quantum"（量子），突现值分别为104.484 079 1、95.440 153 92和80.942 398 02。突现值排在第四位和第五位的突现主题词是"quantum.entanglement"（量子纠缠）和"computers"（计算机），突现值分别为67.206 655 96和59.936 361 69。最早突现的主题词是"quantum"、"computers"（计算机）和"logic"（逻辑），突现年份均为1985年。

其次，运用Sci^{2}工具包对所有突现的主题词进行共现分析，生成突现主题词共现网络，共有389个节点、3个孤立点和4587条连线，节点之间连线的权重最大值为349，最小值为1，平均值为3.68。删除3个孤立节点后，得到新的突现主题词共现网络图谱，如图7.2所示。该网络中仅有一个聚类，包含了386个节点。该网络的平均度为23.77，密度为0.062。在图7.2中，节点颜色代表每个主题词第一次突现的年份，节点的大小代表突现值的大小，突现值越大，则节点越大，反之越小；连线的粗细与颜色表现为两个主题词在相同突现时间段内共同出现频次的多少，突现的频次越多，连线在图谱中的颜色则表现为越黑，连线的宽度则越宽，反之则趋向灰色。根据自动划分时间段的算法，量子计算研究领域的突现主题词共现网络一共分为1985年至1990年、1991年至1996年、1997年至2003年、2004年至2009年、2010年至2015年五个时间段，颜色依次体现为绿色、黄色、橙色、红色及黑色，同时在网络中突现值大于等于11的主题词显示词标签。

从图7.2中可以看到，1985年至2015年量子计算研究领域的突现主题词共现网络包含了三大聚类，即体现为三个核心概念群，表明该领域的研究主要经历了三个主要研究阶段。第一个核心概念群主要由早期的绿色、黄色和橙色节点构成，时间跨度从 20 世纪 80 年代中期至 21 世纪初；第二个核心概念群则主要由红色节点构成，时间跨度为 2004 年至 2009 年；第三个核心概念群主要由黑色节点构成，时间跨度为 2010 年至 2015 年。从核心概念群在网络中分布的位置来看，第二个核心概念群位于中间，是量子计算领域研究核心概念从初始阶段的研究到新近研究的一个过渡阶段。

通过对图 7.2 中第一个核心概念群所包含节点的内容进行分析，研究发现量子计算领域的研究首先始于如何使用量子物理系统来有效地模拟经典计算机，以及经典计算机是否能用来有效地模拟量子系统[161]，Deutsch[157] 提出的量子图灵机的概念才使得量子计算具备了数学的基本形式，该阶段研究的核心概念围绕着如 "computers"（计算机）、"decoherence"（退相干）、"turning.machine"（图灵机）、"logic"（逻辑）、"universal"（宇宙）等突现主题词展开。20 世纪 90 年代中期以后，量子计算的研究开始从理论层面上升到实验层面，研究者们开始在物理系统层面上开展量子计算的基础研究，突现主题词如 "computation"（计算）、"logic.gate"（逻辑门）、"nmr"（核磁共振）、"nuclear.magnetic.resonance"（核磁共振）、"implementation"（实现）、"josephson. junction"（超导 Josephson 结）、"error.correcting.codes"（纠错编码）、"zero.point.energy"（零点能量）、"solid. state"（固态量子计算）等都体现了这一研究阶段核心概念的组成。

该领域的第二大核心概念群的时间跨度主要为 2004 年至 2009 年，主要围绕着 "quantum.computing"（量子计算）、"quantum.entanglement"（量子纠缠）和 "quantum.optics"（量子光学）三个突现主题词所形成的三角关系而展开，其中 "quantum.entanglement" 和 "quantum.computing" 的联系尤为紧密。此外，与 "quantum.computing"（量子计算）、"quantum. entanglement"（量子纠缠）和 "quantum.optics"（量子光学）三个突现主题词共现的主要突现词还有 "information.theory"（信息理论）、"probability"（概率）、"quantum.gates"（量子门）和 "cluster"（聚类）等。值得注意的是，

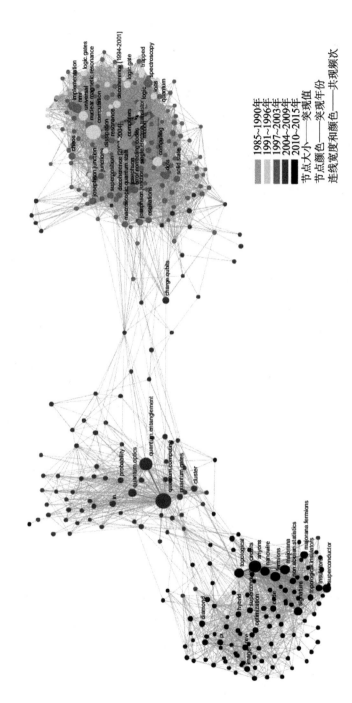

图 7.2　量子计算研究领域突现主题词共现网络（文后附彩图）

在第二大核心概念群中，"charge.qubits"（电荷量子比特）是连接第一大核心概念群和第二大核心概念群的一个重要突现主题词，它扮演了"桥梁"的中介角色。

第三大概念群中的主要突现主题词显示自 2010 年以来，量子计算领域的主要突现主题词为"anyons"（任意子）、"topological"（拓扑）、"fermions"（费米子）、"majorana"（马约拉纳）、"majorana.fermions"（马约拉纳费米子）、"nanowire"（纳米线）、"superconductor"（超导）等。这一概念群的主要研究体现为量子的拓扑计算，将纳米超导线的单光子探测技术运用到量子通信领域，以及有关马约拉纳费米子的捕获研究，因为这种粒子既是困扰物理学界 80 多年的正反粒子同体的特殊费米子，也是未来制造量子计算机的可能候选对象。

对量子计算研究领域的突现主题词共现网络的研究表明，近年来量子计算研究领域的研究已经从最初的理论及实验研究层面，逐渐过渡到量子光学、量子信息拓扑量子计算、量子通信等研究阶段。有研究表明，这几个方向的研究也是目前量子计算领域最新颖和最具发展前景的研究方向 [162-164]。

3. 突现重要文献数量

运用 Sci^2 工具包的数据库功能，在量子计算研究领域的 211 501 篇参考文献中识别出既是施引文献又是被引文献的重要文献共 44 056 篇，对这些重要文献进行突现检测得到突现重要文献 497 篇，图 7.3 展示的是该领域内所有突现重要文献的年度变化趋势。

从 1985 年到 2011 年，量子计算领域内的突现重要文献数量从整体上看呈增长趋势，从 1985 年的 1 篇，增加到 2015 年的 169 篇。其中，从 2001 年开始，突现重要文献数量呈下滑趋势，从 137 篇下滑至 2006 年的 86 篇，此后 2007 年又开始重新增长为 90 篇，至 2015 年达到最高峰，为 169 篇。从图 7.3 中可以看出量子计算研究领域的突现重要文献数量增长呈现出两个阶段的变化特点：第一个增长点为 1993 年，从该年到 2001 年为第一个增长阶段，时长为 8 年；第二个增长阶段为 2007 年至 2015 年，时长也为 8 年。

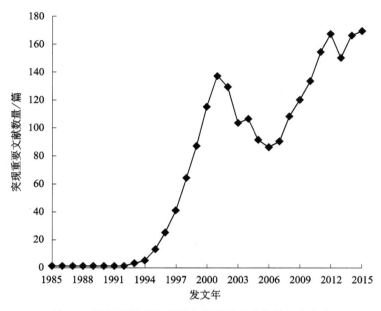

图 7.3　量子计算研究领域突现重要文献数量年度变化

　　表 7.2 列出了突现值排在前 50 位的重要文献，其中突现值最高的文献为 Gershenfeld 和 Chuang 于 1997 年发表的论文 *Bulk spin-resonance quantum computation*[165]，突现值为 106.8267，也是所有突现重要文献中唯一一篇突现值超过 100 的重要文献，该篇论文运用核磁共振进行量子计算实验。从突现时间上来看，第一篇突现的文献为 Deutsch 在 1985 年发表的 *Quantum theory, the Church-Turing principle and the universal quantum computer*[157]，这也是量子图灵机概念的首次提出，由此开始，量子计算才开始具备了数学的基本形式，该篇文献从 1985 年开始突现，一直持续到 2001 年才结束，突现长度为 17 年。

表 7.2　量子计算研究领域突现值前 50 位的重要文献

突现重要文献	突现值	突现长度/年	突现年份	结束年份
Gershenfeld NA, 1997, SCIENCE, V275, P350, DOI 10.1126/science.275.5298.350	106.826 7	5	1998	2002
Kitaev AY, 2003, ANN PHYS–NEW YORK, V303, P2, DOI 10.1016/S0003–4916（02）00018–0	84.678 77	6	2010	
Monroe C, 1995, PHYS REV LETT, V75, P4714, DOI 10.1103/PhysRevLett.75.4714	76.282 71	7	1996	2002

续表

突现重要文献	突现值	突现长度/年	突现年份	结束年份
Ekert A, 1996, REV MOD PHYS, V68, P733, DOI 10.1103/RevModPhys.68.733	74.960 52	7	1996	2002
Cirac JI, 1995, PHYS REV LETT, V74, P4091, DOI 10.1103/PhysRevLett.74.4091	67.568 47	7	1995	2001
Divincenzo DP, 1995, SCIENCE, V270, P255, DOI 10.1126/science.270.5234.255	64.815 55	7	1996	2002
Cory DG, 1997, P NATL ACAD SCI USA, V94, P1634, DOI 10.1073/pnas.94.5.1634	55.600 56	5	1998	2002
Lloyd S, 1993, SCIENCE, V261, P1569, DOI 10.1126/science.261.5128.1569	54.716 12	9	1994	2002
Deutsch D, 1985, P ROY SOC LOND A MAT, V400, P97, DOI 10.1098/rspa.1985.0070	52.303 04	17	1985	2001
Kane BE, 1998, NATURE, V393, P133, DOI 10.1038/30156	45.127 88	7	2000	2006
Chuang IL, 1998, PHYS REV LETT, V80, P3408, DOI 10.1103/PhysRevLett.80.3408	44.593 16	5	1998	2002
Deutsch D, 1989, P ROY SOC LOND A MAT, V425, P73, DOI 10.1098/rspa.1989.0099	42.310 04	9	1993	2001
Raussendorf R, 2001, PHYS REV LETT, V86, P5188, DOI 10.1103/PhysRevLett.86.5188	42.111 89	6	2007	2012
Walther P, 2005, NATURE, V434, P169, DOI 10.1038/nature03347	38.951 92	5	2006	2010
Chuang IL, 1998, NATURE, V393, P143, DOI 10.1038/30181	38.804 32	4	1998	2001
Hasan MZ, 2010, REV MOD PHYS, V82, P3045, DOI 10.1103/RevModPhys.82.3045	38.234 51	4	2012	
Shnirman A, 1997, PHYS REV LETT, V79, P2371, DOI 10.1103/PhysRevLett.79.2371	38.100 2	6	1999	2004
Averin DV, 1998, SOLID STATE COMMUN, V105, P659, DOI 10.1016/S0038−1098（97）10001−1	37.177 05	5	1999	2003
Nakamura Y, 1999, NATURE, V398, P786, DOI 10.1038/19718	35.275 91	6	2000	2005
Unruh WG, 1995, PHYS REV A, V51, P992, DOI 10.1103/PhysRevA.51.992	34.655 91	6	1995	2000
Vandersypen LMK, 2001, NATURE, V414, P883, DOI 10.1038/414883a	33.986 38	4	2003	2006
Divincenzo DP, 1995, PHYS REV A, V51, P1015, DOI 10.1103/PhysRevA.51.1015	32.960 97	8	1995	2002
Deutsch D, 1995, P R SOC−MATH PHYS SC, V449, P669, DOI 10.1098/rspa.1995.0065	31.842 47	9	1995	2003

续表

突现重要文献	突现值	突现长度/年	突现年份	结束年份
Jones JA, 1998, J CHEM PHYS, V109, P1648, DOI 10.1063/1.476739	31.593 97	5	1999	2003
Pashkin YA, 2003, NATURE, V421, P823, DOI 10.1038/nature01365	31.066 7	5	2003	2007
Jones JA, 1998, NATURE, V393, P344, DOI 10.1038/30687	30.828 03	4	1999	2002
Steane A, 1996, P ROY SOC LOND A MAT, V452, P2551, DOI 10.1098/rspa.1996.0136	30.376 11	5	1997	2001
Dennis E, 2002, J MATH PHYS, V43, P4452, DOI 10.1063/1.1499754	29.162 16	6	2010	
Mooij JE, 1999, SCIENCE, V285, P1036, DOI 10.1126/science.285.5430.1036	28.459 42	4	2000	2003
Makhlin Y, 1999, NATURE, V398, P305, DOI 10.1038/18613	28.162 6	4	2000	2003
Barenco A, 1995, PHYS REV A, V52, P3457, DOI 10.1103/PhysRevA.52.3457	28.129 69	7	1996	2002
Preskill J, 1998, P ROY SOC LOND A MAT, V454, P385, DOI 10.1098/rspa.1998.0167	27.608 35	7	1998	2004
Deutsch D, 1992, P ROY SOC LOND A MAT, V439, P553, DOI 10.1098/rspa.1992.0167	27.558 43	7	1994	2000
Barends R, 2014, NATURE, V508, P500, DOI 10.1038/nature13171	27.349 92	2	2014	
Dicarlo L, 2009, NATURE, V460, P240, DOI 10.1038/nature08121	25.495 54	6	2010	
Preskill J, 1998, P ROY SOC A-MATH PHY, V454, P385, DOI 10.1098/rspa.1998.0167	25.262 79	4	2012	
Leibfried D, 2005, NATURE, V438, P639, DOI 10.1038/nature04251	24.453 79	5	2006	2010
Cory DG, 1998, PHYSICA D, V120, P82, DOI 10.1016/S0167-2789（98）00046-3	23.311 21	5	1998	2002
Morello A, 2010, NATURE, V467, P687, DOI 10.1038/nature09392	23.109 26	5	2011	
Burkard G, 1999, PHYS REV B, V59, P2070, DOI 10.1103/PhysRevB.59.2070	22.982 5	7	2000	2006
Pla JJ, 2012, NATURE, V489, P541, DOI 10.1038/nature11449	22.467 52	3	2013	
Chiorescu I, 2003, SCIENCE, V299, P1869, DOI 10.1126/science.1081045	22.361 65	6	2004	2009
Verstraete F, 2009, NAT PHYS, V5, P633, DOI 10.1038/NPHYS1342	22.179 49	5	2011	
Lu CY, 2007, NAT PHYS, V3, P91, DOI 10.1038/nphys507	21.996 6	6	2007	2012

续表

突现重要文献	突现值	突现长度/年	突现年份	结束年份
Plenio MB, 1996, PHYS REV A, V53, P2986, DOI 10.1103/PhysRevA.53.2986	21.446 76	6	1996	2001
Yamamoto T, 2003, NATURE, V425, P941, DOI 10.1038/nature02015	20.671 5	6	2004	2009
Chuang IL, 1995, SCIENCE, V270, P1633, DOI 10.1126/science.270.5242.1633	20.503 57	6	1996	2001
Barreiro JT, 201 , NATURE, V470, P486, DOI 10.1038/nature09801	20.342 61	5	2011	
Leibfried D, 2003, NATURE, V422, P412, DOI 10.1038/nature01492	19.206 81	5	2005	2009

4. 引文年龄

图 7.4 显示了量子计算研究领域的引文年龄年度分布。从该图中可以看出，随着时间的增长，无论是平均最大引文年龄、平均平均引文年龄，还是平均最小引文年龄，都呈现出下降的主要趋势，这表明该领域的引文年龄趋向年轻化，其中，平均最小引文年龄在 1 年左右，平均最大引文年龄则在 37 年左右，平均平均引文年龄在 9 年左右浮动。尽管该领域的平均引文年龄整体呈现年轻化的趋势，但是仔细观察，仍然可以注意到，从 2001 年开始　量子计算研究领域的引文年龄开始小幅度上升。

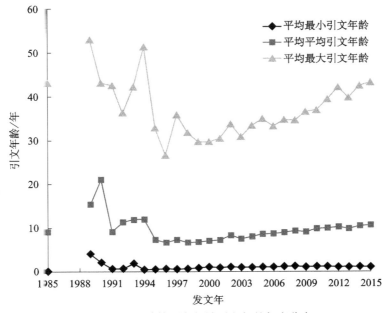

图 7.4　量子计算研究领域引文年龄年度分布

5. 学科跨度指数

这里首先计算出给定年份中每一篇文献的学科跨度指数，将其标准化为 0 至 1 之间，再将所有文献的学科跨度指数相加，除以该年份所有有效匹配的文献总数量所得到的结果，即为量子计算研究领域在每一年的平均学科跨度指数。

图 7.5 展示的是量子计算领域每一年度平均学科跨度指数分布，从图 7.5 中可以看出，该领域连续的学科跨度增长从 1991 年开始，其学科跨度指数为 0.002 048 175。1994 年开始下降，但该年份的跨度指数仍高于 1991 年。该指数从 1996 年开始重新增长，时间发展至 2011 年，该领域的学科跨度指数增长到 0.053 585 035，随后下降至 2012 年的 0.042 11，之后又开始缓慢增长，2015 年该研究领域的学科跨度指数为 0.041 845。

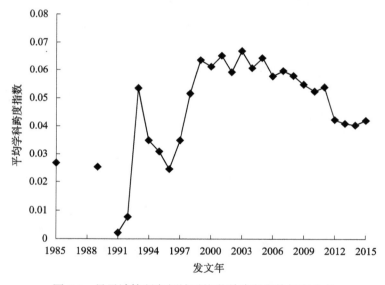

图 7.5　量子计算研究领域平均学科跨度指数年度分布

从 1991 年开始出现连续数据时计算，量子计算研究领域的学科跨度指数的整体趋势依然是增长，从 1991 年的 0.002 048 175，增长至 2015 年的 0.041 845。这表明该领域的研究无论从数量上还是多样性上仍然处于继续扩张的趋势，以吸引来自更多其他不同领域的科研人员及随之而来的新想法。

6. 基金资助项目数量

量子计算研究领域的基金资助项目数量分布展示在图 7.6 中，从图

7.6 中可以看到，该领域的基金项目数量总体呈大幅度增长的趋势，最早受到资助的项目出现在 1987 年，仅为 1 项。之后的数量变化时断时续，直到 1994 年才开始持续增长，从 1 项基金增长到 2011 年的 96 项。2012 年有所下降，之后呈现小幅增长，至 2015 年基金项目数量为 75 项。

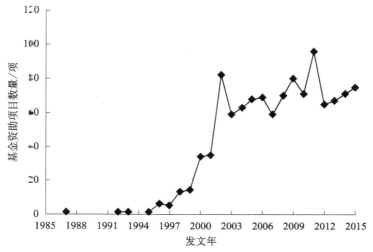

图 7.6　量子计算研究领域基金资助项目数量年度分布

7. 基金项目资助额度

量子计算研究领域的基金项目资助额度显示在图 7.7 中。从 1995 年起，该指数才开始真正意义上的连续增长，1995 年的资助额度为 8 675 000 美元，至 2001 年资助额度达到峰值，为 41 477 391 美元。此后量子计算研究领域的基金项目资助额度呈现波动增长。

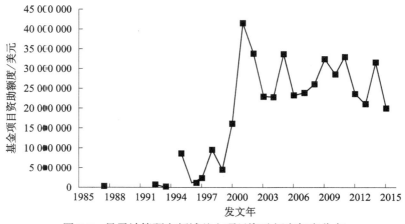

图 7.7　量子计算研究领域基金项目资助额度年度分布

7.2　RNA 干扰研究领域实例研究

7.2.1　领域简介及分析文本

RNA 干扰（RNA interference，RNAi）是近几年发展起来的一项新的分子生物学技术，该技术被 *Science* 期刊评为 2001 年度十大科学技术突破之一，位居 2002 年十大科学领域的第一位 [166]。

早在二十几年之前，科学家就注意到了 RNA 干扰现象，有研究介绍起初在对紫色矮牵牛花进行转基因的操作以加深其花色的实验时，意外发现了外源基因不但没有加深花的颜色，反而使其原有的颜色变成白色，这说明植物本身色素合成基因受到了某种程度的抑制，随后又有其他实验发现在别的植物和真菌、线虫及其他动物中也有相同的现象存在 [167]。直到 1998 年，Fire 和 Mello 等通过一系列实验，发现该现象是由正义单链 RNA 中混入了双链 RNA 而导致的，后者可以比前者产生强约两个数量级的抑制效果，这一研究发现发表在了 *Nature* 期刊上，这也是首次将该现象命名为 RNA 干扰。随后，双链 RNA 介导的基因表达抑制作用在其他多种真核生物和哺乳动物多种细胞中也分别被发现。Fire 和 Mello 二人也因此获得了 2006 年诺贝尔生理学或医学奖。

RNA 干扰现象的发现为研究基因功能提供了崭新的方法，目前已经被广泛应用到包括生物、疾病治疗、农业等很多领域中，尤其在抗病毒及基因表达调控中具有十分重要的作用。大多数药物属于疾病基因的抑制剂，因此 RNA 干扰模拟了药物的作用，在今天的制药产业中是药物靶标确认的一个重要工具 [166, 168]。

7.2.2　指标计算

1. 新作者数量

图 7.8 为从 1998 年至 2015 年每年进入 RNA 干扰研究领域的新作者数量的变化。从图 7.8 中可以看出，自 1998 年以来的十几的年时间里，RNA 干扰领域的新作者数量呈现快速增长的态势，由最初 1998 年的 50 名新作者逐渐发展到 2015 年的 6259 名新作者，其中 2008 年的新作者人数最多，为 6877 人。RNA 干扰这一现象于 1998 年正式命名，此后，进入到该领域

的研究人数大幅度增加，尽管从 2008 年以后出现微小幅度波动下降，但是从整体上来看仍然处于增长态势。

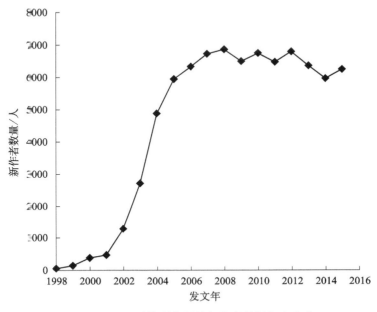

图 7.8　RNA 干扰研究领域新作者数量年度变化

2. 突现主题词共现

1）主题词的突现探测

选择默认阈值，得到与量子计算研究领域相关的突现主题词一共 1 505 个，突现年份跨度为 1998 年至 2015 年，表 7.3 列出了突现值排在前 50 位的主题词。在所有突现主题词中，最大突现值为 210.3695，最小突现值为 2.946649；突现长度最大值为 11，最小值为 1。在前五个主题词当中 "elegans" 这一主题词就出现了两次，"c.elegans" 和 "caenorhabditis. elegans" 都意为 "秀丽新小杆线虫"，是目前发育遗传学和分子遗传学已研究得相当深入的一种生物，其余三个主题词为 "double.stranded.rna"（双链 RNA 分子）、"mammalian.cells"（哺乳动物细胞）和 "interference"（干扰）。首次发现双链 RNA 分子能够导致基因沉默的线索便来源于秀丽新小杆线虫的研究，同时 RNA 干扰在哺乳动物细胞中的研究也在 RNA 干扰研究的系列发现过程中起到了十分重要的作用。

表 7.3　RNA 干扰研究领域突现值前 50 位的主题词

突现主题词	突现值	突现长度/年	突现年份	结束年份
c.elegans	210.369 5	8	1998	2005
double.stranded.rna	193.191 7	8	1999	2006
mammalian.cells	186.621 9	4	2003	2006
interference	130.324 3	7	1999	2005
caenorhabditis.elegans	129.998 6	7	1998	2004
elegans	102.399	7	1998	2004
drosophila	98.219 67	6	1999	2004
messenger.rna	97.875 07	7	1998	2004
rna	97.169 47	7	1998	2004
caenorhabditis	96.360 23	7	1998	2004
genetic.interference	63.201 25	5	2000	2004
nanoparticles	58.691 55	4	2012	
mammalian	55.402 78	6	2001	2006
cultured.mammalian.cells	51.259 49	4	2003	2006
functional.genomic.analysis	39.916 07	5	2001	2005
mitosis	39.145 41	8	1998	2005
gene	35.739 26	4	1999	2002
short.interfering.rnas	33.499 14	5	2003	2007
plants	32.827 2	4	2000	2003
interfering	30.626 77	4	2002	2005
antisense.rna	30.559 65	6	1999	2004
embryos	29.700 3	7	1998	2004
small.interfering.rnas	29.232 4	3	2003	2005
homolog	29.114 25	6	1999	2004
sirna.delivery	28.062 78	4	2012	
saccharomyces.cerevisiae	26.919 76	6	2001	2006
sequence	26.897 42	7	1998	2004
encodes	26.853 29	7	1998	2004
yeast	26.122 6	7	1998	2004
transgene	25.304 45	6	2000	2005
required	25.144 01	5	1998	2002
sirnas	24.417 72	4	2002	2005
antisense	24.409 24	7	1999	2005
polymerase	23.331 31	7	2000	2006
prognosis	22.324 41	4	2012	
double.stranded	22.313 67	7	1998	2004
essential	22.183 07	5	2000	2004
hairpin.rnas	21.639 41	5	2003	2007

续表

突现主题词	突现值	突现长度/年	突现年份	结束年份
caenorhabditis.elegans	21.103 51	5	2003	2007
bruce	20.932 31	6	2000	2005
chromosome	20.704 81	7	1999	2005
germ.line	20.628 24	5	1999	2003
autophagy	20.291 38	3	2013	
spindle	19.938 04	7	1999	2005
stable	19.919 21	5	2002	2006
cytokinesis	19.440 39	8	1998	2005
dsrna	19.391 48	5	1999	2003
gastric.cancer	19.001 29	2	2014	
trypanosoma	18.797 89	6	2000	2005
hepatocellular.carcinoma	18.797 38	2	2014	

在表 7.3 中，"nanoparticles"（纳米粒子）、"sirna.delivery"（小干扰 RNA 递送）、"prognosis"（预后预测）、"autophagy"（细胞的自体吞噬）、"gastric.cancer"（胃癌）和"hepatocellular.carcinoma"（肝细胞癌）六个突现主题词没有突现的结束年份，并且突现年份都在 2012 年以后，这些突现主题词主要与小干扰 RNA 在癌症治疗中的重要作用相关，这说明这类研究不仅是近年来 RNA 干扰研究领域学者们关注的焦点，同时会继续成为未来研究所关注的主要发展趋势。

2）突现主题词共现网络

运用 Sci² 工具包，对所有突现的主题词进行共现分析，生成突现主题词共现网络。共有 1505 个节点、8 个孤立点、3109 条连线，节点之间连线的权重最大值为 430，最小值为 1，平均值为 2.48。

为了可以清晰地看到这些突现词之间的联系，本书根据连线的平均权重值，对突现主题词共现网络进行剪枝，提取权重大于等于 4 的全部连线，并删除由此而产生的 700 个孤立节点，以及 61 个只有 5 个节点的聚类，得到新的网络图谱。如图 7.9 所示，该网络中有 805 个节点、3083 条连线，以及两大聚类。该网络的连线权重最大值为 430，最小值为 5，平均值为 11.6 369，网络平均度为 7.6596，密度为 0.0095。根据自动划分时间段的算法，RNA 干扰研究领域的突现主题词共现网络一共分为 1998 年至 2001 年、2002 年至 2004 年、2005 年至 2009 年、2010 年至 2011 年和 2012 年至 2015 年五个时间段，在网络中突现值大于等于 10 的主题词显示词标签。

从图 7.9 的 RNA 干扰研究领域突现主题词共现网络图谱中可以看到，该领域研究核心概念的形成聚类从时间上来看呈现两边大而中间小的状态，1998 年至 2004 年的突现主题词聚类（绿色和黄色）和 2012 年至 2015 年的突现主题词聚类（黑色）更为集中，而中间年份 2005～2011 年的突现主题词（橙色和红色）分布则稍显零散和疏少。

整体来看，该领域的研究主要分为两个阶段：第一个阶段的核心概念群主要形成于 1998 年至 2004 年，该阶段的研究主要围绕着 "RNA"（核糖核酸）、"interference"（干扰）、"double.stranded.RNA"（双链 RNA）、"c.elegans" / "caenorhabditis.elegans" / "caenorhabditis" / "elegans"（秀丽隐杆线虫）/ "messenger.rna"（信使 RNA）、"antisense.RNA"（反义 RNA）、"mammalian.cells"（哺乳动物细胞）、"cultured.mammalian.cells"（培养的哺乳动物细胞）、"gene.silencing"（基因沉默）、"sirnas"、"short.interfering.rnas"（小干扰 RNA）、"drosophila"（果蝇）等主题词展开。

这些突现主题词之间的共现显示了 RNA 干扰研究领域在最初阶段核心概念的背景形成，主要基于在研究秀丽隐杆线虫反义 RNA 的过程中发现了 RNA 干扰的现象，该现象是由双链 RNA 介导的同源 RNA 降解过程。2000 年，Zamore 等[169]、Hammond 等[170]使用体外培养的果蝇细胞进行研究发现，外源性 dsRNA 通过耗能过程降解成 21～23nt 的小干扰 RNA 引发 RNA 干扰。到 2001 年，有研究还发现了合成的小干扰 RNA 可以诱导哺乳动物体内的 RNA 干扰作用[171, 172]。通过对该领域早期核心概念群的内容分析可以看出，RNA 干扰研究领域在早期阶段主要集中于 RNA 干扰理论层面的研究。

该领域的第二大核心概念群则以黑色节点为主的突现主题词所构成，时间跨度从 2010 年到 2015 年。近年来，RNA 干扰这项技术越来越多地应用于药物开发与疾病治疗的方面，通过对由黑色节点所组成的近年来该领域的核心概念聚类群的内容研究发现，该阶段的研究主要分为两个方

图 7.9　RNA 干扰研究领域突现主题词共现网络（文后附彩图）

面：主题词"nanoparticles"（纳米粒子）、"sirna.delivery"（小干扰 RNA 递送）、"prognosis"（预后预测）、"autophagy"（细胞的自体吞噬）、"gastric. cancer"（胃癌）、"ovarian. cancer"（卵巢癌）、"hepatocellular.carcinoma"（肝细胞癌）、"drug.delivery"（药物传递）、"therapeutics"（疗法）等之间的联系反映了与疾病治疗有关的 RNA 干扰研究；"transgenic.rnai"（转基因 RNA 干扰）、"tribolium.castaneum"（赤拟谷盗）、"insecticide.resistance"（杀虫剂耐药性）、"bombyx.mori"（家蚕）、"litopenaeus.vannamei"（凡纳滨对虾）等突现主题词之间的联系反映了 RNA 干扰技术在农业生产领域的广泛应用。

总体来看，从 1998 年至 2015 年，RNA 干扰技术经历了从理论研究向应用研究的过渡。

3. 突现重要文献数量

RNA 干扰研究领域中既是施引文献又是被引文献的重要文献有 150 461 篇，对有效匹配出来的重要文献进行突现检测得到突现重要文献 1 740 篇，图 7.10 显示的是 RNA 干扰领域内突现重要文献的年度变化趋势。从 1998 年到 2015 年，该领域内突现重要文献的数量从整体上看呈增长趋势，从 1998 年的 3 篇增加到 2015 年的 528 篇，其中 2006 年为峰值年份，数量达到 576 篇，之后突现重要文献数量呈下滑趋势，从 2010 年开始重

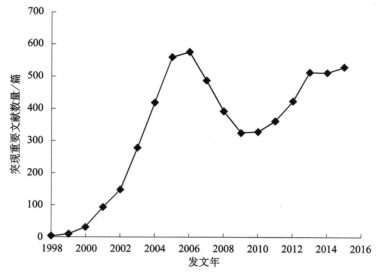

图 7.10　RNA 干扰研究领域突现重要文献数量年度变化

新增长。图 7.10 显示 RNA 干扰研究领域的突现重要文献数量也呈现出"两段式"增长的态势。若按两段增长中的第一个增长点发生的年份来看，第一段增长所经历的周期为 7 年，即从 1999 年至 2006 年；第二段增长所经历的周期为 5 年，即从 2010 年至 2015 年。

表 7.4 列出了突现值排在前 50 位的重要文献，其中突现值最高的文献为 Elbashir 等于 2001 年在 *Nature* 上发表的文章，该篇文章的突现值为 312.1387，突现时间从 2002 年至 2006 年，时间跨度为 5 年。他们的研究表明，合成的 21 个核苷酸的 RNA 双链体能够抑制培养的哺乳动物细胞，包括人胚肾细胞和 HeLa 细胞中的内源及外源性的基因表达，21 个核苷酸的 RNA 双链体也可以为哺乳动物细胞的基因功能研究提供一个新的工具，并最终可以用于基因特异性疗法[171]。

表 7.4　RNA 干扰研究领域突现值前 50 位的重要文献

突现重要文献	突现值	突现长度/年	突现年份	结束年份
Elbashir SM, 2001, NATURE, V411, P494, DOI 10.1038/35078107	312.138 7	5	2002	2006
Fire A, 1998, NATURE, V391, P806, DOI 10.1038/35888	239.414 8	7	1998	2004
Elbashir SM, 2001, GENE DEV, V15, P188, DOI 10.1101/gad.862301	139.483	6	2001	2006
Zamore PD, 2000, CELL, V101, P25, DOI 10.1016/S0092-8674（00）80620-0	129.722 1	7	2000	2006
Bernstein E, 2001, NATURE, V409, P363, DOI 10.1038/35053110	115.54	5	2001	2005
Tabara H, 1999, CELL, V99, P123, DOI 10.1016/S0092-8674（00）81644-X	96.203 43	7	1999	2005
Sui GC, 2002, P NATL ACAD SCI USA, V99, P5515, DOI 10.1073/pnas.082117599	96.146 03	4	2003	2006
Elbashir SM, 2001, EMBO J, V20, P6877, DOI 10.1093/emboj/20.23.6877	85.833 26	5	2002	2006
Caplen NJ, 2001, P NATL ACAD SCI USA, V98, P9742, DOI 10.1073/pnas.171251798	82.553 7	6	2001	2006
Lee NS, 2002, NAT BIOTECHNOL, V20, P500, DOI 10.1038/nbt0502-500	80.923 65	5	2002	2006
Paddison PJ, 2002, GENE DEV, V16, P948	80.885 8	5	2002	2006
Miyagishi M, 2002, NAT BIOTECHNOL, V20, P497, DOI 10.1038/nbt0502-497	78.068 89	6	2002	2007
Yu JY, 2002, P NATL ACAD SCI USA, V99, P6047, DOI 10.1073/pnas.092143499	76.671 89	6	2002	2007

续表

突现重要文献	突现值	突现长度/年	突现年份	结束年份
Ketting RF, 1999, CELL, V99, P133, DOI 10.1016/S0092-8674（00）81645-1	74.917 62	7	1999	2005
Gonczy P, 2000, NATURE, V408, P331, DOI 10.1038/35042526	74.684 56	5	2001	2005
Paul CP, 2002, NAT BIOTECHNOL, V20, P505, DOI 10.1038/nbt0502-505	74.654 92	5	2002	2006
Hammond SM, 2001, SCIENCE, V293, P1146, DOI 10.1126/science.1064023	69.405 67	6	2001	2006
Grishok A, 2001, CELL, V106, P23, DOI 10.1016/S0092-8674（01）00431-7	68.434 81	5	2001	2005
Elbashir SM, 2002, METHODS, V26, P199, DOI 10.1016/S1046-2023（02）00023-3	65.078 98	4	2003	2006
Brummelkamp TR, 2002, CANCER CELL, V2, P243, DOI 10.1016/S1535-6108（02）00122-8	64.495 62	4	2003	2006
Tuschl T, 1999, GENE DEV, V13, P3191, DOI 10.1101/gad.13.24.3191	64.380 41	5	2000	2004
Harborth J, 2001, J CELL SCI, V114, P4557	63.847 18	5	2002	2006
Jacque JM, 2002, NATURE, V418, P435, DOI 10.1038/nature00896	60.938 38	5	2002	2006
Sledz CA, 2003, NAT CELL BIOL, V5, P834, DOI 10.1038/ncb1038	59.606 34	3	2004	2006
Nykanen A, 2001, CELL, V107, P309, DOI 10.1016/S0092-8674（01）00547-5	58.395 43	4	2002	2005
Bridge AJ, 2003, NAT GENET, V34, P263, DOI 10.1038/ng1173	57.057 64	3	2004	2006
Ketting RF, 2001, GENE DEV, V15, P2654, DOI 10.1101/gad.927801	56.994	4	2002	2005
Novina CD, 2002, NAT MED, V8, P681, DOI 10.1038/nm725	55.404 4	5	2002	2006
Clemens JC, 2000, P NATL ACAD SCI USA, V97, P6499, DOI 10.1073/pnas.110149597	55.382 63	7	2000	2006
Misquitta L, 1999, P NATL ACAD SCI USA, V96, P1451, DOI 10.1073/pnas.96.4.1451	55.258 36	6	1999	2004
Xia HB, 2002, NAT BIOTECHNOL, V20, P1006, DOI 10.1038/nbt739	52.813 53	4	2003	2006
Mccaffrey AP, 2002, NATURE, V418, P38, DOI 10.1038/418038a	50.321 3	4	2002	2005
Martinez J, 2002, CELL, V110, P563, DOI 10.1016/S0092-8674（02）00908-X	50.075 25	3	2003	2005
Holen T, 2002, NUCLEIC ACIDS RES, V30, P1757, DOI 10.1093/nar/30.8.1757	49.655 46	5	2002	2006
Dalmay T, 2000, CELL, V101, P543, DOI 10.1016/S0092-8674（00）80864-8	48.018 18	6	2000	2005

续表

突现重要文献	突现值	突现长度/年	突现年份	结束年份
Volpe TA, 2002, SCIENCE, V297, P1833, DOI 10.1126/science.1074973	47.731 95	4	2003	2006
Paddison PJ, 2002, P NATL ACAD SCI USA, V99, P1443, DOI 10.1073/pnas.032652399	46.704 27	4	2002	2005
Mourrain P, 2000, CELL, V101, P533, DOI 10.1016/S0092-8674（00）80863-6	46.499 05	6	2000	2005
Davis ME, 2010, NATURE, V464, P1067, DOI 10.1038/nature08956	44.550 45	5	2011	
Smardon A, 2000, CURR BIOL, V10, P169, DOI 10.1016/S0960-9822（00）00323-7	42.679 62	5	2000	2004
Rubinson DA, 2003, NAT GENET, V33, P401, DOI 10.1038/ng1117	42.223 8	4	2003	2006
Hutvagner G, 2002, SCIENCE, V297, P2056, DOI 10.1126/science.1073827	41.605 36	4	2003	2006
Jackson AL, 2003, NAT BIOTECHNOL, V21, P635, DOI 10.1038/nbt831	41.599 4	3	2004	2006
Fagard M, 2000, P NATL ACAD SCI USA, V97, P11650, DOI 10.1073/pnas.200217597	41.142 77	4	2001	2004
Svoboda P, 2000, DEVELOPMENT, V127, P4147	40.669 77	6	2001	2006
Lewis DL, 2002, NAT GENET, V32, P107, DOI 10.1038/ng944	40.593 06	4	2003	2006
Maeda I, 2001, CURR BIOL, V11, P171, DOI 10.1016/S0960-9822（01）00052-5	40.446 66	6	2001	2006
Tavernarakis N, 2000, NAT GENET, V24, P180, DOI 10.1038/72850	39.681 33	6	2000	2005
Chuang CF, 2000, P NATL ACAD SCI USA, V97, P4985, DOI 10.1073/pnas.060034297	39.334 21	6	2000	2005
Hutvagner G, 2002, CURR OPIN GENET DEV, V12, P225, DOI 10.1016/S0959-437X（02）00290-3	39.164 43	4	2002	2005

突现值排在第二位的文献为 Fire 等于 1998 年发表于 *Nature* 期刊的 *Potent and specific genetic interference by double-stranded RNA in Caenorhabditis elegans*，该篇论文的突现值为 239.4148，突现长度从 1998 年至 2004 年，这是最早揭开 RNA 干扰现象的原始文献，该文献也是在时间序列上最早突现的文献，其重要性毋庸置疑。

4. 引文年龄

从图 7.11 中我们可以看到，RNA 干扰领域的引文年龄变化趋势分为两段：从 1998 年到 2003 年，呈现下降的趋势；2003 年以后，呈现出略微上升的发展趋势。尽管如此，该领域的平均平均引文年龄仍然在 7 年左右浮动。RNA 干扰是一个应用十分广泛的研究领域，从 1998 年最初提出开始，之后一段时间的研究处于现象的理论研究过程，但随后 RNA 干扰被大量应用到其他研究领域中，如生物制药、医学治疗等，从图 7.11 中可以看出从 2003 年开始，引文年龄逐渐增大，这表明该领域由于应用研究的增多，仍然更多地引用原始经典文献，在理论上并没有太大突破。

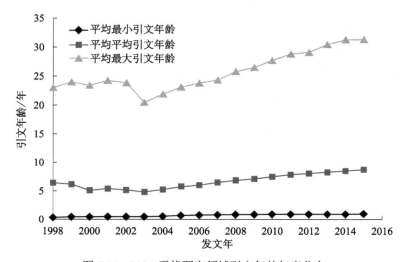

图 7.11　RNA 干扰研究领域引文年龄年度分布

5. 学科跨度指数

图 7.12 展示的是 RNA 干扰领域的平均学科跨度分布，从图 7.12 中可以看出，该领域的学科跨度指数在时间序列上呈现小幅度波动性增长的趋势，尽管增长速度没有量子计算领域的学科跨度指数快，但是我们仍可以看到，RNA 干扰领域的学科多样性正在逐渐扩大，从 1998 年的 0.060 218 增长至 2011 年的 0.079。

6. 基金资助项目数量

RNA 干扰研究领域的基金资助项目数量分布展示在图 7.13 中，从图 7.13 中可以看到，该领域的基金项目数量总体上呈增长的趋势，2004 年以后则呈现出波动增长，在 2012 年一度陷入低谷，但随后又开始小幅度增长。最早受到资助的项目出现在 1999 年，仅为 2 项，到了 2015 年增加到 11 项，2004 年为项目资助数量的峰值年份，已共有 26 项。

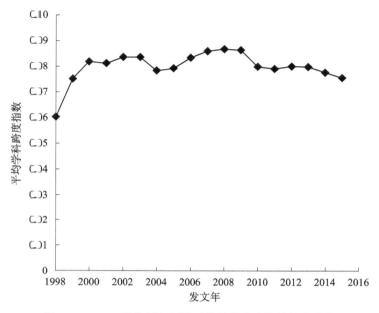

图 7.12　RNA 干扰研究领域平均学科跨度指数年度分布

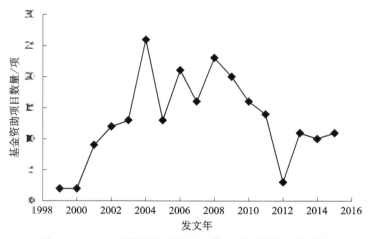

图 7.13　RNA 干扰研究领域基金资助项目数量年度分布

7. 基金项目资助额度

RNA 干扰领域的项目资助额度如图 7.14 所示，从 1998 年以来，一直在波动中增长。1999 年资助额度为 10 983 693 美元；2004 年的资助额度最高，为 24 691 408 美元；2012 年资助额度因资助项目数量的下降而跌入低谷，为 1 899 692 美元，随后开始小幅度增长。

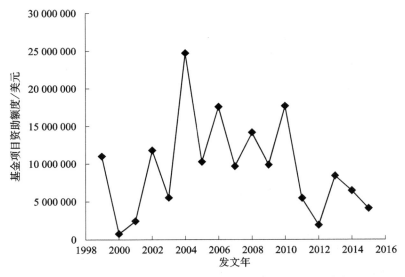

图 7.14　RNA 干扰研究领域基金项目资助额度年度分布

7.3　模型检验

7.3.1　指标比较

表 7.5 显示的是量子计算和 RNA 干扰研究领域的多元科学指标比较，通过对这两个研究领域的指标对比分析，结果表明突现主题词共现这一指标均能够准确地反映这两个研究领域不同阶段核心概念的形成及变化，并都呈现出两个鲜明的研究阶段。量子计算领域的研究从早期的理论层面及实验层面的基础研究，转向近年来的应用层面与学科交叉层面的研究，如量子信息、量子光学、量子通信、拓扑量子计算等新的核心概念的产生都可以反映该领域研究的变化与过渡。而 RNA 干扰研究领域则从探讨这一现象本身发生机理的研究，转向近年来将这一技术运用至医学治疗、生物制药、农业生产等其他领域的应用层面。

表 7.5　量子计算研究领域和 RNA 干扰研究领域多元科学指标比较

科学指标	量子计算	RNA干扰	考察环节
新作者数量			科学家个体
突现主题词共现			主题词
突现重要文献数量			文献
引文年龄			文献
学科跨度指数			学科
基金资助项目数量			同行认可

续表

科学 指标	量子计算	RNA干扰	考察 环节
基金项 目资助 额度			同行 认可

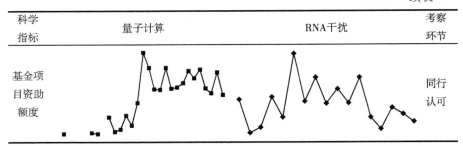

表 7.5 中其他科学指标变化趋势的对比表明，量子计算研究领域中，新作者数量、突现重要文献数量、学科跨度指数、基金资助项目数量及基金项目资助额度都在不同程度上呈现了增长的态势。引文年龄则呈现出不断年轻化的趋势，表明了该研究领域的新兴态势。值得注意的是，其中突现重要文献数量的增长在该领域中呈现出两段式增长，其时间转折点在 2001 年，增长周期为 8 年左右的时间。引文年龄这一指标也在 2001 年左右呈现小幅度增长的趋势。

在 RNA 干扰领域中，新作者数量、突现重要文献数量、学科跨度指数、基金资助项目数量及基金项目资助额度这几个指标在整体时间序列上的变化趋势也表明该领域的新兴发展态势，其中突现重要文献数量的增长与量子计算领域呈现出相同的情况，即增长分为两个部分，时间转折点为 2006 年，增长周期为 8 年左右。该领域引文年龄这一指标的变化呈现出先降低后增长的趋势，转折点为 2003 年，之前经历了 5 年左右的时间。

综合以上对比分析，结果表明，在量子计算和 RNA 干扰两个研究领域中，突现重要文献数量的增长共同呈现出十分明显的两段式增长。这是由于任何新兴研究领域的发展过程不会是持续不断的，当它发展到一定程度的时候，该领域需要经历一个沉淀的过程，此时那些原始的重要文献将不会被持续不断地引用，而这一沉淀和积累的过程则促使更多新的研究在之后的阶段成为被频繁引用的重要文献。同样地，引文年龄这一指标也在这两个领域中呈现出与突现重要文献数量相类似的变化趋势。

根据库恩的范式理论，范式的积累表示一个研究领域的发展进入了成熟时期，因此在这里突现重要文献数量和引文年龄两个科学指标可以标志领域的成熟度。结合这两个指标的时间转折点的对比分析的结果表明量子计算研究领域从兴起到成熟的时间为 8 年左右，而 RNA 干扰研究领域从创生、发展到成熟，这一过程则经历了 5 ～ 8 年的时间。

尽管如此，新作者数量和学科跨度指数两个指标在量子计算和 RNA 干扰两个领域中显示一直增长的趋势，基金资助项目数量和基金项目资助额度两个指标呈现波动性增长，RNA 干扰领域的基金资助项目数量和基金项目资助额度在 2012 年是一个低谷期，但随后又呈现增长趋势。以上指标的比较可以说明，即使这两个研究领域的发展都进入到成熟时期，它们仍然保持着新兴的发展态势及持续的生命力。

7.3.2 时序动态

图 7.15 和图 7.16 分别展示了量子计算和 RNA 干扰两个领域多元科学指标之间的时序动态比较，从每个指标第一次发生的时间来看，在这两个领域中，新作者数量、突现主题词共现、重要突现文献及学科跨度指数几乎同时发生，而与基金项目资助相关的两个指标的产生则要滞后，量子计算研究领域中基金项目的产生滞后 2 年，而 RNA 干扰研究领域中基金项目的产生则滞后了 1 年。

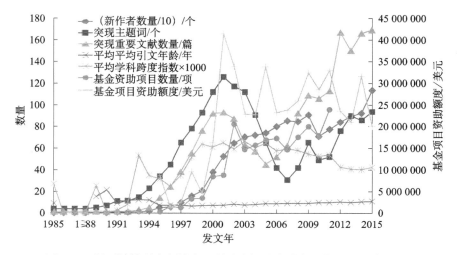

图 7.15 量子计算研究领域多元科学指标时序动态比较（文后附彩图）

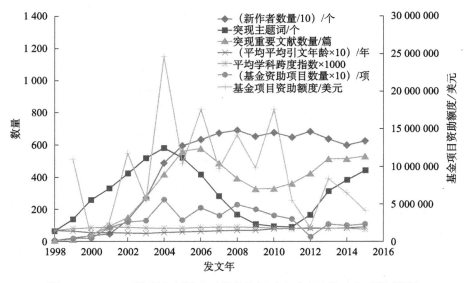

图 7.16　RNA 干扰研究领域多元科学指标时序动态比较（文后附彩图）

若从每个科学指标的第一个连续增长点的角度来看，在量子计算研究领域中，新作者数量这一指标的第一个增长点在 1990 年，从最初的 3 人增长到 6 人，是最早发生增长的指标。随后带来了突现重要文献数量的增长，以及学科跨度指数的增加，即学科多样性的扩大，这两个科学指标的第一个连续增长点分别发生于 1993 年和 1992 年，比新作者数量的增长滞后 2 ～ 3 年。而基金资助项目数量和基金项目资助额度这两个指标的第一个连续增长点均发生于 1998 年前后。基金项目资助的增长，比新作者数量的增长滞后 8 年左右。

RNA 干扰研究领域也呈现出相似的时序动态，有所不同的是，在该领域中，新作者数量的增长几乎与重要突现文献数量和学科跨度指数的增长同时发生，发生时间均为 1999 年，而基金资助项目数量和基金项目资助额度第一个增长点则要滞后 2 年，发生于 2001 年。该领域从理论的提出到资助所经历的时间要比量子计算领域短得多。

7.4　本章小结

本章采用量子计算和 RNA 干扰两个研究领域作为自然科学领域的实例研究举例，运用这两个领域的数据对研究建构的七个多元科学指标，包括新作者数量、突现主题词共现、突现重要文献数量、引文年龄、学科跨度指数、基金资助项目数量及基金项目资助额度分别进行了计算。

计算结果表明，突现主题词共现这一指标可以准确地反映量子计算和 RNA 干扰两个领域研究核心概念的形成及转变。新作者数量、学科跨度指数、基金资助项目数量及基金项目资助额度均显示两个领域仍处于快速增长的趋势。而引文年龄在量子计算领域中表现为不断年轻化的趋势，而在 RNA 干扰领域中由于之后研究的广泛应用则体现为先降低再增长的趋势。突现重要文献数量的增长在这两个领域中都呈现出明显的两段式特征。结合这两个科学指标增长变化的时间转折点的比较，分析表明量子计算研究领域从兴起到成熟的时间为 8 年，而该过程在 RNA 干扰研究领域的时间则为 5 ～ 7 年。

在指标的时序动态的比较方面，新作者数量在量子计算领域中是第一个发生的指标，随后带来了突现主题词的出现、突现重要文献数量的增加、学科跨度指数的扩大及基金项目资助的产生。在 RNA 干扰领域中，新作者数量、突现主题词共现、重要突现文献数量和学科跨度指数的增长与产生几乎同步产生，而在两个领域中，与基金项目资助相关的两个指标的增长都在之后发生，量子计算研究领域基金项目增长的产生要滞后 8 年，而 RNA 干扰研究领域则滞后 2 年。

8 实例研究：语义网和 h 指数及 h 类指数实例研究

8.1 语义网研究领域实例研究

8.1.1 领域简介及分析文本

语义网（semantic web）这一概念是由万维网联盟的 Tim Berners-Lee 提出的 [173]，之后立刻引起了国内外许多学者的浓厚兴趣。语义网的核心想法是通过提供能够被计算机所理解的数据语义及其逻辑关系，从而达到能够自动访问不同资源，处理和整合网页上的信息的目的，美国国防部高级研究计划局为开发语义网这一新兴技术提供了 7000 万美元的项目资助，足见该领域研究的重要程度 [174]。除了计算机技术以外，语义网的创生和发展一直不断地吸取哲学、语言学、逻辑学等众多人文社会科学学科领域研究成果。目前该领域已经吸引了许多来自不同背景的研究人员、机构及公司的注意力，他们都认为语义网在未来将会对生活产生巨大影响，正如现在的互联网之于世界所起到的作用。

8.1.2 指标计算

1. 新作者数量

如图 8.1 所示，语义网研究领域的新作者数量从 1995 年到 2009 年不断攀升，1995 年的新作者数量为 1478 人，从 2002 年开始数量急剧上升，这种增长态势一直持续至 2009 年，增加到 5717 人。从 2010 年开始，新作者的数量开始有所回落，到 2011 年，数量降至 3274 人。随后该领域的新作者数量又开始快速增长，由 2011 年的 3274 人增加到 2015 年的 6239 人。

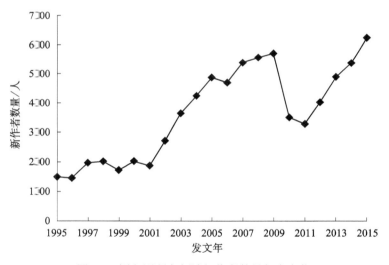

图 8.1 语义网研究领域新作者数量年度变化

2. 突现主题词共现

1）主题词的突现探测

选择默认阈值，得到与语义网研究领域相关的突现主题词一共 2368 个，突现年份跨度为 1995 ～ 2015 年。在所有突现主题词中，最大突现值为 208.8737，最小突现值为 5.4932；突现长度最大值为 13，最小值为 1。表 8.1 列出了突现值排在前 50 位的主题词，在这 50 个突现主题词当中，一共有 25 个主题词突现于 1995 ～ 1996 年，占表 8.1 中突现主题词的 50%；突现值排在前 10 位的主题词中，有 5 个主题词突现于 1995 年，其所占比例同样为 50%。纵观突现值排在前 50 位的突现主题词，只有 15 个突现于 2010 年以后；突现值排在前 10 位的突现主题词中，仅有 3 个主题词突现于 2010 年以后。这表明在语义网研究领域中，人们最关注的研究主题大部分集中在核心概念形成的早期与中期阶段。

表 8.1　语义网研究领域突现值前 50 位的主题词

突现主题词	突现值	突现长度/年	突现年份	结束年份
logic	208.803 7	9	1995	2003
semantics	199.372 8	8	1995	2002
linked	145.547 1	3	2013	
linked.data	138.400 9	5	2011	
databases	137.610 6	10	1995	2004
object.oriented	123.134 3	9	1995	2003
programs	108.867 8	8	1995	2002
grid	106.781 2	5	2004	2008
xml	104.087	6	2001	2006
cloud	99.561 44	4	2012	
language	91.951 39	5	1995	1999
programming	90.245 37	8	1995	2002
database	87.739 8	7	1995	2001
specification	76.202 09	10	1995	2004
systems	69.657 71	4	1996	1999
distributed	68.734 17	9	1996	2004
services	67.388 23	4	2004	2007
object	65.847 32	8	1995	2002
big	61.286 38	3	2013	
big.data	59.236 69	3	2013	
cloud.computing	53.727 61	5	2011	
linked.open.data	52.907 53	3	2013	
sparql	52.139 57	3	2013	
specifications	51.049 53	8	1995	2002
video	49.673 68	6	1999	2004
concurrent	49.341 75	8	1995	2002
concurrency	47.792 47	7	1995	2001
calculus	46.705 38	9	1995	2003
negation	44.732 03	8	1995	2002
service	44.550 65	4	2006	2009
things	44.308	3	2013	

续表

突现主题词	突现值	突现长度/年	突现年份	结束年份
internet.of.things	43.727 77	4	2012	
agents	42.947 37	5	2002	2006
parallel	42.560 72	8	1995	2002
real.time	42.538 65	8	1995	2002
art	42.075 86	3	2006	2008
logic.programming	41.717 48	8	1995	2002
communication	41.607 17	8	1996	2003
algebra	41.428 39	9	1995	2003
formal	41.326 95	6	1995	2000
analytics	40.993 61	2	2014	
sentiment	39.932 63	2	2014	
constraint	39.362 17	6	1995	2000
inheritance	39.290 59	10	1995	2004
twitter	38.777 48	4	2012	
web	38.085 9	1	2005	2005
sentiment.analysis	37.014 85	4	2012	
social	34.568 91	4	2012	
temporal	34.032 75	9	1995	2003
peer.to.peer	33.747 31	6	2003	2008

在早年突现的这 25 个主题词中，突现值最强的是"logic"（逻辑）和"semantics"（语义），其突现值分别列于 50 个突现主题词中的第一位和第二位，突现值分别为 208.8037 和 199.3728。其次是"databases"（数据库）、"object.oriented"（面向对象）和"programs"（程序）。突现年份在 2010 年以后的突现主题词中，其突现值排在前面的主题词有"linked"和"linked.data"（关联数据研究）、"big"和"big.data"（大数据研究）、"cloud"和"cloud.computing"（云计算研究）等。

2）突现主题词共现网络

运用 Sci 工具包，对所有突现的主题词进行共现分析，生成突现主题词共现网络，共有 2 368 个节点、14 个孤立点、45 059 条连线，节点之间连线的权重最大值为 270，最小值为 1，平均值为 1.93。

由于该网络的连线密度太大，无法看清各个节点之间的联系，因此我们提取权重大于等于 4 的所有连线，并删除因此而产生的 1296 个孤立节点，产生的新突现主题词共现网络—一共有 1072 个节点、2883 条连线，连线的平均权重为 10.097 12，网络的平均值为 8.3787，平均密度为 0.005，最大聚类的节点数为 950，所有突现值大于等于 30 的节点显示词标签，如图 8.2 所示。

语义网研究领域的突现主题词共现网络显示，从 1995 年至 2015 年，该领域的研究主要分为三大核心概念群，从节点的颜色来看，主要可以划分为从 1995 年至 2002 年、2003 年至 2007 年和 2008 年至 2015 年三个阶段。

由绿色和黄色所组成的聚类体现了语义网研究领域在 1995 年至 2002 年间所形成的核心概念群，其中绿色节点构成了该核心概念群的主体。该核心概念群的研究主要围绕 "logic"（逻辑）、"semantics"（语义）、"object.oriented"（面向对象）、"programs"（程序）、"programming"（编程）、"language"（语言）、"databases" / "database"（数据库）、"deductive.database"（演绎数据库）、"systems"（系统）、"distributed"（分布式）、"concurrent" / "concurrency"（并行）、"content.based.retrieval"（内容搜索）、"logic.programming"（逻辑编程）、"prolog"（逻辑编程语言）等突现主题词展开。尽管语义网这一概念从 1998 年才被正式提出来，但是语义的概念早在这之前就已经存在了，而且很多用于识别这种数据语义的挖掘技术也在概念提出之前就已经被开发出来，因此图中的绿色节点，即从 1995 年到 1998 年的研究就体现了语义网在正式提出之前的理论和技术基础。而图中的少量黄色节点，则体现了在语义网研究领域早期核心概念群中在 1999 年至 2002 年间的主要研究，该阶段突现的主题词为 "xml"（可扩展标记语言）、"uml"（统一建模语言）、"rdf"（资源描述框架），其中 "可扩展标记语言"（extemsible markup language，XML）是一种面向语义网的本体语言，也是语义网发展的一个关键技术。该阶段的主要突现主题词还有 "agents"（代理）和 "multi agents"（多代理）。

语义网研究领域的另外两个核心概念群主要由 2003 年至 2007 年和 2008 年至 2015 年突现的主题词构成，分别为语义网研究领域的第二阶段

图 8.2　语义网研究领域突现主题词共现网络（文后附彩图）

和第三阶段的核心概念群。需要说明的是，2008年至2011年突现的主题词为两个阶段之间的过渡，其节点少量分布于第二阶段核心概念群中，大部分节点分布在第三阶段的核心概念群中。第二阶段的研究主要体现为以"grid"（网格）、"semantic. grid"（语义网格）和"knowledge.grid"（知识网格），"service"/"services"、"web"、"web.services"（web服务）、"peer.to.peer"和"p2p"（对等网络技术）等突现主题词之间的共现为主，这一阶段核心概念群的研究主要集中在基于P2P技术的语义web服务研究和基于语义网格的知识管理研究。第三阶段的研究主要体现为以语义网技术为基础的应用层面的研究，如"linked.data""linked"（关联数据研究）、"linked.open.data"（关联性开放数据）、"cloud"/"cloud. computing"（云计算）、"big"/"big.data"（大数据）、"social"/"social. media"（社交媒体）、"twitter"（推特）、"microblog"（微博）等主题词的共现，这些突现主题词的共现表明这一阶段的研究主要集中在关联数据研究，特别是关联性开放数据的研究，因为近年来数据的开放获取已经成为一个热门的研究领域，此外还有大数据研究、云计算研究和近年兴起的社交媒体研究。以上这些突现主题词的共现体现了语义网研究领域近年来的主要研究方向。另外，该阶段的研究也体现了以语义网技术为基础的一些新技术的出现，如"sparQL"，即一种将web2.0和语义网技术联系起来的为资源描述框架（resource description framework，RDF）开发的一种查询语言和数据获取协议；"tags"，即表示语义网标签系统的设计与实现等。与前一阶段的核心概念群相比，该阶段语义网的研究更为深化，更多地转向语义网新技术的开发及其应用层面。

3. 突现重要文献数量

语义网研究领域中既是施引又是被引的重要文献共有113 070篇。对有效匹配出来的研究文献进行突现检测得到主要突现文献1564篇，最大突现值为75.048 07，最小的突现值为3.092 79，表8.2列出了突现值前50位的重要文献。

表 8.2 语义网研究领域突现值前 50 位的重要文献

突现重要文献	突现值	突现长度/年	突现年份	结束年份
Mcilraith SA, 2001, IEEE INTELL SYST APP, V16, P4, DOI 10.1109/5254.920599	75.048 07	6	2002	2007
Chandrasekaran B, 1999, IEEE INTELL SYST APP, V14, P2, DOI 10.1109/5254.747902	48.022 89	6	2000	2005
Hendler J, 2001, IEEE INTELL SYST APP, V16, P30, DOI 10.1109/5254.920597	47.934 22	5	2002	2006
Rahm E, 2001, VLDB J, V10, P334, DOI 10.1007/s007800100057	47.101 78	5	2003	2007
Fensel D, 2001, IEEE INTELL SYST APP, V16, P38, DOI 10.1109/5254.920598	41.897 5	5	2002	2006
Noy NF, 2001, IEEE INTELL SYST APP, V16, P60, DOI 10.1109/5254.920601	37.619 22	5	2002	2006
Bizer C, 2009, INT J SEMANT WEB INF, V5, P1, DOI 10.4018/jswis.2009081901	36.472 07	5	2011	
Vanheijst G, 1997, INT J HUM-COMPUT ST, V46, P183, DOI 10.1006/ijhc.1996.0090	35.342 41	10	1997	2006
Bizer C, 2009, J WEB SEMANT, V7, P154, DOI 10.1016/j.websem.2009.07.002	35.023 93	4	2012	
Shvaiko P, 2013, IEEE T KNOWL DATA EN, V25, P158, DOI 10.1109/TKDE.2011.253	30.060 62	3	2013	
Decker S, 2000, IEEE INTERNET COMPUT, V4, P63, DOI 10.1109/4236.877487	30.016 5	6	2001	2006
Rector AL, 1997, ARTIF INTELL MED, V9, P139, DOI 10.1016/S0933-3657（96）00369-7	29.771 94	9	1998	2006
Compton M, 2012, J WEB SEMANT, V17, P25, DOI 10.1016/j.websem.2012.05.003	24.985 16	2	2014	
Farquhar A, 1997, INT J HUM-COMPUT ST, V46, P707, DOI 10.1006/ijhc.1996.0121	24.414 82	9	1999	2007
Simons P, 2002, ARTIF INTELL, V138, P181, DOI 10.1016/0004-3702（02）00187-X	23.986 78	4	2004	2007
Barnard K, 2003, J MACH LEARN RES, V3, P1107, DOI 10.1162/153244303322533214	23.969	5	2004	2008
Mena E, 2001, DISTRIB PARALLEL DAT, V8, P223, DOI 10.1023/A:1008741824956	23.689 56	6	2001	2006
Sirin E, 2007, J WEB SEMANT, V5, P51, DOI 10.1016/j.websem.2007.03.004	22.794 19	2	2011	2012
Artale A, 1995, DATA KNOWL ENG, V20, P347, DOI 10.1016/S0169-023X（96）00013-4	22.519 33	10	1998	2007
Chen WD, 1996, J ACM, V43, P20, DOI 10.1145/227595.227597	22.217 25	6	1997	2002

续表

突现重要文献	突现值	突现长度/年	突现年份	结束年份
Welty C, 2001, DATA KNOWL ENG, V39, P51, DOI 10.1016/S0169−023X（01）00030−1	22.036 21	5	2002	2006
Fensel D, 2000, LECT NOTES ARTIF INT, V1937, P1	21.607 41	4	2001	2004
Vailaya A, 1998, PATTERN RECOGN, V31, P1921, DOI 10.1016/S0031−3203（98）00079−X	21.586 53	7	1999	2005
Brewka G, 1999, ARTIF INTELL, V109, P297, DOI 10.1016/S0004−3702（99）00015−6	21.404 03	8	2000	2007
Uschold M, 1996, KNOWL ENG REV, V11, P93	19.820 14	7	1999	2005
Bloom B, 1995, J ASSOC COMPUT MACH, V42, P232, DOI 10.1145/200836.200876	19.813 25	12	1996	2007
Castano S, 2001, IEEE T KNOWL DATA EN, V13, P277, DOI 10.1109/69.917566	19.378 78	7	2001	2007
Rosse C, 1998, J AM MED INFORM ASSN, V5, P17	19.364 82	10	1998	2007
Guarino N, 2002, COMMUN ACM, V45, P61	19.289 36	6	2002	2007
Sycara K, 2002, AUTON AGENT MULTI−AG, V5, P173, DOI 10.1023/A:1014897210525	18.342 79	5	2003	2007
Bengio Y, 2003, J MACH LEARN RES, V3, P1137, DOI 10.1162/153244303322533223	18.178 68	2	2014	
Leone N, 1997, INFORM COMPUT, V135, P69, DOI 10.1006/inco.1997.2630	18.036 2	10	1997	2006
Alani H, 2003, IEEE INTELL SYST, V18, P14, DOI 10.1109/MIS.2003.1179189	18.033 26	4	2005	2008
Bergamaschi S, 2001, DATA KNOWL ENG, V36, P215, DOI 10.1016/S0169−023X（00）00047−1	17.646 15	7	2001	2007
Pentland A, 1996, INT J COMPUT VISION, V18, P233, DOI 10.1007/BF00123143	17.522 14	10	1998	2007
Straccia U, 2001, J ARTIF INTELL RES, V14, P137	17.456 59	4	2005	2008
Bourdeau RH, 1995, IEEE T SOFTWARE ENG, V21, P799, DOI 10.1109/32.469459	17.367 39	9	1996	2004
Chen WD, 1995, J LOGIC PROGRAM, V24, P161, DOI 10.1016/0743−1066（94）00028−5	17.327 72	7	1996	2002

续表

突现重要文献	突现值	突现长度/年	突现年份	结束年份
Przymusinski TC, 1995, ANN MATH ARTIF INTEL, V14, P323, DOI 10.1007/ BF01530826	17.250 93	7	1997	2003
Baker PG, 1999, BIOINFORMATICS, V15, P510, DOI 10.1093/bioinformatics/15.6.510	17.155 16	8	2000	2007
Eiter T, 1995, ANN MATH ARTIF INTEL, V15, P289, DOI 10.1007/BF01536399	17.135 04	9	1996	2004
Ekin A, 2003, IEEE T IMAGE PROCESS, V12, P796, DOI 10.1109/TIP.2003.812758	16.353 28	6	2004	2009
Brewka G, 1996, J ARTIF INTELL RES, V4, P19	16.327 04	6	1999	2004
Hennessy M, 1995, THEOR COMPUT SCI, V138, P353, DOI 10.1016/0304-3975（94） 00172-F	15.928 98	9	1997	2005
Goh CH, 1999, ACM T INFORM SYST, V17, P270, DOI 10.1145/314516.314520	15.611 51	8	2000	2007
Al-shahrour F, 2004, BIOINFORMATICS, V20, P578, DOI 10.1093/bioinformatics/ btg455	15.382 17	5	2004	2008
Eiter T, 1997, ACM T DATABASE SYST, V22, P364, DOI 10.1145/261124.261126	15.334 32	9	1998	2006
Eriksson H, 1995, ARTIF INTELL, V79, P293, DOI 10.1016/0004-3702（94） 00040-9	15.189 03	9	1996	2004
Walker D, 1995, INFORM COMPUT, V116, P253, DOI 10.1006/inco.1995.1018	15.141 76	8	1996	2003
Maximilien EM, 2004, IEEE INTERNET COMPUT, V8, P84, DOI 10.1109/ MIC.2004.27	14.986 7	4	2006	2009

其中，Mcilraith 等的 *Semantic web services* 的突现值最高，突现年份为 2002 年，突现长度为 6 年，该研究提出了能够使用于自动实现 web 服务发现、执行、组成及交互操作的代理技术更加多样化的网络服务标记[175]。Mcilraith 早期有关语义网服务的研究有着十分重要的影响。

排在第二位的突现重要文献为 Chandrasekaran 等的 *What are ontologies, and why do we need them*?[176]，突现值为 48.022 89，突现年份为 2000 年，突现长度为 6 年。该篇文献与本体研究相关，对语义网领域的研究起到了一分重要的作用，本体是语义网服务的理论基础，用于描述各类资源及资源之间的关系，万维网之父 Tim Berners-Lee 所提出的语义网结构中，本体位于结构中的第四层。

图 8.3 显示的是语义网领域内突现重要文献数量的年度变化趋势，从整体上看，该数量趋向增加，从 1995 年的 13 篇，增加到 2015 年的 370 篇，2005 年的突现重要文献数量最多，为 597 篇。值得注意的是，随后数量逐渐下降，从 2012 年开始重新增长。与量子计算、RNA 干扰两个领域相似的是，语义网领域的突现重要文献数量增长也经历了增长、沉淀、再增长的变化过程，该领域的增长周期为 9 年左右。然而从 2012 年开始，其再增长趋势却不如前两个领域显示的幅度大。

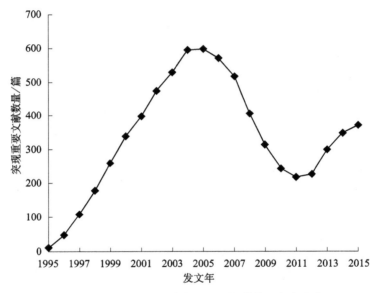

图 8.3　语义网研究领域突现重要文献数量年度变化

4. 引文年龄

语义网领域的引文年龄如图 8.4 所示，从 1995 年至 2015 年，曲线变化接近平稳，其中从 2005 年开始，引文年龄以微小的幅度上升。整体来说，其平均平均引文年龄在 6 年左右浮动。相对其他年份来说，从 2010 年前后开始引文年龄的上升幅度较大，这说明该领域从 2010 年开始研究热度有所下降，这与新作者数量和突现重要文献数量两个指标所呈现的趋势一致。

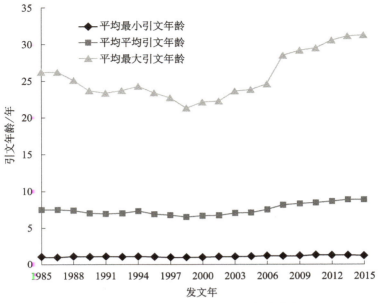

图 8.4　语义网研究领域引文年龄年度分布

5. 学科跨度指数

在语义网研究领域的数据中，一共有 1 484 103 篇引文，图 8.5 显示了该领域内平均学科跨度指数的年度分布。1995 年以来，语义网领域的学科跨度指数一直不断增加，从 1995 年的 0.016 746，增加到 2015 年的

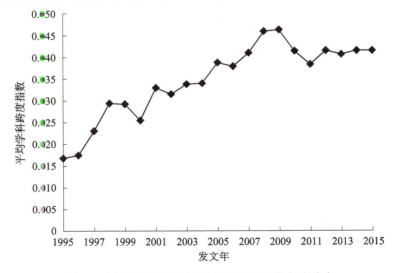

图 8.5　语义网研究领域平均学科跨度指数年度分布

0.041 532，2009 年为该领域学科跨度指数的峰值，随后开始小幅下降，至 2011 年达到近年来的最低值，随后又开始重新增长。

6. 基金资助项目数量

从图 8.6 可以看出，语义网领域的基金资助项目从 1998 年开始，呈现快速增长的趋势，从 2003 年以后显示为波动增长。1998 年只有 1 项相关的基金项目，到了 2011 年增加到 19 项。随后开始急剧下跌，2013 年仅有 2 项，2015 年又重新增长到 13 项。

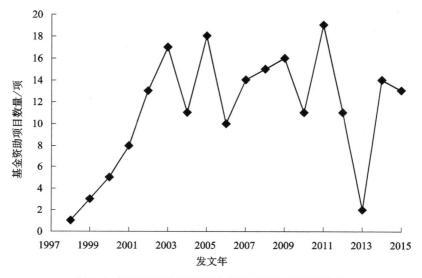

图 8.6　语义网研究领域基金资助项目数量年度分布

7. 基金项目资助额度

图 8.7 显示的是该领域的基金项目资助额度年度分布，该指标的年度分布与基金资助项目数量的年度分布呈现一致的趋势。1998 年的资助额度为 299 965 美元；到 2008 年，资助额度达到 15 686 500 美元，增加了约 51 倍，但是随后便开始大幅下降。整体来看，语义网领域的基金项目资助额度在波动中呈现增长，但是这种增长趋势到了 2013 年便开始急剧下降，直到 2015 年虽然项目数量上回升较快，但是资助额度增长的体现却不明显。

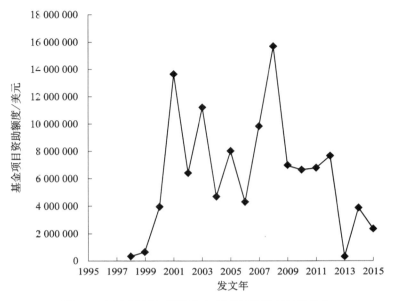

图 8.7　语义网研究领域基金项目资助额度年度分布

8.2　h 指数及 h 类指数研究领域实例研究

8.2.1　领域简介及分析文本

Hirsch 指数或 h 指数（h-index），是由美国加利福尼亚大学圣迭戈分校的物理学家 Jorge Hirsch 在 2005 年提出的衡量科学家学术成就的方法 [177]。他定义该指数为，如果一个科学家在一定时期内所发表的 N_P 篇论文中有 h 篇各自至少被引用 h 次，并且剩下的 N_p-h 篇论文各自的被引次数没有超过 h 次，那么该科学家的 h 指数则为 h。Egghe 利用其本人截至 2008 年 10 月的引文数据，计算出自己的 h 指数为 17，即在他发表的 25 篇文章当中，有 17 篇论文被引用至少 17 次 [178]。Hirsch 认为一个科学家的 h 指数越高，那就说明他的论文影响力越大。很显然，h 指数最初的定义就是为了定量计算一个科学家职业影响力而设定的一个信息计量学指标。目前该指数已经成为信息科学及信息计量学领域最流行的指标之一，Web of Science 和 Scopus 也将其纳入到其自身数据库中，并对作者的 h 指数进行计算。此外，还有很多文献对 h 指数进行研究，其应用与影响已经不再局限在定量评价科学家的层面上，还被应用到期刊评价、大学排名、研究绩效、公司专利等多个方面。随着 h 指数应用层面越来越加广泛，很多科学计量学、信息计量学研究者开始对其进行改进，从而衍生出来很多 h 类指数，如 g 指数[179]、m 指数[180]、R 指数[181]、A 指数[182, 183]、AR 指数[184]、hm 指数[185, 186] 等。

8.2.2　指标计算

1. 新作者数量

h 指数及 h 类指数研究领域的新作者从 2005 年以来一直处于快速增长的状态，2005 年该领域只有 3 名新作者，到了 2015 年已经有 152 名新作者进入到该领域从事相关研究，如图 8.8 所示。

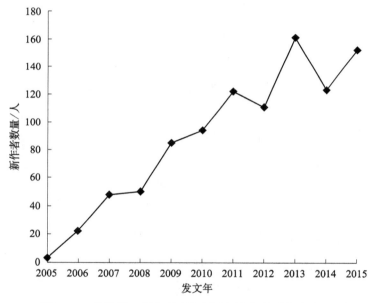

图 8.8　h 指数及 h 类指数研究领域新作者数量年度变化

2. 突现主题词共现

1）主题词的突现探测

选择默认阈值，得到与 h 指数及 h 类指数研究领域相关的突现主题词一共 37 个，突现年份跨度为 2005 年到 2015 年，表 8.3 列出了该领域的所有突现主题词，由于该研究领域的数据量较小，突现主题词的数量少于前面三个研究领域。在所有突现主题词中，最大突现值为 20.042 71；最小突现值为 2.083 316；突现长度最大值为 4，最小值为 1。"scientists"（科学家）和 "ranking"（排行）是突现值排在前两位的主题词，均突现于 2005 年，结束于 2008 年，突现值分别为 20.042 71 和 14.883 05，突现长度均为 4 年，这是由于 h 指数提出的最初目的即衡量和评价科学家的影响力。

表 8.3　h 指数及 h 类指数研究领域突现主题词

突现主题词	突现值	突现长度/年	突现年份	结束年份
scientist	20.042 71	4	2005	2008
ranking	14.883 05	4	2005	2008
factor	4.819 131	2	2012	2013
databases	4.276 742	2	2008	2009
academic	3.877 388	2	2014	
research.productivity	3.853 077	3	2013	
hirsch	3.734 201	4	2006	2009
bibliometrics	3.721 419	2	2010	
citations	3.454 46	2	2010	
hirsch.type.indexes	3.435 83	3	2008	2010
metric	3.227 971	1	2012	2012
library	3.178 505	2	2009	2010
behavior	3.159 767	2	2014	
individual	3.062 629	3	2013	
web.of.science	3.055 267	3	2009	2011
new	3.046 88	2	2008	2009
indicators	3.014 832	1	2012	2012
research.output	3.005 627	2	2010	
r.index	2.974 893	2	2010	2011
publication	2.945 956	1	2012	2012
successive	2.792 77	3	2007	2009
g.index	2.762 206	1	2010	2010
citation.counts	2.736 873	3	2008	2010
business	2.710 433	1	2015	
research.performance	2.707 624	1	2011	
properties	2.692 679	3	2008	2010
analysis	2.682 43	1	2015	
approach	2.673 188	1	2012	2012
research.evaluation	2.648 278	2	2014	

续表

突现主题词	突现值	突现长度/年	突现年份	结束年份
h.indices	2.570 381	3	2007	2009
centrality	2.519 593	1	2015	
journal.impact	2.516 616	2	2011	2012
paper	2.399 737	2	2010	
google.scholar	2.395 31	1	2011	
international	2.158 812	1	2009	2009
universities	2.127 468	1	2011	
computing	2.083 316	1	2008	2008

2）突现主题词共现网络

运用 Sci^2 工具包，对所有突现的主题词进行共现分析，生成突现主题词共现网络，共有 37 个节点和 143 条连线，节点之间连线的权重最大值为 25，最小值为 1，平均值为 2.56。该网络的平均值为 7.7297，密度为 0.2147。

图 8.9 展示了删去孤立节点后的 h 指数及 h 类指数研究领域突现主题词共现网络，图中显示自 h 指数提出以来，该领域的研究呈现出两个明显的核心概念群。第一个核心概念群由 2006 年至 2008 年的突现主题词组成，第二个核心概念群则由 2012 年至 2015 年的突现主题词组成，而中间代表 2009 年至 2011 年突现主题词的橙色节点则是两大核心概念群的连接桥梁。

对每个节点的内容分析表明，h 指数及 h 类指数研究领域的早期核心概念群主要围绕 "scientists"（科学家）、"ranking"（排行）和 "hirsch"（赫希）三个突现主题词展开，这三个主题词的联系也十分紧密，特别是 "scientists" 和 "ranking" 之间的连接线呈现黑色。h 指数于 2005 年由 Hirsch 提出，从 2006 年开始迅速吸引了大量文献计量学、科学计量学及信息计量学研究者的注意，该指数提出的初衷主要是衡量科学家的影响力。从 2007 年开始，h 指数及 h 类指数领域的研究开始转向 h 指数的变体或者 h 类指数的相关研究，如用连续 h 指数（successive h-index）或连续 g 指数（successive g-index）来评价科学机构；用加权 h 指数（weighted h index）来对科学家的科学影响力进行测度研究等。另外，该阶段的研究还体现在运用 h 指数来对同行评议决定聚合效度的研究层面，尤其是在对

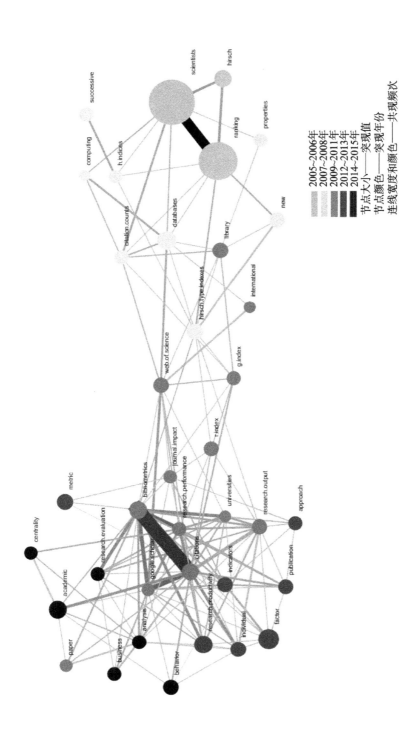

图 8.9　h 指数及 h 类指数研究领域研究主题词共现网络（文后附彩图）

研究生奖学金或博士后基金获得者遴选方面的实证研究。

从 2009 年开始，h 指数及 h 类指数领域的研究开始逐渐转向应用层面。研究已经不再局限于围绕科学家个体评价研究的层面，很多学者将该指数应用到其他层面的评价研究，"bibliometrics"（文献计量学）和"citations"（引文）是这一阶段核心概念群中突现值最高的两个主题词，该阶段的研究也是围绕这两个主题词的突现而展开的，与之共现的突现主题词还有"research.performance"（研究绩效）、"universities"（大学）、"google.scholar"（学术谷歌）、"research.output"（研究产出）、"journal.impact"（期刊影响）、"library"（图书馆）、"databases"（数据库）、"web.of.science"、"international"（国际）、"g.index"（g 指数）、"r.index"（R 指数）、"research.productivity"（科研生产力）、"individual"（个人）、"publication"（出版物）、"approach"（方法）等。这些突现主题词的共现关系表明，自 2009 年至2011 年，这一阶段的核心概念群主要与在引文和文献计量层面探讨研究或者科学影响力、大学的研究绩效、期刊影响力、h 类指数、与引文行为有关的引文分布等研究相关。此外，对群体的学术影响力评价及 h 指数也被作为一个重要的评价指标被 Web of Science 和 Scopus 等数据库采用。该阶段在实证层面的研究还体现在了人工智能领域，例如，运用贝叶斯网络来研究各种文献计量学指标之间的关系[187]，运用 h 指数来对该领域的期刊进行排名[188] 等。

从 2014 年至 2015 年，h 指数及 h 类指数领域的研究持续保持在应用层面，运用 h 指数和 h 类指数来研究经济与管理领域的作者、机构及期刊等的评价和评估研究，体现为"business"（商业）、"research.evaluation"（科研评价）、"centrality"（中心性）、"academic"（学术）、"analysis"（分析）等突现主题词之间的共现关系。

3. 突现重要文献数量

如图 8.10 所示，h 指数及 h 类指数研究领域的突现重要文献数量总体呈现增长的趋势，2005 年没有探测到突现重要文献，2006 年有 6 篇，2015 年增长到 16 篇。与前三个领域相同的是，该领域突现重要文献数量的增长也分为两个阶段，其增长周期为 3 年，这也是由于 h 指数从提出以来，只经历了 10 年左右的发展时间。表 8.4 展示了 h 指数及 h 类指数研究领域的全部突现重要文献。其中，Bornmann 等的 *Does the h-index for ranking of scientists really work?*[189] 一文的突现强度最高，突现值为 21.437 27；Glänzel 的 *On the h-index-a mathematical approach to a new measure of publication activity and citation impact* 一文 [190] 突现值为 21.215 91，位于第二；Cronin 等的 *Using the h-index to rank influential information scientists* 一文突现值为 14.374 62，位居第三。

表 8.4　h 指数及 h 类指数研究领域突现重要文献

突现重要文献	突现值	突现长度/年	开始年份	结束年份
Bornmann L, 2005, SCIENTOMETRICS, V65, P391, DOI 10.1007/s11192-005-0281-4	21.437 27	3	2006	2008
Glänzel W, 2006, SCIENTOMETRICS, V67, P315, DOI 10.1556/Scient.67.2006.2.12	21.215 91	4	2006	2009
Cronin B, 2006, J AM SOC INF SCI TEC, V57, P1275, DOI 10.1002/asi.20354	14.374 62	4	2006	2009
Egghe L, 2006, SCIENTOMETRICS, V69, P121, DOI 10.1007/s11192-006-0143-8	12.106 75	2	2007	2008
van Raan AFJ, 2006, SCIENTOMETRICS, V67, P491, DOI 10.1556/Scient.67.2006.3.10	11.950 88	4	2006	2009
Hirsch JE, 2005, P NATL ACAD SCI USA, V102, P16569, DOI 10.1073/pnas.0507655102	11.553 73	2	2006	2007
Oppenheim C, 2007, J AM SOC INF SCI TEC, V58, P297, DOI 10.1002/asi.20460	9.679 852	3	2007	2009
Liang LM, 2006, SCIENTOMETRICS, V69, P153, DOI 10.1007/s11192-006-0145-6	9.183 478	3	2007	2009
Banks MG, 2006, SCIENTOMETRICS, V69, P161, DOI 10.1007/s11192-006-0146-5	9.063 426	3	2007	2009
Waltman L, 2012, J AM SOC INF SCI TEC, V63, P406, DOI 10.1002/asi.21678	7.404 871	3	2013	
Rousseau R, 2007, J INFORMETR, V1, P2, DOI 10.1016/j.joi.2006.05.001	7.191 746	3	2007	2009
Egghe L, 2010, ANNU REV INFORM SCI, V44, P65	6.897 71	5	2011	

续表

突现重要文献	突现值	突现长度/年	开始年份	结束年份
Egghe L, 2007, J AM SOC INF SCI TEC, V58, P452, DOI 10.1002/asi.20473	5.961 627	3	2007	2009
Saad G, 2006, SCIENTOMETRICS, V69, P117, DOI 10.1007/s11192-006-0142-9	5.798 725	3	2007	2009
Bornmann L, 2011, J INFORMETR, V5, P346, DOI 10.1016/j.joi.2011.01.006	5.577 997	4	2012	
Vinkler P, 2007, J INF SCI, V33, P481, DOI 10.1177/0165551506072165	4.673 31	3	2008	2010
Batista PD, 2006, SCIENTOMETRICS, V68, P179, DOI 10.1007/s11192-006-0090-4	4.617 047	3	2006	2008
Radicchi F, 2008, P NATL ACAD SCI USA, V105, P17268, DOI 10.1073/pnas.0806977105	4.030 213	1	2013	2013
Egghe L, 2012, J AM SOC INF SCI TEC, V63, P1048, DOI 10.1002/asi.22617	4.026 441	3	2013	
Henzinger M, 2010, SCIENTOMETRICS, V84, P465, DOI 10.1007/s11192-009-0098-7	3.922 788	1	2011	2011
Schreiber M, 2008, SCIENTOMETRICS, V76, P187, DOI 10.1007/s11192-007-1886-6	3.793 157	2	2009	2010
Hirsch JE, 2010, SCIENTOMETRICS, V85, P741, DOI 10.1007/s11192-010-0193-9	3.777 023	2	2012	2013
Vanclay JK, 2007, J AM SOC INF SCI TEC, V58, P1547, DOI 10.1002/asi.20616	3.726 818	2	2008	2009
Jacso P, 2008, ONLINE INFORM REV, V32, P437, DOI 10.1108/14684520810889718	3.523 342	1	2012	2012
Braun T, 2006, SCIENTOMETRICS, V69, P169, DOI 10.1007/s11192-006-0147-4	3.478 759	3	2007	2009
Jacso P, 2009, ONLINE INFORM REV, V33, P1189, DOI 10.1108/14684520911011070	3.476 623	2	2011	2012
Bornmann L, 2007, J INFORMETR, V1, P204, DOI 10.1016/j.joi.2007.01.002	3.331 401	1	2008	2008
Harzing AW, 2009, J AM SOC INF SCI TEC, V60, P41, DOI 10.1002/asi.20953	3.272 742	1	2012	2012
Abbasi A, 2011, J INFORMETR, V5, P594, DOI 10.1016/j.joi.2011.05.007	3.219 255	3	2013	

续表

突现重要文献	突现值	突现长度/年	开始年份	结束年份
Schreiber M, 2012, J INFORMETR, V6, P347, DOI 10.1016/j.joi.2012.02.001	3.177 921	3	2013	
Jin BH, 2007, CHINESE SCI BULL, V52, P855, DOI 10.1007/s11434-007-0145-9	3.129 462 822	2	2008	2009
Egghe L, 2008, J AM SOC INF SCI TEC, V59, P1304, DOI 10.1002/asi.20823	3.114 764 182	1	2010	2010
Vinkler P, 2011, J AM SOC INF SCI TEC, V62, P1963, DOI 10.1002/asi.21600	3.091 535 441	2	2012	2013
Zhang L, 2011, J INFORMETR, V5, P583, DOI 10.1016/j.joi.2011.05.004	3.091 535 441	2	2012	2013
Cabrerizo FJ, 2010, J INFORMETR, V4, P23, DOI 10.1016/j.joi.2009.06.005	3.071 745 804	1	2011	2011
Burrell QL, 2007, SCIENTOMETRICS, V73, P19, DOI 10.1007/s11192-006-1774-5	3.062 700 848	1	2009	2009
Ye FY, 2010, SCIENTOMETRICS, V84, P431, DOI 10.1007/s11192-009-0099-6	3.047 052 79	2	2012	2013
Burrell QL, 2007, J INFORMETR, V1, P16, DOI 10.1016/j.joi.2006.07.001	2.995 136 916	3	2007	2009
Ravallion M, 2011, SCIENTOMETRICS, V88, P321, DOI 10.1007/s11192-011-0375-0	2.970 304 134	2	2012	2013
Bador P, 2010, SCIENTOMETRICS, V84, P65, DOI 10.1007/s11192-009-0058-2	2.946 891 533	2	2014	
Meho LI, 2008, J AM SOC INF SCI TEC, V59, P1711, DOI 10.1002/asi.20874	2.919 562 777	3	2009	2011
Prathap G, 2010, SCIENTOMETRICS, V84, P167, DOI 10.1007/s11192-009-0068-0	2.918 913 636	2	2014	
Meho LI, 2007, J AM SOC INF SCI TEC, V58, P2105, DOI 10.1002/asi.20677	2.901 255 206	3	2008	2010
Bartneck C, 2011, SCIENTOMETRICS, V87, P85, DOI 10.1007/s11192-010-0306-5	2.892 338 905	3	2013	
Abt HA, 2012, SCIENTOMETRICS, V91, P863, DOI 10.1007/s11192-011-0525-4	2.849 174 135	2	2012	2013
Alonso S, 2010, SCIENTOMETRICS, V82, P391, DOI 10.1007/s11192-009-0047-5	2.823 556 449	3	2011	2013
Egghe L, 2008, J AM SOC INF SCI TEC, V59, P1276, DOI 10.1002/asi.20809	2.810 926 554	2	2009	2010

续表

突现重要文献	突现值	突现长度/年	开始年份	结束年份
Ruane F, 2008, SCIENTOMETRICS, V75, P395, DOI 10.1007/s11192–007–1869–7	2.806 601 546	2	2009	2010
Burrell QL, 2007, J INFORMETR, V1, P170, DOI 10.1016/j.joi.2007.01.003	2.781 557 972	3	2008	2010
Anderson TR, 2008, SCIENTOMETRICS, V76, P577, DOI 10.1007/s11192–007–2071–2	2.658 117 089	2	2010	2011

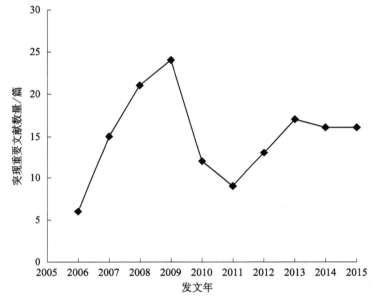

图 8.10　h 指数及 h 类指数研究领域突现重要文献数量年度变化

　　这三篇重要文献的突现年份均为 2006 年，在 h 指数提出之后的不到一年时间内，这三篇论文均针对 h 指数本身进行了探讨。然而与 Bornmann 等不同的是，Glänzel 更多地侧重该指数对引文影响的讨论，Cronin 等则将其运用到评价信息科学领域科学家的影响力中。需要特别指出的是，Egghe 在 *An informetric model for the Hirsch-index*[179] 中提出了一个基于洛特卡定律的信息计量模型，该模型的建立将 h 指数的应用层面扩展到了信息产出过程（information production processes，IPPs）研究中。如前所述，h 指数自提出之后被广泛应用到了很多其他领域。

4. 引文年龄

如图 8.11 所示，h 指数及 h 类指数研究领域的引文年龄变化幅度并不是很大，平均平均引文年龄在 6 年上下浮动，但其整体趋势仍然呈小幅度增长，这是由于 h 指数于 2005 年提出以来，经历的发展时间非常短暂，虽然之后有很多 h 类指数的研究产生，但是这些指数的提出仍然无法替代最经典的 h 指数，它已经作为一个评价指标被收入 Web of Science 数据库中，因此有关 h 指数的原始文献仍然在被大量地引用。

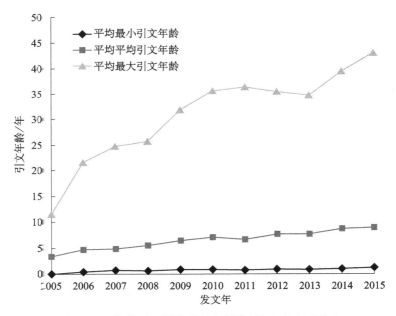

图 8.11　h 指数及 h 类指数研究领域引文年龄年度分布

5. 学科跨度指数

h 指数及 h 类指数研究领域的平均学科跨度指数随着时间的增长，也处于不断增长的态势，但是这种增长呈现出波动状态。如图 8.12 所示，从 2005 年的 0.049 345 扩大到 2011 年的 0.084 694，2011 年后呈现下降趋势。尽管如此，此后的学科跨度指数依然要高于 h 指数被提出的早期阶段的学科跨度指数，2014 年和 2015 年分别为 0.069 604 和 0.059 799。事实上，该领域已经吸引了除科学计量学等社会科学学科的研究者以外的很多其他学科领域研究者的注意，如计算机科学、数学、经济学、管理学等，

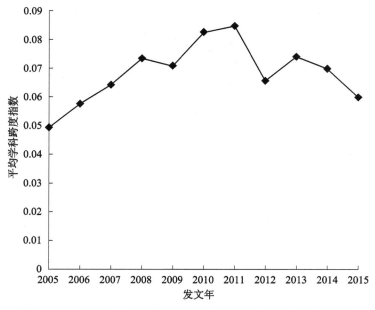

图 8.12 　h 指数及 h 类指数研究领域平均学科跨度指数年度分布

8.3　模型检验

8.3.1　指标比较

表 8.5 显示的是语义网研究领域和 h 指数及 h 类指数研究领域多元科学指标之间的比较。这一指标系列对这两个研究领域的测度表明，突现主题词共现这一指标反映出这两个研究领域不同阶段核心概念的形成及变化，而且与量子计算和 RNA 干扰两个研究领域类似，研究都呈现出鲜明的不同发展阶段的变化，即从理论研究阶段向应用研究阶段的过渡。对突现词共现网络图谱的内容分析表明，语义网研究领域的早期核心概念群体现为语义网的理论和技术基础层面的研究，而后期的核心概念群的研究则体现为语义网新技术的发展及其应用层面的研究。h 指数及 h 类指数研究领域的核心概念群则从早期的 h 指数对科学家评价研究逐渐过渡到近几年 h 指数的拓展研究，包括 h 类指数的发展和 h 指数在其他研究层面的应用，如期刊评价、大学绩效评价等。

表 8.5　语义网研究领域和 h 指数及 h 类指数研究领域多元科学指标比较

科学指标	语义网	h指数及h类指数	考察环节
新作者数量			科学家个体
突现主题词共现			主题词
突现重要文献数量			文献
引文年龄			文献
学科跨度指数			学科
基金资助项目数量		被广泛应用	同行认可
基金项目资助额度		被广泛应用	同行认可

  对比其他六个科学指标，在语义网研究领域中，新作者数量、突现重要文献数量、学科跨度指数、基金资助项目数量及基金项目资助额度都呈现出了不同程度的增长的态势。其中，突现重要文献数量也呈现出两段式增长的特点，增长转折点为 2005 年。而引文年龄并没有呈现不断出年轻化的趋势，该领域的平均平均引文年龄呈现出先降低后增长的态势，时间转折点为 2004 年。突现重要文献数量和引文年龄两个科学指标均表明语义网研究领域从兴起到发展成熟经历了 10 年左右的时间，随后进入领域的研究积累阶段。

  由于 h 指数及 h 类指数研究领域属于小科学中的小科学，该领域并没有相关的基金项目资助产生。除此之外，新作者数量、突现重要文献数量、学科跨度指数三项指标均在该领域呈现不同程度的增长，表明了该领域的新兴发展势头。其中，与其他领域相同的是，h 指数及 h 类指数研究领域中突现重要文献数量这一指标的增长也呈现出两段式的特征，增长周期时间为 3 年，表明该领域从兴起到成熟经历了 3 年左右的时间，然而引文年龄这一指标却没有呈现出年轻化的态势。这主要有两点原因：首先，h 指数从提出至今仅不到十年的时间，由于其短暂的发展时间，人们仍然倾向于引用最原始的那些经典文献；其次，h 指数最初主要是针对科学家个人影响力评价而提出的，随后 h 指数及 h 类指数的应用也扩展到了引文、期刊评价、大学研究绩效等，而这些科学问题在科学计量学研究领域内由来已久，因此与 h 指数相关的研究论文不免要引用更久以前的文献。因此，引文年龄这一指标的变化趋势并不影响本书对 h 指数及 h 类指数为新兴研究领域的识别判断，h 指数在 2005 年第一次被提出，之后两年之内便有大量文献涌现而出，该研究领域的科学家对其表现出极大的同行认可，随后很多试图改进 h 指数的 h 类指数研究也相继出现，然而大部分 h 类指数的研究虽然在精确度方面比 h 指数有所提高，但是由于计算的复杂性，它们仍然无法替代简单便捷的 h 指数，目前 Web of Science 等其他数据库都已经将 h 指数作为一个重要的评价指标纳入数据库的应用当中。由于该领域具有小科学的特点，尽管在同行认可这一考察环节，并没有基金项目资助的产生，但是 h 指数被广泛应用的现象仍可视为该领域被学术同行高度认可。

8.3.2 时序动态

图 8.13 和图 8.14 为语义网研究领域和 h 指数及 h 类指数两个研究领域的多元科学指标之间的时序动态比较图。

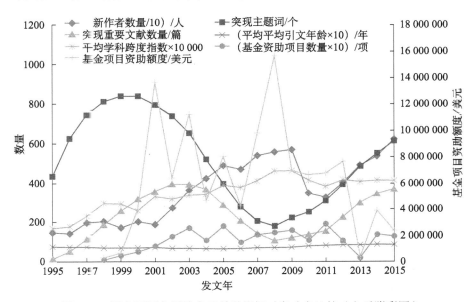

图 8.13　语义网研究领域多元科学指标时序动态比较（文后附彩图）

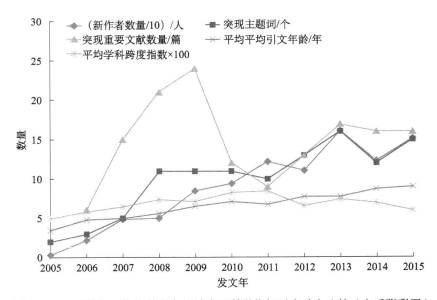

图 8.14　h 指数及 h 类指数研究领域多元科学指标时序动态比较（文后附彩图）

从每个科学指标第一次发生的时间这一角度来看，语义网研究领域中，新作者数量、突现重要文献数量、突现主题词共现、学科跨度指数同时发生，发生年份为 1995 年，而与基金项目资助相关的两个科学指标的产生则滞后了 3 年，发生时间为 1998 年。

若从每个科学指标在时间序列上的第一个连续增长点这个角度来看，在语义网研究领域的新作者数量与突现重要文献数量、突现主题词共现和学科跨度指数四个科学指标的增长也几乎同时发生，时间为 1997 年前后，而基金资助项目数量和基金项目资助额度两个指标的增长点则发生在 1999 年，时间滞后 3 年左右。

在 h 指数及 h 类指数研究领域中，新作者数量、突现主题词共现与学科跨度指数同时产生，突现重要文献数量则在其后发生，滞后时间为 1 年。从第一个增长点来看，新作者数量与学科跨度指数的增长同时发生，时间点为 2006 年。2007 年，突现重要文献数量产生第一个增长，比前两个指标滞后了 1 年。

8.4 本章小结

新作者数量、突现主题词共现、突现重要文献数量、引文年龄、学科跨度指数、基金资助项目数量及基金项目资助额度七个多元科学指标在语义网和 h 指数及 h 类指数两个研究领域的计算结果、指标验证和时序动态比较的结果显示，本书设计的多元科学指标可以从不同视角对这两个新兴研究领域做出综合的识别和判断。突现主题词共现这一指标反映了语义网和 h 指数及 h 类指数这两个研究领域核心概念的形成及转变。突现重要文献数量和引文年龄这两个科学指标的变化趋势显示语义网研究领域从兴起到成熟经历了 9 年左右的时间，而该过程在 h 指数及 h 类指数领域中只用了 3 年的时间。

新作者数量、学科跨度指数、基金资助项目数量及基金项目资助额度几个指标在语义网研究领域中均显示出了不同程度的增长态势，即使在该新兴研究领域发展到成熟阶段，这几个指标的持续增长仍然显示出该新兴领域具有持续的生命力，但是这种快速增长从 2009 年左右开始出现下滑, 表明该领域在 2009 年以后, 研究热度开始下降。在 h 指数及 h 类指数研究领域中, 由于其小科学的领域属性, 并没有基金数据的产生, 但是新作者数量、学科跨度指数及该指数的广泛应用都在科学家个体、学科及同行认可环节体现出该新兴领域即使发展到成熟阶段, 仍然保持快速增长的态势。

   总结语义网和 h 指数及 h 类指数研究领域各指标的时序动态可以发现, 新作者数量在语义网领域中与突现重要文献数量、突现主题词共现和学科跨度指数同时产生增长, 在 h 指数及 h 类指数领域中与学科跨度指数和突现主题词共现同时产生并增长, 而突现重要文献数量的发生与增长则要滞后 1 年左右。基金资助项目数量和基金项目资助额度总是最后发生的科学指标。

⑨ 见微知著：新兴研究领域辨识及形成过程的一般机制

9.1 对比性讨论

本书创建了多元科学指标，即新作者数量、突现主题词共现、突现重要文献数量、引文年龄、学科跨度指数、基金资助项目数量及基金项目资助额度，从科学家个体、主题词、文献、学科及同行认可五个不同环节，透过量子计算、RNA 干扰、语义网和 h 指数及 h 类指数四个研究领域的实例研究，对新兴研究领域的趋势进行多视角的识别和判断。

新作者数量考察的是最新进入某一研究领域的作者数量增长变化情况；突现主题词共现用于识别核心概念的形成与变化；突现重要文献数量用于分析那些既是施引文献又是被引文献的重要文献被引频次的突变情况；引文年龄用于考察某一领域内文献的新颖度；学科跨度指数用于测度某一研究领域的学科多样性与交叉性；基金资助项目数量和基金资助项目

资助额度则体现同行对某一领域研究的认可程度。需要说明的是，在量子计算、RNA 干扰、语义网三个研究领域中，这两个指标之间的相关性系数范围在 0.5 ～ 0.8，相关程度因不同领域而产生一定的差异，但它们仍然互为补充地从项目数量与资助额度两个方面共同体现新兴研究领域的同行认可度。

指标测度与模型检验表明，本书设计的多元科学指标可以从不同视角对这四个新兴研究领域做出综合的识别和判断。量子计算领域的各项指标均显示出该领域的新兴发展态势；在其余三个领域，除了引文年龄之外，其余指标也都呈现出不同程度和规模的增长态势。基金资助项目数量和基金项目资助额度两个指标显示语义网研究领域从 2009 年之后研究热度有所下降。

通过总结和比较这四个研究领域中不同科学指标的时序动态结果可以发现，从第一次发生时间的角度来看，在量子计算、RNA 干扰和语义网研究领域中，新作者数量、突现主题词共现、突现重要文献数量与学科跨度指数几乎同时发生，基金项目资助则通常会在 1 ～ 3 年后产生。在 h 指数及 h 类指数研究领域中，新作者数量和学科跨度指数首先发生，随后带来突现重要文献数量的产生。从各个指标的第一个增长点来看，新作者数量的增长常常是第一个发生的，随后带来其他指标的增长，而与基金资助相关的两个科学指标的增长是最后发生的。

为了研究结论的可靠性，本书在此补充分析了一个与新兴研究领域相对的衰退研究领域，即"冷聚变"（cold fusion）。冷聚变这一概念与传统认识上的热聚变相对，该理论由美国犹他大学的庞斯（Pons）和弗莱希曼（Fleishmann）于 1989 年 3 月正式提出。此后的一年之中，该理论引起了学术界的极大兴趣与强烈反应，但是随后的很多实验观察都指出该实验存在一定的问题，很多实验得到的结果为负，很多对冷聚变的大规模资金支持也相继停止[191]。学术界称冷聚变研究领域为"病态科学"，而该研究领域则在国内被称为"伪科学"，目前科学家同行普遍认为冷聚变为衰退研究领域。

　　图 9.1 显示了冷聚变研究领域多元科学指标系列对该领域的测度结
果。研究结果表明，新作者数量、学科跨度指数、基金资助项目数量与
基金项目资助额度各项指标随着时间的变化均显示为下降的趋势，而引
文年龄则逐渐增大，值得注意的是，突现重要文献数量虽然显示为增长
的趋势，但是这里最大数量的突现重要文献仅为 6 篇，最少数量仅为 1
篇，因此我们仍然可以认为冷聚变领域的研究状态处于鲜少有人问津。
而该领域获得资助的基金项目共 3 项，1989 年 2 项，1990 年 1 项，1989
年的资助额度为 59 997 美元，1990 年的资助额度为仅为 3000 美元，随
后则没有数据表明该领域有基金项目的资助。

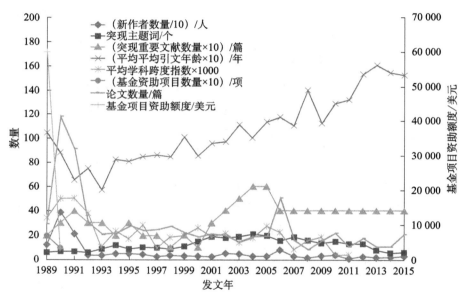

图 9.1　冷聚变研究领域多元科学指标时序动态比较（文后附彩图）

　　为了能够进一步讨论本书所设计的科学指标用于识别和判断新兴研
究领域的可信度与有效性，这里采用新作者数量、引文年龄、学科跨度指
数和基金资助项目数量几个主要科学指标，针对同属于自然科学的量子计
算和 RNA 干扰两个新兴研究领域，与冷聚变这一衰退研究领域进行对比分
析，分析结果见表 9.1。

表 9.1　新兴研究领域与衰退研究领域主要科学指标特点比较

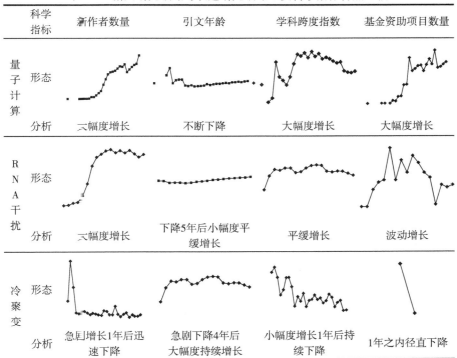

科学指标	新作者数量	引文年龄	学科跨度指数	基金资助项目数量
量子计算 形态				
分析	大幅度增长	不断下降	大幅度增长	大幅度增长
RNA干扰 形态				
分析	大幅度增长	下降5年后小幅度平缓增长	平缓增长	波动增长
冷聚变 形态				
分析	急剧增长1年后迅速下降	急剧下降4年后大幅度持续增长	小幅度增长1年后持续下降	1年之内径直下降

从表 9.1 的对比中我们可以看出，量子计算与冷聚变研究领域中所有科学指标的年度变化曲线呈现出相反的形态特点；而 RNA 干扰与冷聚变研究领域的对比表明，除了引文年龄之外，其他所有指标也都显示出相反的特点，其中，尽管这两个领域的引文年龄都呈现出先降低后增长的态势，但是二者具有一定的差别，RNA 干扰的增长幅度要远远小于冷聚变的增长幅度，前者的引文年龄从 6 年左右增长到 8 年左右，涨幅约为 2 年，引文年龄曲线变化十分平缓，在 7 年上下浮动，而后者的引文年龄则从 6 年左右急剧增长到 16 年左右，涨幅约为 10 年。

对于冷聚变研究领域来说，本书构建的各项科学指标均显示该领域的研究处于衰退的状态，这与实例研究部分的四个研究领域形成了鲜明的反差。从该理论 1989 年提出后的 1 年之内，所有指标均显示急速上升，然而新作者数量、学科跨度指数与基金资助项目数量在 1 年之后便转为急剧下降，引文年龄则在 4 年之后大幅度上升。同时，从科学指标的时序动态发展来看，在冷聚变领域中，所有科学指标的发生均呈现出同步的特点，以上研究结果进一步表明冷聚变的提出在当时引起了学术界的极大兴趣和十分迅速的反应，但是随后的研究都无法在实验上对其现象进行复制，因此该领域的研究又开始迅速衰退，尽管目前仍然有学者在进行冷聚变的研究，但是该领域仍然处于备受争议的状态[191]。

上述新兴研究领域与衰退研究领域中主要科学指标特点的鲜明反差表明，本书所设计的科学指标能够有效地对一个研究领域的兴起、发展乃至衰落进行识别和判断，这对于一个新兴研究领域的预见或开创，具有一定的启示或借鉴作用。

9.2 新兴研究领域创生及发展的时序动态模式

通过对量子计算、RNA 干扰、语义网和 h 指数及 h 类指数四个研究领域的实例研究，结合冷聚变研究领域的对比分析，本书的研究得到以下结论。

首先，新兴研究领域在主体与客体两个层面上具有六个方面的基本特征。

本书通过梳理与总结普赖斯的科学前沿理论、库恩的科学发展模式理论、门纳德的科学增长变化理论及陈超美的研究前沿识别及可视化这四大基本思想，得出新兴研究领域具有以下几个方面的基本特征。

第一，新兴研究领域更倾向于对新科学家的吸纳。

第二，新兴研究领域的核心概念更倾向于通过主题词的突然增长及其共现来表征。

第三，新兴研究领域往往会大量引用该领域的重要文献。

第四，新兴研究领域的引文年龄更可能趋向年轻化。

第五，新兴研究领域的学科跨度通常比较大。

第六，新兴研究领域趋向获得更广泛的同行认可。

其次，本书构建的多元科学指标可以从不同角度对识别新兴研究领域及其成熟程度进行分析与判断。

实例研究结果说明新作者数量、突现主题词共现、突现重要文献数量、引文年龄、学科跨度指数、基金资助项目数量及基金项目资助额度，这七个指标可以从科学家个体、主题词、文献、学科及同行认可五个环节，多角度地对新兴研究领域进行识别。

突现主题词共现这一指标则能够从主题词的环节，有效地反映每个研究领域核心概念的形成及变化，在探测一个研究领域新兴内容的形成和发展中起到基础作用。

突现重要文献数量这一指标在四个领域中均表现出一个共同的特点，即两段式增长，而周期的长短则因不同的领域而不同。引文年龄这一指标则因不同研究领域的差异，所表现出来的趋势并不一致。从本书的实例研究结果来看，这两个指标均可以被视为标志领域成熟的科学指标。综合比较与分析这两个科学指标在时间变化中的转折点，以及其他科学指标增长变化的趋势，结果表明，量子计算研究领域从兴起到成熟的时间为 8 年左右，该过程在 RNA 干扰研究领域的时间则为 5～7 年，在语义网研究领域则体现为 9 年左右，而 h 指数及 h 类指数研究领域从兴起到成熟只用了 3 年的时间。

有趣的是，突现主题词共现和突现重要文献数量两个指标曲线均呈两段式分布，在时间上后者要滞后于前者，仅量子计算领域两个指标曲线的后一段大致同步。这反映出四个新兴领域在成熟之后都进入主流领域和常规阶段，但形态又各具特性。量子计算、RNA 干扰两个领域保持着热门研究的态势；语义网领域在突现主题词曲线后一段异乎寻常地突增，而突现重要文献数量曲线后一段却异乎寻常地低落，新作者数量的剧减表明语义网研究已呈强弩之末；而 h 指数及 h 类指数领域虽属"小科学中的小科学"范畴，但学界对于在科学评价指标上试图探寻更为准确、合理、简便的类 h 指数的努力仍热情不减。

新作者数量、学科跨度指数、基金资助项目数量及基金项目资助额度几个指标在四个研究领域中都呈现了不同程度的快速增长，即使在各个领域的发展进入成熟期以后，这些指标的增长仍然显示出四个研究领域的持续快速增长，结果表明，这几个指标在反映领域交叉程度、新兴程度及其持续生命力方面起到支撑的作用。

一个新兴研究领域从某一新科学问题的提出开始产生，进而形成相应的核心概念及核心概念群，随后产生重要的文献，学科领域跨度增加，直至这种新的研究范式得到同行的高度认可，这些环节的相继发展表明了该领域从兴起到逐渐成熟的发展过程。

最后，通过对四个新兴研究领域的指标测度结果的时序动态比较，本书可以总结出一个具有普适性的新兴研究领域形成过程的多元科学指标时序结构模式（图 9.2）。

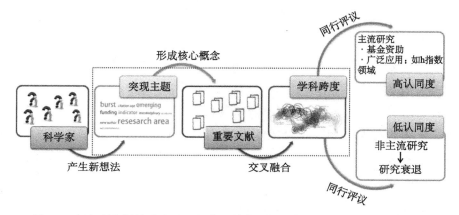

图 9.2 新兴研究领域形成过程的多元科学指标时序结构模式（文后附彩图）

结合冷聚变研究领域的讨论，以及作者之前对其他数据如纳米、影响因子等研究领域的研究结果[149]，本书认为一个研究领域的兴起与发展始终是由科学家，尤其是新兴科学家最初带动起来的，因为科学家的介入，才产生了不同的新的科学想法。通过不断研究，科学家们的这些想法形成了核心概念，继而产生了以文字为载体的产出形式即研究文献。其中，有的文献影响力不大，有的文献则对该领域的研究产生重要影响，从而成为重要的文献，在定量方面则体现为高被引次数。此时，该领域已经从最初的兴起向蓬勃发展过渡，吸引了来自众多学科领域的科学家进行更多的科学研究，体现了高度的学科交叉性，现代科学发展的一个重要特征便是学科之间的高度交叉与融合。当该领域的研究越来越多地被科学界所接纳和繁衍时，科学家们则会倾向于将其投入实际应用，或者趋向获得更多的资助来进行更深入的研究，经过学术界的同行评议，同行认可度高的领域将产生更多的基金资助项目数量与更高的资助额度，或者被广泛地应用（如 h 指数及 h 类指数研究领域），以便使该研究领域向更高的层次发展。在本书的研究基础之上，图 9.2 总结了新兴研究领域形成过程的多元科学指标时序结构模式，当然这些指标的产生有时并不是严格按照图中的模式进行，如新想法与发现、重要文献与学科跨度有时会处于同时发生的状态，这与不同领域的不同性质相关。

但总体来看，研究总结的多元科学指标时序结构模式在四个研究领域中均表现出高度的相似性，只是在某些指标方面会因研究领域的不同而有所差异，但这与这些研究领域是属于自然科学还是人文社会科学领域无关。

9.3 未来

新兴研究领域的发生与发展是一个非常复杂的过程，为了给读者和相关研究者提供更为客观的建议，有必要对本书的局限和未来的研究可能提供进一步的说明。限于研究水平和研究条件，本书存在一些局限性，有待深入探索。

本书未能对其他更多领域的研究数据进行验证，也没有依据自然科学和人文社会科学的部门典型差异来选择研究领域。如果反过来，按照自然科学和人文社会科学两大部门的不同特征来选择典型的研究领域作为研究对象，那么在新兴研究领域的识别上是否会呈现出明显的差别呢？例如，引文分析表明，自然科学和社会科学的一个重大差异是在引文网络的关键节点上前者多为期刊论文，而后者多为经典著作。由此推测，引文年龄指标上，后者老化可能快于前者，意味着人文社会科学的新兴领域成熟程度要快；然而人文社会科学部门经典著作的写作出版周期通常远大于期刊论文，这又意味着人文社会科学新兴领域成熟程度要慢。最终实际结果究竟如何呢？这是颇值得深入探索一番的。因此，未来的研究应当分别选取典型研究领域的数据，探索新兴研究领域的辨识和形成过程在这两大部门之间的相同点与不同点，更为系统和深入地探索新兴研究领域的辨识、新兴程度和形成过程等问题的探讨。

　　此外，如前所述，新兴研究领域从创生到成熟的发展过程是十分复杂的，识别新兴研究领域的指标远远不应该局限于本书所探讨的七项指标，例如，还应包含对施引期刊，科学共同体，网络属性统计，基金项目其他数据，如申请者、项目申请摘要及时间等方面进行探讨。因此，未来的研究还应该丰富原有的理论框架，从其他更多主客体层面来挖掘新兴研究领域的特征，并深入研究其从兴起、发展到成熟的整体过程。

　　对于很多技术研究领域来说，专利数据是非常重要的一个部分，而本书并未涉及这部分的研究与探讨。

　　本书也没能对不同领域不同指标发生及发展的机制进行深入的讨论，例如，对于新作者来说，本书仅仅探讨了数量上的变化，未来的研究方向将要探讨这些新作者的来源轨迹等。

　　尽管如此，本书通过对新兴研究领域特征的初步探索，改进和提出了新的科学指标，发现这些指标在识别新兴研究领域的关键环节中起到了重要的作用。本书通过指标计算、验证与比较，还概括和提炼出了形成过程的多元指标动态时序结构模式，以及一个研究领域在新兴过程中的发生和发展机制。以上也是本书的研究所得到的两个重要的启示与结论。

参 考 文 献

［1］Lee W H. How to identify emerging research fields using scientometrics：An example in the field of information security［J］. Scientometrics, 2008, 76（3）：503-525.

［2］Moon Y H. Monitoring and early warning of technological progress［R］. KISTI, 2004.

［3］普赖斯 D. 小科学，大科学［M］. 宋剑耕，戴振飞译. 上海：世界科学社，1982.

［4］Wagner C S. The New Invisible College：Science for Development［M］. Washington D C：Brookings Institution Press, 2008.

［5］中华人民共和国科学技术部. 国际科学技术发展报告 2010［M］. 北京：科学出版社，2010.

［6］王续琨，常东旭. 远缘跨学科研究与交叉科学的发展［J］. 浙江社会科学，2009, 1（1）：16-21.

［7］Klavans R, Boyack K W. Toward a consensus map of science［J］. Journal of the American Society for Information Science and Technology, 2009, 60（3）：455-476.

［8］Law J, Whittaker J. Mapping acidification research：A test of the co-word method［J］. Scientometrics, 1992, 23（3）：417-461.

［9］张建伟. 当代教育技术学研究领域的基本架构［J］. 教育研究，2002, 4：44-91.

［10］陈振明. 从公共行政学、新公共行政学到公共管理学——西方政府管理研究领域的“范式”变化［J］. 政治学研究，1999, 1：79-88.

［11］路秋丽，魏王. 高等教育研究领域研究人员科研绩效评价［J］. 高等教育研究，2008, 12：50-59.

［12］储节旺. 国内外知识管理研究领域、主要成就及未来趋势［J］. 情报资料工作，2006, 5：36-39.

［13］郑粉莉. 浅谈我国土壤侵蚀学科亟待加强的研究领域［J］. 水土保持研究，1999, 2：26-31.

［14］沈立新，魏东芝，叶勤. 代谢工程——生物工程学科的新兴研究领域［J］. 微生物学杂志，2000, 3：47-49.

［15］顾红芳，白鹏，肖奚安，等. 数理逻辑之研究对象、学科归属、定义及研究领域

［J］. 自然杂志, 2000, 5：294-299.

［16］王建邦. 浅议国际贸易学科研究领域与方向的拓展［J］. 国际经贸探索, 2006, 6：80-84.

［17］王绪琨. 交叉科学结构论［M］. 大连：大连理工大学出版社, 2003.

［18］沙姆韦, 梅瑟-达维多. 学科规训制度导论［A］// 华勒斯坦 I, 等. 学科·知识·权力［M］. 刘健芝, 等编译. 北京：生活·读书·新知三联书店, 1999：29-31.

［19］Jennex M, Croasdell D. Knowledge management as a discipline［A］//Jennex M. Knowledge Management in Modern Organizations［C］. Hershey：Idea Group Publishing, 2007：10-17.

［20］肖兴安, 刘建辉. 既是"学科"又是"研究领域"：对当代中国高等教育学定位的再思考［J］. 黑龙江高教研究, 2012, 2（214）：36-41.

［21］覃红霞. 走向开放的科举学研究：在学科与专学之间［J］. 厦门大学学报（哲学社会科学版）, 2004, 3：15-20.

［22］刘海峰. 高等教育学：在学科与领域之间［J］. 高等教育研究, 2009, 30（11）：45-50.

［23］Takeda Y, Kajikawa Y. Optics：a bibliometric approach to detect emerging research domains and intellectual bases［J］. Scientometrics, 2009, 78（3）：543-558.

［24］Serenko A, Bontis N, Booker L, et al. A scientometric analysis of knowledge management and intellectual capital academic literature（1994-2008）［J］. Journal of Knowledge Management, 2010, 14（1）：3-23.

［25］Watts R J, Porter A L. R&D cluster quality measures and technology maturity［J］. Technological Forecasting and Social Change, 2003, 70（8）：735-758.

［26］van Raan A F J. On growth, ageing, and fractal differentiation of science［J］. Scientometrics, 2000, 47（2）：1588-2861.

［27］Braun T, Schubert A, Zsindely S. Nanoscience and nanotechnology on the balance［J］. Scientometrics, 1997, 38（2）：321-325.

［28］Zitt M, Bassecoulard E. Delineating complex scientific fields by an hybrid lexical-citation method：an application to nanosciences［J］. Information Processing and Management, 2006, 42（6）：1513-1531.

［29］Small H. Tracking and predicting growth areas in science［J］. Scientometrics, 2006, 68（3）：595-610.

［30］Griffith B C, Mullins N C. Coherent social groups in scientific change［J］. Science,

1972，177：959-964.

[31] Zitt M，Bassecoulard E. Challenges for scientometric indicators：data de-mining，knowledge flows measurements and diversity issues [J] . Ethics in Science and Environmental Politics，2008，8：49-60.

[32] Lewison G. The scientific output of the EC's less favoured regions [J] . Scientometrics，1991，21（3）：383-402.

[33] Chen C. CiteSpace II：detecting and visualizing emerging trends and transient patterns in scientific literature [J] . Journal of the American Society for Information Science and Technology，2006，57（3）：359-377.

[34] Bettencourt L，Kaiser D，Kaur J，et al. Population modeling of the emergence and development of scientific fields [J] . Scientometrics，2008，75（3）：495-518.

[35] Ding Y，Chowdhury G G，Foo S. Bibliometric cartography of information retrieval research by using co-word analysis [J] . Information Processing & Management，2001，37（6）：817-842.

[36] Sugimoto C R，McCain K W. Visualizing changes over time：a history of information retrieval through the lens of descriptor tri-occurrence mapping [J] . Journal of Information Science，2010，36（4）：481.

[37] Menard H W. Science：Growth and Change [M] . Cambridge：Harvard University Press，1971.

[38] Price D J. Networks of scientific papers [J] . Science，1965，149（3683）：510.

[39] Small H，Griffith B C. The structure of scientific literatures I：identifying and graphing specialties [J] . Science Studies，1974，4（1）：17-40.

[40] Braam R R，Moed H F，van Raan AFJ. Mapping of science by combined co-citation and word analysis. II. dynamical aspects [J] . Journal of the American Society for Information Science，1991，42（4）：252-266.

[41] Persson O. The intellectual base and research fronts of JASIS 1986–1990 [J] . Journal of the American Society for Information Science，1994，45（1）：31-38.

[42] Morris S A，Yen G，Wu Z，et al. Time line visualization of research fronts [J] . Journal of the American Society for Information Science and Technology，2003，54（5）：413-422.

[43] Roco M C. Science and technology integration for increased human potential and societal outcomes [C] . Annals of the New York Academy of Sciences，2004：1-16.

［44］刘则渊，陈悦，侯海燕，等．技术科学前沿图谱与强国战略［M］．北京：人民出版社，2012.

［45］栾春娟．"纳米－生物"会聚技术的测度及启示［J］．科研管理，2012，33（7）：48-58.

［46］李晓强，张平，邹晓东．学科会聚：知识生产的新趋势［J］．科技进步与对策，2007，6：36.

［47］张宁，罗长坤．"会聚技术"及其对科技管理的影响［J］．研究与发展管理，2005，17（5）：97-100.

［48］吕乃基．会聚技术——高技术发展的最高阶段［J］．科学技术与辩证法，2008，5：62-65.

［49］Roco M C. The emergence and policy implications of converging new technologies integrated from the nanoscale［J］. Journal of Nanoparticle Research，2005，7（2/3）：129-143.

［50］Geum Y，Kim M-S，Park Y，et al. The convergence of manufacturing and service technologies：a patent analysis approach［J］. Convergence，2013，5（2）：99-107.

［51］Meadows A，O'Connor J. Bibliographical statistics as a guide to growth points in science［J］. Social Studies of Science，1971，1（1）：95-99.

［52］Price D J. Citation measures of hard science，soft science，technology，and nonscience［A］//Nelson CE，Pollock DK. Communication among Scientists and Engineers［C］. Lexington：Health Lexington Books，1970：3-12.

［53］Burton R E，Kebler R W. The "half‐life" of some scientific and technical literatures［J］. American Documentation，1960，11（1）：18-22.

［54］Garfield E，Small H. Identifying the change frontiers of science［A］//Kranzberg M，Elkana Y，Tadmor Z. Innovation at the crossroads between Science and Technology［C］. Haifa：The S. Neaman Press，1989：51-65.

［55］陈立新，刘则渊．引文半衰期与普赖斯指数之间的数量关系研究［J］．图书情报知识，2007，（1）：25-28.

［56］Leydesdorff L，Cozzens S，Van den Besselaar P. Tracking areas of strategic importance using scientometric journal mappings［J］. Research Policy，1994，23（2）：217-229.

［57］Klavans R，Boyack K W，Small H. Indicators and precursors of "hot science"［R］Montreal：17th International Conference on Science and Technology Indicators，2012.

[58] Rassenfosse G D, Dernis H, Guellec D, et al. The worldwide count of priority patents: a new indicator of inventive activity [J] . Melbourne Institute Working Paper, 2012, 42（3）: 720-737.

[59] Kleinberg J. Bursty and hierarchical structure in streams [J] . Data Mining and Knowledge Discovery, 2003, 7（4）: 373-397.

[60] Mane K, Börner K. Mapping topics and topic bursts in PNAS [J] . Proceedings of the National Academy of Sciences, 2004, 101（Suppl 1）: 5287.

[61] Ord T J, Martins E P, Thakur S, et al. Trends in animal behaviour research（1958-2002）: ethoinformatics and the mining of library databases [J] . Animal Behaviour, 2005, 69（6）: 1399-1413.

[62] Takahashi Y, Utsuro T, Yoshioka M, et al. Applying a burst model to detect bursty topics in a topic model [A] //Hitoshi I, Kyoko K. Advances in Natural Language Processing [C] . Berlin: Springer Verlag, 2012: 239-249.

[63] Pottenger W M, Yang T H. Detecting emerging concepts in textual data mining [A] . Michael W B. Proceedings of the Computational Information Retrieval Conference [C] . Philadelphia: SIAM, 2001: 89-106.

[64] Zhang Y, Porter A L, Hu Z, et al. "Term clumping" for technical intelligence: a case study on dye-sensitized solar cells [J] . Technological Forecasting & Social Change, 2014, 85: 26-39.

[65] Yan E. Research dynamics: measuring the continuity and popularity of research topics [J] . Journal of Informetrics, 2014, 8（1）: 98-110.

[66] Ohniwa R L, Hibino A, Takeyasu K. Trends in research foci in life science fields over the last 30 years monitored by emerging topics [J] . Scientometrics, 2010, 85（1）: 111-127.

[67] Small H, Upham P. Citation structure of an emerging research area on the verge of application [J] . Scientometrics, 2009, 79（2）: 365-375.

[68] Kajikava Y, Takeda Y. Structure of research on biomass and bio-fuels: a citation-based approach [J] . Technological Forecasting and Social Change, 2008, 75（9）: 1349-1359.

[69] Kajikawa Y, Yoshikawaa J, Takedaa Y, et al. Tracking emerging technologies in energy research: toward a roadmap for sustainable energy [J] . Technological Forecasting and Social Change, 2008, 75（6）: 771-782.

［70］Shibata N, Kajikawa Y, Takeda Y, et al. Detecting emerging research fronts based on topological measures in citation networks of scientific publications［J］. Technovation, 2008, 28（11）: 758-775.

［71］Shibata N, Kajikawa Y, Takeda Y, et al. Comparative study on methods of detecting research fronts using different types of citation［J］. Journal of the American Society for Information Science and Technology, 2009, 60（3）: 571-580.

［72］Shibata N, Kajikawa Y, Matsushima K. Topological analysis of citation networks to discover the future core articles［J］. Journal of the American Society for Information Science and Technology, 2007, 58（6）: 872-882.

［73］Leydesdorff L, Schank T. Dynamic animations of journal maps: indicators of structural changes and interdisciplinary developments［J］. Journal of the American Society for Information Science and Technology, 2008, 59（11）: 1810-1818.

［74］Chen C, Chen Y, Horowitz M, et al. Towards an explanatory and computational theory of scientific discovery［J］. Journal of Informetrics, 2009, 3（3）: 191-209.

［75］Boyack K W, Klavans R, Small H, et al. Characterizing emergence using a detailed micro-model of science: investigating two hot topics in nanotechnology［A］// Kocaoglu D, Anderson T, Daim T. 2012 Proceedings of PICMET'12: Technology Management for Emerging Technologies［C］. New York: IEEE, 2012: 2605-2611.

［76］Fujita K, Kajikawa Y, Mori J, et al. Detecting research fronts using different types of combinational citation［C］. 17th International Conference on Science and Technology Indicators 2012, Montreal, Quebec, Canada, 2012: 273-284.

［77］Kuusi O, Meyer M. Anticipating technological breakthroughs: using bibliographic coupling to explore the nanotubes paradigm［J］. Scientometrics, 2007, 70（3）: 759-777.

［78］Érdi P, Makovi K, Somogyvári Z, et al. Prediction of emerging technologies based on analysis of the US patent citation network［J］. Scientometrics, 2013, 95（1）: 225-242.

［79］Lucio-Arias D, Leydsdorff L. Knowledge emergence in scientific communication: from "fullerenes" to "nanotubes"［J］. Scientometrics, 2007, 70（3）: 603-632.

［80］Scharnhorst A, Garfield E. Tracing scientific influence［J］. Dynamic of Socio-Economic System, 2010, 2（1）: 1-33.

［81］Vlachy J. Mobility in science. Bibliography of scientific career migration, field mobility, international academic circulation and brain drain [J] . Scientometrics, 1979, 1（2）: 201-228.

[82] Merton R K. Science, Technology & Society in 17th Century England [M] . New York: Howard Fertig, 1970.

[83] Bettencourt L, Kaiser D I, Kaur J. Scientific discovery and topological transitions in collaboration networks [J] . Journal of Informetrics, 2009, 3（3）: 210-221.

[84] Leydesdorff L, Rafols I. Local emergence and global diffusion of research technologies: an exploration of patterns of network formation [J] . Journal of the American Society for Information Science and Technology, 2011, 62（5）: 846-860.

[85] Liu X, Jiang T, Ma F. Collective dynamics in knowledge networks: emerging trends analysis [J] . Journal of Informetrics, 2013, 7（2）: 425-438.

[86] Ávila-Robinson A, Miyazaki K. Dynamics of scientific knowledge bases as proxies for discerning technological emergence — the case of MEMS/NEMS technologies [J] . Technological Forecasting & Social Change, 2013, 80（6）: 1071-1084.

[87] Ávila-Robinson A, Miyazaki K. Evolutionary paths of change of emerging nanotechnological innovation systems: the case of ZnO nanostructures [J] . Scientometrics, 2013, 95（3）: 829-849.

[88] Goffman W, Newill V A. Generalization of epidemic theory: an application to the transmission of ideas [J] . Nature, 1964, 204（4955）: 225-228.

[89] Goffman W. A mathematical method for analyzing the growth of a scientific discipline [J] . Journal of Association for Computing Machinery, 1971, 18（2）: 173-185.

[90] Goffman W. Mathematical approach to the spread of scientific ideas: the history of mast cell research [J] . Nature, 1966, 212（5061）: 499-452.

[91] Goffman W, Harmon G. Mathematical approach to the prediction of scientific discovery [J] . Nature, 1971, 229（5280）: 103-104.

[92] Garfield E. The epidemiology of knowledge and the spread of scientific information [J] . Current Contents, 1980, 35: 5-10.

[93] Börner E, Bettencourt L M A, Gerstein M, et al. Knowledge management and visualization tools: in support of discovery [R] . 2009.

[94] Bettencourt L, Cintrón-Arias A, Kaiser D I, et al. The power of a good idea: Quantitative modeling of the spread of ideas from epidemiological models [J] . Physica A: Statistical Mechanics and its Applications, 2006, 364: 513-536.

［95］Sun X, Kaur J, Milojević S, et al. Social dynamics of science［J］. Scientific Reports, 2013, 3（1069）: 1-6.

［96］Xie Y, Raghavan V V. A random walk model based approach for quantifying technology emergence and impact for research articles［R］. Proceedings of the 2012 IEEE Internationl Conference on Granular Computing, 2012: 553-555.

［97］王续琨, 冯欲杰, 周心萍, 等. 社会科学交叉科学学科辞典［M］. 大连: 大连海事大学出版社, 1999.

［98］Sci² Team. Science of science（sci2）tool: Indiana university and scitech strategies, inc.［EB/OL］. http://sci2. cns. iu. edu［2009-11-24］.

［99］Leydesdorff L. The Challenge of Scientometrics: The Development, Measurement, and Self-organization of Scientific Communications［M］. Leiden: DSWO Press, Leiden University, 1995.

［100］Popper K. The Logic of Scientific Discovery［M］. London: Hutchinson, 1959.

［101］波普尔 K. 科学发现的逻辑［M］. 查汝强, 邱仁宗译. 北京: 中国美术出版社, 2008.

［102］波普尔 K. 猜想与反驳: 科学知识的增长［M］. 傅季重, 纪树立, 周昌忠, 等译. 上海: 上海译文出版社, 2005.

［103］Popper K. Conjectures and Refutations: The Growth of Scientific Knowledge［M］. London: Hutchinson, 1963.

［104］库恩 TS. 科学革命的结构［M］. 金吾伦, 胡新和译. 北京: 北京大学出版社, 2003.

［105］Kuhn T S. The Structure of Scientific Revolutions［M］. Chicago: University of Chicago Press, 1962.

［106］Kuhn T S. The Structure of Scientific Revolutions［M］. Chicago: University of Chicago Press, 1970.

［107］拉卡托斯 I, 马斯格雷夫 A. 批判与知识的增长［M］. 周寄中译. 北京: 华夏出版社, 1987.

［108］Lakatos I, Musgrave A. Criticism and the Growth of Knowledge［M］. Cambridge: Cambridge University Press, 1970.

［109］劳丹 L. 进步及其问题——科学增长理论刍议［M］. 方在庆译. 上海: 上海译文出版社, 1991.

［110］Laudan L. Progress and Its Problems: Toward a Theory of Scientific Growth［M］.

London：Routledge and Kegan Paul，1977.

［111］Stegmüller W，Wohlhueter W. The Structure and Dynamics of Theories［M］. New York：Springer-Verlag，1976.

［112］Niiniluoto I. Scientific progress［EB/OL］. http：//plato. stanford. edu/entries/ scientific- progress/［2016-10-30］.

［113］Ben-David J. Roles and innovations in medicine［J］. The American Journal of Sociology，1960，65（6）：557-568.

［114］弗霍伊登塔尔. 本－大卫的生平和工作［J］. 科学文化评论，2007，4（3）：74-97.

［115］Ben-David J. Scientific productivity and academic organization in nineteenth century medicine［J］. American Sociological Review，1960，25（6）：828-843.

［116］默顿 R K. 十七世纪英格兰的科学技术与社会［M］. 范岱年，吴忠，蒋效东译. 北京：商务印书馆，2000.

［117］普赖斯 D J. 巴比伦以来的科学［M］. 任元彪译. 石家庄：河北科技出版社，2002.

［118］Price D J. Science since Babylon［M］. New Häven：Yale University Press，1961.

［119］Price D J. Little Science，Big Science［M］. New York：Columbia University Press，1963.

［120］Price D J. The exponential curve of science［J］. Discovery，1956，17：240-243.

［121］刘则渊，陈悦，侯海燕，等. 科学知识图谱：方法与应用［M］. 北京：人民出版社，2008.

［122］Garfield E. In tribute to Derek John de Solla Price：a citation analysis of little science，big sicence［J］. Scientometrics，1985，7（3）：487-503.

［123］May K O. Quantitative growth of the mathematical literature［J］. Science，1966，154（3757）：1672.

［124］Tague J，Beheshti J，Rees-Potter L. The law of exponential growth：evidence，implications and forecasts［J］. Library Trends，1981，30（1）：125-145.

［125］King D A. The scientific impact of nations［J］. Nature，2004，430（6997）：311-316.

［126］Davidson F J，Narin F. The growth of Chinese scientific research，1973–84［J］. Scientometrics，1987，12（1）：135-144.

［127］Zhou P，Leydesdorff L. The emergence of China as a leading nation in science［J］.

Research Policy, 2006, 35（1）：83-104.

［128］Glänzel W, Leta J, Thijs B. Science in Brazil. Part 1：a macro-level comparative study［J］. Scientometrics, 2006, 67（1）：67-86.

［129］Glänzel W, Danell R, Persson O. The decline of Swedish neuroscience：decomposing a bibliometric national science indicator［J］. Scientometrics, 2003, 57（2）：197-213.

［130］刘则渊. 科学学文选：历程·理论·前沿［Z］. 大连：大连理工大学 WISE 实验室内部资料，2010.

［131］刘则渊. 知识图谱的若干问题思考［Z］. 大连：大连理工大学 WISE 实验室内部资料，2010.

［132］Chen C. Mapping Scientific Frontiers：The Quest for Knowledge Visualization［M］. London：Springer Verlag, 2003.

［133］刘则渊，陈悦. 现代科学技术与发展导论［M］. 大连：大连理工大学出版社，2011.

［134］Albritton C. A call for unity［J］. Science, 1972, 176（4035）：639-641.

［135］Tseng Y H, Lin Y I, Lee Y Y, et al. A comparison of methods for detecting hot topics［J］. Scientometrics, 2009, 81（1）：73-90.

［136］国家自然科学基金委员会. 国家自然科学基金"十二五"发展规划［R］. 2011.

［137］Hull D L, Tessner P D, Diamond A M. Planck's principle［J］. Science, 1978, 202：717-723.

［138］Börner K, Klavans R, Patek M, et al. Design and update of a classification system：The UCSD map of science［J］. PloS one, 2012, 7（7）：e39464.

［139］Rao C R. Diversity：its measurement, decomposition, apportionment and analysis.［J］. Sankhy：The Indian Journal of Statistics, Series A, 1982, 44（1）：1-22.

［140］Stirling A. A general framework for analysing diversity in science, technology and society［J］. Journal of the Royal Society Interface, 2007, 4（15）：707-719.

［141］Porter A L, Rafols I. Is science becoming more interdisciplinary? Measuring and mapping six research fields over time［J］. Scientometrics, 2009, 81（3）：719-745.

［142］庞景安. 科学计量研究方法论［M］. 北京：科学技术文献出版社，1999.

［143］Lotka A J. The frequency distribution of scientific productivity［J］. Journal of Washington Academy Sciences, 1926, 16：317-323.

［144］Wikipedia. Social network analysis［EB/OL］. https://en. wikipedia. org/wiki/ Social_ network_analysis［2017-06-03］.

［145］Barnes J A. Class and committees in a Norwegian island perish［J］. Human Relations, 1954, 7: 39-58.

［146］Wasserman S, Faust K. Social Network Analysis: Methods and Applications［M］. Cambridge: Cambridge University Press, 1994.

［147］Freeman L C. The Development of Social Network Analysis: A Study in the Sociology of Science［M］. Vancouver: Empirical Press, 2004.

［148］Weingart S, Guo H, Börner K, et al. Science of Science (Sci2) Tool user manual［EB/ OL］. http://sci2. wiki. cns. iu. edu［2016-05-19］.

［149］Guo H, Weingart S, Börner K. Mixed-indicators model for identifying emerging research areas［J］. Scientometrics, 2011, 89（1）: 421-435.

［150］Benjamins R, Contreras J, Corcho O, et al. Six challenges for the semantic web［J］. Challenges, 2004, 1（i）: 1-15.

［151］Bizer C. The emerging web of linked data［J］. Intelligent Systems, IEEE, 2009, 24（5）: 87-92.

［152］Thomson Reuters. Web of Science［EB/OL］. http://scientific. thomsonreuters. com/ products/wos［2016-12-29］.

［153］NSF. Awards simple search［EB/OL］. https://www. nsf. gov/awardsearch/［2016-12-28］.

［154］Sci2 Team. Stop word list［EB/OL］. http://nwb. slis. indiana. edu/svn/nwb/trunk/ plugins/ preprocessing/edu. iu. nwb. preprocessing. text. normalization/src/edu/iu/ nwb/preprocessing/text/normalization/stopwords. txt［2010-06-11］.

［155］Benioff P. Quantum mechanical Hamiltonian models of turing machines［J］. Journal of Statistical Physics, 1982, 29（3）: 515-546.

［156］Feynman R P. Simulating physics with computers［J］. International Journal of Theoretical Physics, 1982, 21（6）: 467-488.

［157］Deutsch D. Quantum theory, the Church-Turing principle and the universal quantum computer［J］. Proceedings of the Royal Society of London Series A Mathematical and Physical Sciences, 1985, 400（1818）: 97-117.

［158］Shor P W. Algorithms for quantum computation: discrete logarithms and factoring［A］// Goldwasser S. Proceedings of 35th Annual Symposium on Foundations of Computer

Science［C］. Washington DC：IEEE Computer Society Press，1994：124-134.

［159］Grover L K. A fast quantum mechanical algorithm for database search［A］//Gary LM. Proceedings of the Twenty-eighth Annual ACM Symposium on the Theory of Computing［C］. New York：Association for Computing Machinery，1996：212-219.

［160］Cory D G，Fahmy AF，Havel TF. Ensemble quantum computing by NMR spectroscopy［J］. Proceedings of the National Academy of Sciences，1997，94（5）：1634-1639.

［161］居琛勇. 量子计算中的新计算模式和新物理实现体系研究［D］. 合肥：中国科学技术大学，2010.

［162］白雨虹，杨秀彬，严寒. 量子光学与量子信息领域中的中国［J］. 光学精密工程，2007，15（5）：684-698.

［163］徐海潭. 任意子和拓扑量子计算［D］. 杭州：浙江大学硕士学位论文，2009.

［164］黄哲. 基于量子纠缠的量子通信技术［J］. 中国新通信，2016，18（23）：164.

［165］Gershenfeld NA，Chuang IL. Bulk spin-resonance quantum computation［J］. Science，1997，275（5298）：350-356.

［166］秦玉新，蒙凌华，丁健. RNA 干扰技术的研究进展［J］. 中国药理学通报，2007，4：421-424.

［167］唐少冰，周冬根. RNA 干扰技术及其在植物研究中的应用［J］. 生物技术通报，2007，（5）：65-67，75.

［168］李方华，侯玲玲，苏晓华，等. RNA 干扰的研究进展及应用［J］. 生物技术通讯，2010，21（5）：740-745.

［169］Zamore P D，Tuschl T，Sharp P A，et al. RNAi：double-stranded RNA directs the ATP-dependent cleavage of mRNA at 21 to 23 nucleotide intervals［J］. Cell，2000，101（1）：25-33.

［170］Hammond S M，Bernstein E，Beach D，et al. An RNA-directed nuclease mediates post-transcriptional gene silencingin Drosophila cells［J］. Nature，2000，404（6775）：293-296.

［171］Elbashir S M，Harborth J，Lendeckel W，et al. Duplexes of 21-nucleotide RNAs mediate RNA interference in cultured mammalian cells［J］. Nature，2001，411（6836）：494-498.

［172］Lagos-Quintana M，Rauhut R，Lendeckel W，et al. Identification of novel genes coding for small expressed RNAs［J］. Science Signalling，2001，294（5543）：

853.

［173］Berners-Lee T, Hendler J, Lassila O. The semantic web［J］. Scientific American, 2001, 284（5）: 28-37.

［174］刘柏嵩. 基于知识的语义网: 概念、技术及挑战［J］. 中国图书馆学报, 2003, （2）: 18-21.

［175］Mcilraith S A, Son T C, Zeng H. Semantic web services［J］. Intelligent Systems, IEEE, 2001, 16（2）: 46-53.

［176］Chandrasekaran B, Josephson J R, Benjamins V R. What are ontologies, and why do we need them?［J］. Intelligent Systems and Their Applications, IEEE, 1999, 14（1）: 20-26.

［177］Hirsch J. An index to quantify an individual's scientific research output［J］. Proceedings of the National Academy of Sciences, 2005, 102（46）: 16569-16572.

［178］Egghe L. The Hirsch index and related impact measures［J］. Annual Review of Information Science and Technology, 2010, 44（1）: 65-114.

［179］Egghe L. An informetric model for the Hirsch-index［J］. Scientometrics, 2006, 69（1） 121-129.

［180］Bornmann L, Mutz R, Daniel H D. Are there better indices for evaluation purposes than the h index? A comparison of nine different variants of the h index using data from biomedicine［J］. Journal of the American Society for Information Science and Technology, 2008, 59（5）: 830-837.

［181］Jin B, Liang L, Rousseau R, et al. The R-and AR-indices: complementing the h-index［J］. Chinese Science Bulletin, 2007, 52（6）: 855-863.

［182］Jin B. H-index: an evaluation indicator proposed by scientist［J］. Science Focus, 2006, 1（1）: 8-9.

［183］Rousseau R. New developments related to the Hirsch index［J］. Science Focus, 2006, 1（4）: 23-25.

［184］Jin B. The AR-index: complementing the h-index［J］. ISSI Newsletter, 2007, 3（1）: 6.

［185］Molinari J, Molinari A. A new methodology for ranking scientific institutions［J］. Scientometrics, 2008, 75（1）: 163-174.

［186］Molinari A, Molinari J. Mathematical aspects of a new criterion for ranking scientific institutions based on the h-index［J］. Scientometrics, 2008, 2: 339-356.

［187］Ibáñez A，Larrañaga P，Bielza C. Using Bayesian networks to discover relationships between bibliometric indices. A case study of computer science and artificial intelligence journals［J］. Scientometrics, 2011, 89（2）：523-551.

［188］Serenko A，Dohan M. Comparing the expert survey and citation impact journal ranking methods：example from the field of Artificial Intelligence［J］. Journal of Informetrics, 2011, 5（4）：629-648.

［189］Bornmann L，Daniel H. Does the h-index for ranking of scientists really work?［J］. Scientometrics, 2005, 65（3）：391-392.

［190］Glänzel W. On the h-index-a mathematical approach to a new measure of publication activity and citation impact［J］. Scientometrics, 2006, 67（2）：315-321.

［191］王龙.“冷聚变”研究现状［J］.科技导报, 1996, 1：31-35.

彩　　　图

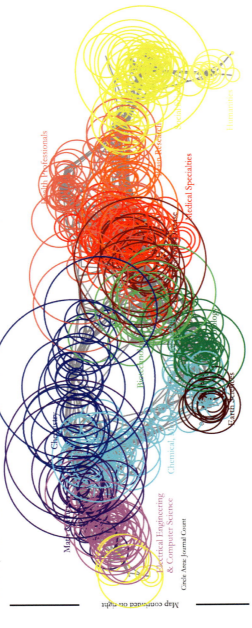

图 1.2　新兴科学研究领域的学科分布

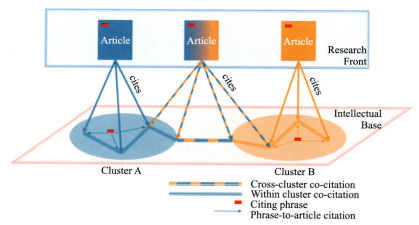

图 4.5   CiteSpace 的概念模型 [33]

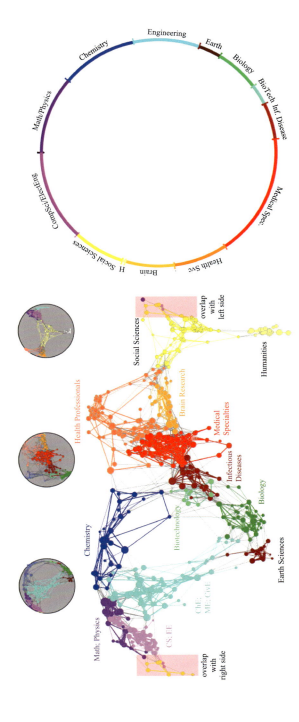

图 5.2 UCSD 科学地图：二维墨卡托投影（左）、三维球面图（上）和一维圆形图（右）[138]

	Micro/Individual *(1-100 records)*	*Meso/Local* *(101-10,000 records)*	*Macro/Global* *(10,000< records)*
Statistical Analysis/Profiling	Individual person and their expertise profiles	Larger labs, centers, universities, research	All of NSF, all all of science.
Temporal Analysis (When)	Funding portfolio of one individual	bursts PNAS	113 Years of p Research
Geospatial Analysis (Where)	Career trajectory of one individual	Mapping a sta intellectual lar	PNAS publications
Topical Analysis (What)	B w	Kno Cher h	VxOrd/Topic NIH funding
Network Analysis (With Whom?)	NSF rk of one in	C	NSF ncy

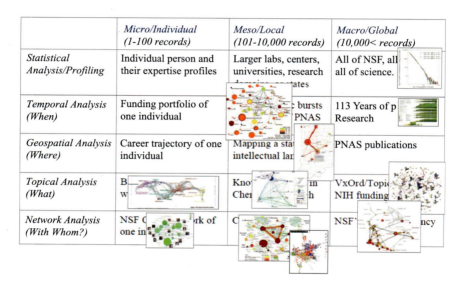

图 6.1　Sci² 工具包的分析类型与研究层面的矩阵示意图 [148]

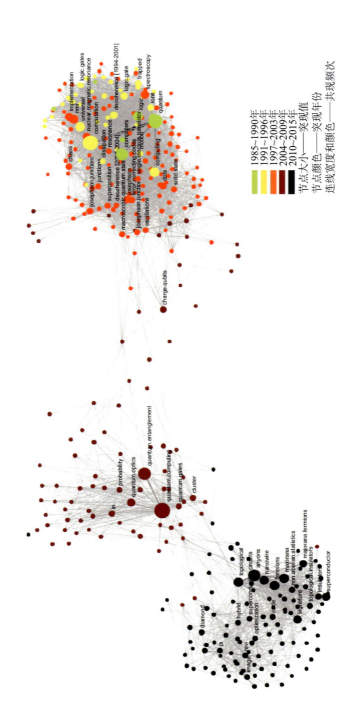

图 7.2 量子计算研究领域实现主题词共现网络（文后附彩图）

图 7.9　RNA 干扰研究领域突现主题词共现网络

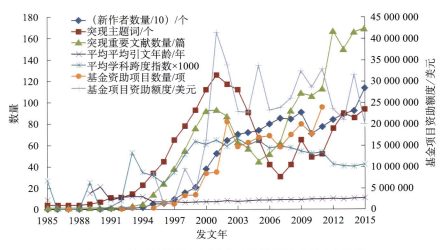

图 7.15　量子计算研究领域多元科学指标时序动态比较

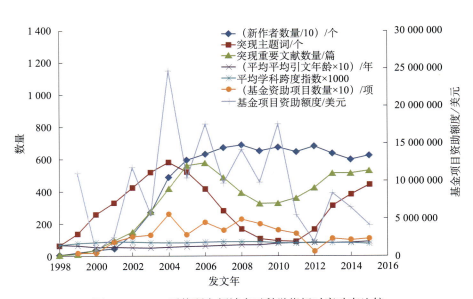

图 7.16　RNA 干扰研究领域多元科学指标时序动态比较

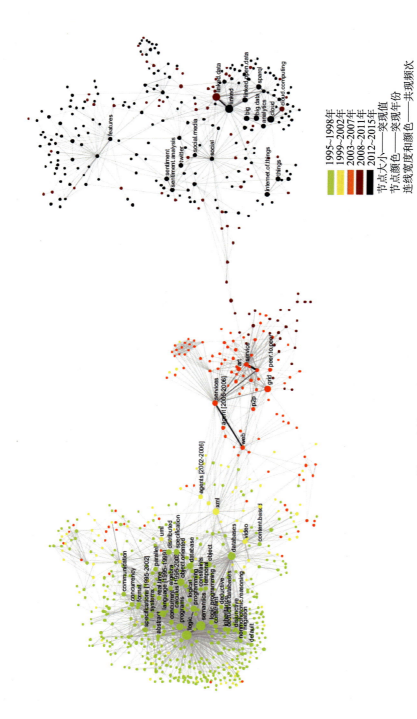

图 8.2　语义网研究领域突现主题词共现网络

节点大小——突现值
节点颜色和颜色——突现年份
连线宽度和颜色——共现频次

1995~1998年
1999~2002年
2003~2007年
2008~2011年
2012~2015年

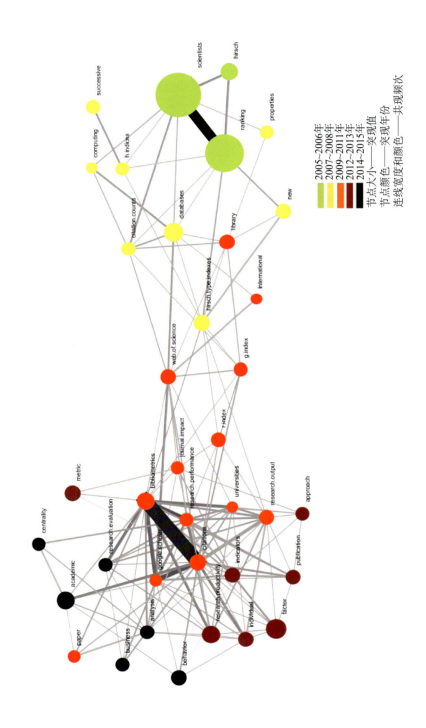

图 8.9 h 指数及 h 类指数研究领域突现主题词共现网络（文后附彩图）

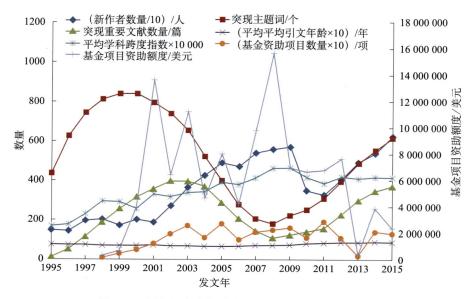

图 8.13　语义网研究领域多元科学指标时序动态比较

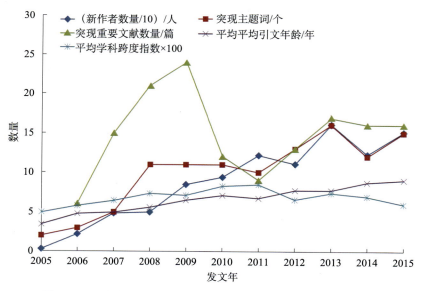

图 8.14　h 指数及 h 类指数研究领域多元科学指标时序动态比较

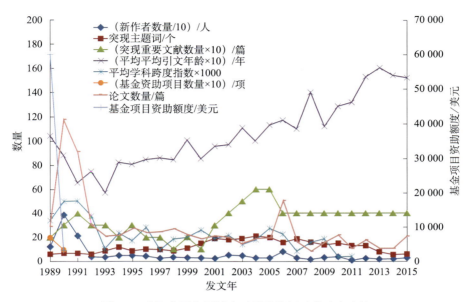

图 9.1 冷聚变研究领域多元科学指标时序动态比较

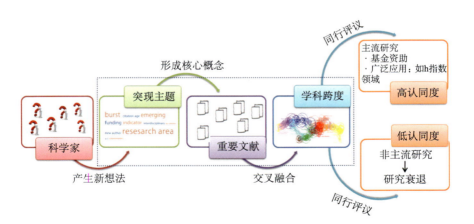

图 9.2 新兴研究领域形成过程的多元科学指标时序结构模式